KB036711

모두를 위한
성평등 공부

모두를 한 위

성평등 교육에 관한

여덟 가지 질문

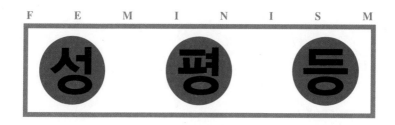

공부

이나영, 최윤정, 안재희, 한채윤, 김소라, 김수아 지음
서울특별시여성정책담당관 기획, 이나영 엮음

project p.

차 례

1장 페미니즘은 어떤 세상을 꿈꾸는가
세상을 바꾼 여성들

— 이나영(중앙대 사회학과 교수)

2장 성평등을 가르치는 학교를 꿈꾸다

— 최윤정(한국여성정책연구원 부연구위원)

3장 학교에서 어떻게 성평등을 말할 것인가

— 안재희(홍익대 교육학과 초빙교수)

4장 일본군 '위안부' 운동이 가리키는 것
소녀상에서 힘을 얻는 아이들
— 이나영(중앙대 사회학과 교수)

5장 성적 자기결정권은 왜 필요한가
— 한채윤(교육플랫폼 이탈 기획위원)

6장

디지털 성폭력은 어떻게 남성들의 놀이이자 거대한 산업이 되었나

— 김소라(동국대 강사)

7장 아름다움의 신화는 왜 지속되는가
저항과 대안

— 이나영(중앙대 사회학과 교수)

8장 미디어에서 여성은 어떻게 재현되는가
TV, 영화, 게임, 웹툰, 유튜브

— 김수아(서울대 언론정보학과/여성학협동과정 부교수)

희망을 버리지 않기 위한, 페미니즘 공부

지난 한 해 동안 정말 많은 일이 있었습니다. #미투 운동, #불법촬영·편파수사 반대 시위(이른바 혜화역 시위), #스쿨미투, #탈코르셋 운동 등 새롭고 창의적인 페미니즘 운동이 한국 사회를 흔들었습니다. '미투운동과함께하는시민행동'과 '불편한 용기'는 각각 여섯 차례 대규모 집회를 개최한 바 있으며, 낙태죄 폐지를 위한 시위도 지속되었습니다.

한편으로 아프고 슬프고 고통스러운 한 해였지만, 의미 있는 쟁취들도 많았습니다. 피해자가 아니라 가해자들에게 '수치스러움'을 돌려주고, 감추었던 여성들의 경험을 인식하고 말하고 지지하고 연대하고 싸우는 법을 배웠습니다. 몰카, 야동, 리벤지 포르노라 불리며 여성을 성적으로 대상화해 온 남성들의 놀이문화에 불법촬영이라는 이름을 찾아 주었고, 착취성을 폭로했으며, 범죄화하는 데 성공했습니다. '씨를 품을 밭'이라 여기던 여성의 몸을 주체적 인간의 시각으로 바라보도록 요청했으며, 타인에게 평가받기 위해 가꾸던 행동들을 '꾸밈노동'으로 명명하고 '외모로 승부해야 하는 존재,' '남성에게 선택되어야 하는 대상'으로서의 '여성'에 근본적인 질문을 던졌습니다. 남성 중심의 성차별적 사회에서 불법촬영과 사이버 성폭력, 음란물, 성상품화, 성희롱, 성폭력, 성매매, 인신매매, 섹스관광이 자연스럽게 연결되어 있다는 사실도 깨달았습니다. 여성을 출산의 도구로 인식했던 낙태죄는 마침내 폐지되었습니다. 소셜 네트워크(SNS)를 통해 확장된 미투 운동과 탈코르셋 운동, 불법촬영에 저항한 여성들은 외신의 주목을 크게 받았고, '청소년페미니즘모임'은 유엔 아동권리위원회의 초청을 받았습니다. 세계가 한국의 페미니즘에 주목하게 되었습니다.

그럼에도 펜스룰로 시작된 반격은 대학 내 총여학생회 폐지로 이어졌고, 차별의 임계점에서 시작된 저항은 과격한 일부 페미니스트들의 과잉반응으로 독해되었으며, 페미니즘이 젠더 갈등, 남녀갈등, 남성혐오만 키웠다는 언론과 정치권의 호들갑과 학계의 오역도 확산되었습니다. 여학생과 남학생들 간, 여학생과 남자 선생님들 간 성평등과 페미니즘에 대한 인식의 격차는 갈수록 벌어져 교육현장의 갈등 또한 증폭되고 있습니다.

깨어 있지 않은 자를 깨우려 한 행동들은 애써 깨어 있지 않은 척하는 이들에 의해 왜곡되고 폄훼되고 있습니다. 일부 남성들은 '남성혐오론자들의 오프라인 침투설'과 '패륜적 여자 일베 집단 처단론'까지 들먹이며 유튜브(YouTube) 등을 통해 가열 찬 공격을 감행하고 있습니다. 한편에서는 기계적 평등을 주창하는 피상적인 '평등 감각'을 통해 성평등의 원리를 차용하면서 페미니즘을 모욕하는 일이 일어나고도 있습니다. 페미니즘이 아니라 이퀄리즘이라는 궤변이 통용되면서, 페미니스트들은 갈등 유발론자 혹은 혐오주의자로 낙인찍히고 있습니다. '지나침'에 대한 경계, 균형 감각에의 요구는 다시 여성들의 입을 막는 명분이 되고 있습니다. 그렇다면 페미니즘은 실패한 것일까요? 진정 성평등을 주장하는 사람들은 극단적이고 과격하며 개인적 권리와 이익만을 위해 목소리를 높이고 있는 것일까요? 페미니즘이란 무엇일까요?

페미니즘은 인식에서 출발합니다. 단지 여자라는 이유만으로 사회에서 종속적 위치에 놓여 있으며 체계적인 불이익과 고통스러운 경험을 겪을 수 있다는 인식, 그러한 부정의한 상황이 개인의 잘못이 아니라 사회구조에 있다는 자각이 페미니스트 인식의 토대입니다. 너무도 당연하게 여겨졌던 의식, 행동, 평가기준, 사회질서, 문화, 분배구조, 정치적 기회 등에 의구심을 가지고 불편함을 느끼는 일이 첫 단계이지요. 어쩔 수 없는 것 혹은 여성들이 바랐던 것이라는 오랜 믿음에 문제를 제기하는 것은 결국 정치적 행동을 통해 사회 전반의 변화를 꾀하는 것으로 나갑니다.

그러므로 페미니즘은 집합적 행동이자 변혁적 운동(activism and movement)입니다. 자각하고 변화한 개인이 다른 개인들과 연대해 법과 제도, 나아가 사회, 문화, 정치, 경제 모든 영역을 변화시키는 것이 바로 페미니즘 운동입니다. 서구는 물론 대한민국에서도 수많은 여성들이 지난 몇 세기 동안 세상을 바꾸기 위해 분연히 일어나고 실제 현실화시켜 왔습니다. 여성도 인간인가, 남성과 동등한 권리를 누릴 자격이 없는가, 여성 억압의 근원은 무엇인가, 진정한 해방을 위해 무엇을 해야 하는가 등의 질문을 현실변화의 동력으로 삼았지요. 실제 정치제도, 교육제도, 복지제도, 미디어의 재현, 불균등한 분배, 노동, 종교, 가족과 양육, 친밀성에 이르기까지 수많은 영역에서 커다란 변화가 있었습니다. 당신이 투표권을 행사하고, 정규교육을 받고, 고등교육 기관에 진학하고, 사회에 진출하고, 아이를 국가가 지원하는 양육시설에 맡기고, 재산을 아들과 차별 없이 상속받고, 이혼 시 재산분할을 받을 수 있고, 성폭력을 당하면 호소할 수 있는 곳이 있고, 때리는 남편을 피해 의논하고 숨을 수 있는 상담소와 은신처가 있고, 남성들의 부당한 차별적 행위에 비판적 시각을 가질 수 있다면, 이 모든 것은 사실 수백 년간 지속된 페미니스트들의 저항과 투쟁 덕분입니다. 물론 국가별, 사회·문화별 맥락에 차이가 있기에 특정 시기, 특정 공간의 여성들의 욕구가 같을 수 없습니다. 1900년대 초반 영국, 1970년대 미국, 2019년 대한민국 여성들이 처한 상황이 같을 수 없기 때문입니다. 운동의 시간적·공간적 낙차가 발생하는 원인입니다. 그러나 공명은 반드시 물리적으로 옆에 있는 사람들에게만 일어나는 것은 아닙니다. 기록과 기억, 계승을 통해 다른 시간의 다른 장소에 있는 사람들에게도 전달됩니다. 물론 최근에는 지구화로 인한 연결성이 가속화되면서 한 공간의 운동이 다른 공간에 직접적으로 영향을 미치기도 합니다.

이러한 페미니스트 운동의 역사는 단지 페미니스트라 지칭하는 사람들 혹은 여성만을 위한 것은 아니었습니다. 각종 차별과 착취에 노출되어 있는 사회적 약자에게 그 효과와 성취의 혜택이 돌아가는 운동이었습니다. 보다 큰 맥락의 사회정의라는 차원에서 진보적 운동으로서 페미니즘은 인종, 계층, 민족, 성적 지향, 나이, 장애, 학벌 등에 의해 차별받는 많은 이들과 함께 해왔고 앞으로도 그럴 것입니다.

또한 페미니즘은 이론입니다. 학문으로서 페미니즘은 서

구 근대사상에 대한 비판적 질문으로부터 출발했습니다. 자유주의 사상, 마르크스주의 사상, 정신분석학, 구조주의, 포스트구조주의, 탈식민주의, 퀴어이론 등 주류 사상체계와 교류하며 남성중심적 편향에 도전하고 변화시키는 데 기여해 왔습니다. 그 과정에서 독자적 사상체계로서 페미니즘을 정립합니다. 교양과정은 물론 다양한 학과에 수업을 개설하고 학제를 만들어 페미니스트 실천가와 이론가를 체계적으로 키워 왔습니다. 철학, 문학, 사회학, 인류학, 역사학, 정치학, 심리학, 문화이론, 예술 전반에 걸쳐 있을 뿐 아니라, 생물학, 의학, 물리학, 컴퓨터공학까지 거의 모든 학문 분야를 망라해 있기에 페미니즘은 간학제적(interdisciplinary) 학문이라 불리기도 합니다. 수많은 학술적 논쟁에 열려 있으며, 방대한 이론과 연구 분야에서 훈련된 깊이 있는 통찰력을 요구합니다. 그래서 어디서 어디까지 공부해야 할지 의문을 가지고 힘들어하는 학생들이 종종 보입니다. 어떤 학문보다 배우고 익히고 분석해야 할 대상이 많기 때문이지요.

그러나 자신이 속한 학문 분야에서부터 출발해 다른 학제의 이론, 방법론을 끊임없이 배우고 연결시키기에 페미니즘은 늘 흥미롭고 역동적인 학문입니다. 이 세상에서 모든 학문 분야가 사라지지 않는 한, 아니 우리 사회의 남성 중심성이 사라지지 않는 한 페미니즘은 없어지지 않을 것입니다. 그러기에 페미니스트로 자각하고 집합적 운동을 통해 세상을 변화시키고자 하는 의지가 있는 자만이 지난한 학문의 세계에서 살아남을 수 있다는 것, 아니 학문으로서 페미니즘은 결국 변혁적 도구일 때 의미가 있다는 것을 이해하는 것이 중요합니다. 강단에서나 통하는 추상적이고 비맥락적인 이론은 현실에 아무런 도움이 되지 않거나, 현실을 왜곡하고 현장에 상처를 줄 수도 있습니다. 이론과 실천, 학계와 현장, 연구자와 시민사회 활동가, 페미니스트와 시민들이 긴밀히 연결되어야 하는 이유입니다.

이 책은 바로 그런 고민에서 출발했습니다. 대한민국 시민들이 현 시점에서 페미니즘에 대해 알고 싶어 하는 것이 무엇인지 살피고, 알기 쉬운 언어로 전달할 책무가 연구자들에게 있다고 판단했기 때문입니다. 연구 공간과 교육 공간, 운동의 영역에서 각각 오랫동안 성평등을 고민하며 정책을 만들고 글을 쓰고 학생들을 가르치고 변혁적 운동에 참여해 온 중진 연구자들이 최근 가장 크게 의제화되고 있는 몇 개의 주제를 중심으로 이야기를 풀어 나가려 했습니다. 먼저 페미니즘 운동과 이론에 대한 간략한 역사적 개론에 이어 교육현장에서 성평등의 실현이 어떻게 가능한지 살펴보려 했습니다. 다음으로는 일본군 '위안부' 운동의 역사를 여성운동사의 관점에서 제시한 후 성폭력과 성적 자기결정권의 의미를 구체적으로 짚어 내려 했습니다. 최근 10·20세대의 가장 큰 관심사인 디지털 성폭력과 음란물, 미의 신화, 미디어 재현의 문제를 다각도로 살피고 있습니다.

여덟 꼭지로 이루어진 글은 각자 독립적이지만 유기적으로 연결되어 있습니다. 순차적으로 읽으셔도 좋지만 우선 자신에게 당면한 과제부터 읽으신 후 전체적인 연결고리를 고민하셔도 무리가 없게 배치하려 했습니다. 다만 저자마다 강의록, 논문 등 다른 방식으로 출발했기에 서술방식과 이야기 톤에는 차이가 조금 있습니다. 최대한 논문식 서술을 배제하고 쉽게 풀어 놓으려 했지만 혹시 이해가 잘 안 되는 부분이 있다면 이 점 미리 양해를 구합니다.

이 책의 주요 독자는 10대 청소년에서 출발해, 이들을 기르고 삶을 함께해 온 어머니들, 페미니즘에 입문하는 대학생과 시민단체 활동가들, 교육현장에서 갈등을 목격하고 고민하는 교사와 교수진은 물론 성평등에 관심 있거나 페미니즘에 의문을 품는 모든 시민들입니다. 이 책을 출발점으로 이미 나와 있는 많은 저서와 논문으로 궁금증을 확장하시고, 현실의 문제들을 이해하는 통찰력을 기르고, 마침내 삶의 현장에서 스스로를 바꾸고 변화시킬 수 있기를 진심으로 바랍니다.

　그럼 본문으로 들어가기 전 페미니즘 이론에서 가장 많이 등장하는 세 가지 주요 개념어들을 먼저 살펴보도록 하겠습니다.

　○ 섹스(sex)

　섹스란 통상 두 가지 의미로 사용됩니다. 우선, 생물학적, 생리학적 혹은 해부학적 특징에 따라 여성(female) 혹은 남성(male)이라 지칭하는 방식입니다. 주로 생식기, 호르몬, DNA 구조 등의 차이에 따라 인간을 두 가지 존재로 나누는 방식이지요. 이러한 신체적 혹은 생물학적 차이는 상호배타적이지 않으며, 남성과 여성의 특징을 모두 가지는 사람들 역시 존재합니다. 그러나 수많은 사람들은 여전히 섹스는 운명이고 이에 따라 여성성과 남성성이 결정된다고 믿습니다. 둘째, 섹스는 성기중심적 성관계라는 의미로 사용됩니다. 인간 간 다양한 성적 활동이 아니라, 타고난 생물학적 특징에 따라 나뉜 여성과 남성의 성기결합이라 상상되지요. 이러한 의미의 섹스는 페미니스트들에 의해 근본적으로 도전받아 왔습니다. 여성이 남성에 비해 열등하다는 믿음을 강화해 왔고 차별을 정당화했기 때문입니다.

모두를 위한 성평등 공부

○ 젠더(gender)

인간은 누구나 신체적 차이를 지니고 있습니다. 그러나 많은 사회는 신체적 차이 중 생식기 차이에 따라 성별을 나누는 관습을 지니고 있지요. 이에 페미니스트들은 그러한 차이가 사실은 사회문화적으로 구성된 것이라 지적해 왔습니다. 즉, 우리가 생각하는 고정된 성역할(성별에 따른 역할), '남성적' 혹은 '여성적'이라 생각되는 성별 정체성, 이에 부여되는 사회적 역할은 타고난 특성에 의해 결정되는 것이 아니라는 사실입니다. 문화별, 시대별, 국가별로 바람직하다고 여겨지는 여성성/남성성, 여성의 역할/남성의 역할, 성관계의 방식이 다른 이유입니다. 우리는 어린 시절부터 시작되는 사회화를 통해 성역할을 배우고, 적절하다고 여겨지는 성별 정체성을 체득하며, 교육, 미디어, 가족, 종교, 공공정책과 다른 사회기구들을 통해 '당연함'을 확인해 왔습니다.

특히 성별 질서 혹은 젠더 질서는 수평적으로 분리되어 있는 것이 아니라 위계화되어 있습니다. 즉, 남성(성)은 정치, 경제, 사회 등 대부분의 영역에서 여성(성)보다 우월하다고 믿어지며 인간의 표준으로 제시되어 왔습니다. 남성성과 연관되는 이성, 합리성, 강인함, 독립성, 지도력 등은 사실 바람직한 인간의 표준이었고, 여성성이라 믿어지는 감성, 비이성, 나약함, 의

존성, 순종은 사실 공적 영역에서 기대되는 인간의 특징은 아니었지요. 통제하고 지배하는 자, 권위 있는 자리에 어울리는 자가 늘 남성으로 상상되는 이유입니다. 전통적 성별 역할과 성별 질서가 엄격히 강제되는 사회에서는, 이에 도전하거나 정형화된 방식으로 행동하지 않는 사람들을 문제 있는 사람으로 취급하거나 '환자'로 낙인찍으며, 심지어 차별과 폭력의 대상이 되기도 합니다. 페미니스트들은 차별과 억압, 지배와 폭력을 정당화하는 다양한 제도가 결국 남성중심적 사회를 만들고 재생산하는 기제라고 주장하면서 젠더 위계를 변화시키고자 노력해 왔던 것입니다.

○ 섹슈얼리티(sexuality)

섹슈얼리티는 사회문화적인 맥락에 따라 다양하게 사용되고 의미화되지만, 통상 성적 욕망(sexual desire), 성적 표현(eroticism), 성적 지향(sexual orientation), 성정체성(sexual identity), 성적 쾌락 등을 포괄하는 용어입니다. 사실상 우리가 인식하는 섹스, 성별 정체성(gender identity), 성역할, 성적인 것(the sexy), 성적 친밀성과 재생산의 영역을 아우르기에 인간의 전 생애에 걸쳐 중요한 요소로 작용합니다. 섹슈얼리티는 성에 대한 생각, 판타지, 욕망, 신념, 태도, 가치, 행동, 실천, 역할 그리고 관계를 통해 경험되고 표현됩니다. 그러나 섹슈얼리티는 생물학적 요소뿐 아니라 정신적, 사회적, 경제적, 정치적, 문화적, 윤리적, 법적, 역사적, 종교적 그리고 영적인 요소의 상호작용을 통해 영향을 받기 때문에 경험된 모든 것이 같은 방식으로 표현되는 것은 아닙니다. 즉, 섹슈얼리티는 사람이 스스로 성적인 존재로 경험하고 표현하는 방식이자, 모든 형태의 성관계와 성적인 행위를 포함하지만, 이에 관한 우리의 관념과 실천 방식은 문화적, 사회적, 정치적, 법적 시스템에 의해 구성되기 때문에 권력관계에 영향을 받습니다. 그러기에 무엇이 '정상적'이며 무엇이 '금지'되어야 할 것인가는 늘 질문의 대상이었고 실제 변화해 왔습니다. 가령, 대한민국에는 오랫동안 '동성동본 금지법'이 있었고 낙태죄가 있었지만 현재는 폐지된 상태입니다. 아동 성폭력이란 개념이 생기고 〈성폭력 특별법〉이 제정되면서 강간의 의미가 바뀌고, 몰래카메라가 불법촬영으로 새롭게 규제대상이 되었습니다. 대한민국에서 동성 간 결혼은 여전히 불법이지만 미국과 유럽의 많은 나라들은 이미 합법화한 바 있습니다. 이는 섹슈얼리티를 둘러싼 의미와 실천을 둘러싼 투쟁의 결과물입니다.

여성과 성소수자의 섹슈얼리티를 통제하는 것은 이성애 중심의 가부장제 사회의 매우 중요한 특징이었고 이에 수많은 페미니스트들이 끈질기게 저항하고 싸워 왔습니다.

　마지막으로 교육과 연구, 현장 활동으로 바쁘신 와중에도 흔쾌히 기획에 응해 주시고 원고를 집필해 주신 선생님들께 감사드립니다. 선생님들의 고민과 그간 흘린 땀이 결실을 맺게 되어 기쁘게 생각합니다. 이 책은 필자가 서울시 '2018년 마을 속 성평등 학교만들기 사업'을 수행하며 출간의 필요성을 공유하여, 서울시 성평등문화확산사업으로 기획되었습니다.

　이제 세상은 돌이킬 수 없을 정도로 변화하고 있습니다. '당연함'과 '필연'의 이면을 이미 봐 버린 우리의 아이들이 실현시킬 다른 세상의 가능성을 믿고 지지해 주세요. 현재의 '우리'가 아니라 우리가 애써 닿으려는 지향점을 위해 분투해 주세요. 수많은 시작의 순간들을 정성스럽게 모으고, 가까이 있는 부정의를 제거하며 희망의 지향점들을 하나하나 책임감 있게 쌓아 올려 갈 때, 비로소 '우리'는 정의를 지향하고 실천하는 사람들이 될 것입니다. 역사의 경계에서 희망을 버리지 않고 함께 손잡고 나갑시다. 우리 선배들이 그랬던 것처럼!

2020년 1월
흑석동에서 이나영 드림

모두를 위한 성평등 공부

우리가 여기 모여 있다는 것 그리고 제가 이런 말을 하고 있다는 것 자체가 바로 그 침묵을 깨고 우리의 차이 사이에 다리를 놓으려는 시도라 할 수 있습니다. 우리의 손발을 묶고 있는 것은 차이가 아니라 침묵입니다. 그리고 깨져야 할 침묵은 너무나 많습니다.

오드리 로드(1984[2018]).
《시스터 아웃사이더(*Sister Outsider: Essays and Speeches*)》. p. 53.

페미니즘과 여성운동에 대한 무지는 오해와 왜곡을 낳습니다. 이 장은 오랫동안 세상의 편견과 부당함에 맞서 싸워 온 여성들의 역사를 다룹니다. 인간이 동등하다는 가장 기본적이고 보편적인 믿음을 실현하기 위해 노력해 온 여성들 덕분에 오늘날 우리가 의식조차 하지 못한 채 누리고 있는 권리들을 상기하고, 여전히 부족한 부분을 채워 나가야 할 의무가 우리에게 있음을 강조합니다.

1

페미니즘은 어떤 세상을 꿈꾸는가

— 세상을 바꾼 여성들 —

●

이나영

(중앙대 사회학과 교수)

페미니즘 운동은 수 세기 동안 진행된, 세상에 가장 지대한 영향을 끼친 운동 중 하나입니다. 다양한 문화와 사회적 지형에 따라 성장했기 때문에 늘 역동적이었으며, 여성들의 다층적 역사 그 자체입니다. 페미니즘은 여성이 처한 부당한 물적 조건과 구조적 차별에 대한 인식, 스스로 바꾸어야 한다는 의지가 전제됩니다. 차별은 구조적인 문제이므로 혼자 해결할 수 없습니다. 문제의식을 가진 다른 사람들과 손잡고 연대해 정치적인 이슈로 만들고 사회를 변화시켜 나가야 합니다. 페미니즘에서 집합적 행동이 중요한 이유입니다.

　페미니즘 사상을 따르고 실천하려는 사람들, 즉 페미니스트들은 여성이 처한 부정의한 현실(성차별)을 탐구하는 지적 도구를 제공했습니다. 여성 억압에 저항하면서 여성의 삶을 개선하는 전략을 발전시켜 나갔습니다.

모두를 위한 성평등 공부

어떻게 여성의 경험을 설명할 것인가?

어떻게 정치에 효과적으로 영향을 미칠 것인가?

이론과 실천 사이에 끊임없는 긴장과 논쟁이 있었지만, 페미니스트들은 여성의 삶을 이해하고 분석하는 과정을 통해 현실을 변화시켜 왔습니다.

페미니즘 운동은 서구에서 제1의 물결로 시작합니다. 집채만큼 커다란 파도를 일으켜 세상을 근본적으로 뒤흔들고 변화시킨다는 의미에서 물결(wave)은 파장을 의미하기도 합니다. 이 중의적 의미는 사실 페미니즘의 특징과 맞닿아 있습니다. 특정한 시기에 특정한 장소에서 일어난 변혁적 운동이 시차를 두고 전달되기도 하고, 다른 지역과 시간의 사람들에게 공명을 일으키기도 하지요. 그래서 페미니즘 운동사를 단계적 혹은 단절적으로 보는 것은 문제가 있습니다. 제1의 물결을 계승하면서 넘어가는 것이 제2의 물결이고, 제2의 물결과 중첩되지만 넘어서고 압도하는 것이 제3의 물결입니다. 페미니즘은 늘 이전 세대의 페미니즘을 극복하고 확장하고 심화하면서 성장했습니다. 페미니즘은 항상 새로운 집단의 등장에 열려 있습니다.

제1의 물결은 평등권 문제에서 시작되었습니다. 여성이 인간으로 취급받지 못하던 시절 여성과 남성의 동등한 권리를 주장하기 시작했지요. 제2의 물결은 성별 간 '차이', 즉 차별을 문제 삼았기에 반차별 모델이라 여겨집니다. 이때 '억압으로부터 해방'이라는 구호가 등장합니다. 다음에는 여성들 사이에도 다양한 차이가 있음을 본격적으로 고민하는데, 이것이 바로 제3의 물결입니다.

한국에 페미니즘이 진보적 여성운동으로 등장한 시기는 1980년대로, 서구에서는 이미 제3의 물결로 넘어가던 때였습니다. 그래서 서구의 관점에서 보면, 과거와 당대 이론, 운동이 동시적으로 들어옵니다. 그런데 당시 한국의 시대적 특징도 있었으므로 서구 페미니즘의 단계별 변화 속도와 우리의 현실은 맞지 않았습니다. 그럼에도 불구하고, 이 장에서는 용감하고 지적인 여성들의 집합적 운동사를 배우고 이해하려 합니다. 서구 페미니즘의 무비판적 추수(追隨)가 아니라, 한국의 상황에 맞는 페미니즘을 고민하고 실천하기 위한 첫 단계이기 때문입니다.

서구 여성운동의 역사적 흐름

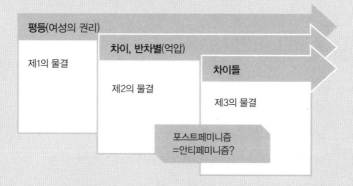

평등(여성의 권리)

제1의 물결

차이, 반차별(억압)

제2의 물결

차이들

제3의 물결

포스트페미니즘
=안티페미니즘?

올랭프 드 구주,
〈여성과 시민의 권리선언〉(1791)
첫 장

메리 울스턴크래프트,
《여권의 옹호》(1792) 미국 초판 속표지

시몬 드 보부아르,
《제2의 성》(1949) 표지

성평등, 참정권, 사회참여 – 제1의 물결

18~19세기 서구 여성들의 질문

남자와 여자는 다른가?

남자만 자유로운 '근대 인간'인가?

남자만이 인식의 '주체'인가?

여자는 남자와 본질적으로 다르며 열등한 존재로 태어났는가?

여자가 받는 처우는 온당한가?

제1의 물결은 18~19세기 서구에서 시작된 운동입니다. 남자는 여자와 진정 다른가? 여자는 본질적으로 남자보다 열등한 인간인가? 당시에는 처절한 질문이었습니다. 여성이 인간으로 취급받지 못할 때 '여성도 인간이다'라는 선언은 때론 목숨마저 위협했으니까요. 이론적 배경은 자유주의와 계몽주의입니다. 자유주의 사상의 기초는 모든 인간은 이성을 지닌 합리적 존재이고, 그러한 인간들 간의 관계는 평등해야 한다는 것입니다.

서구 페미니즘 발전사에는 중요한 세 나라가 있는데 바로 프랑스, 영국, 미국입니다. 프랑스는 페미니즘 운동을 가장 먼저 시작한 나라 중 하나지만, 서유럽 국가 중 여성 참정권을 가장 늦게 획득했습니다. 시민혁명을 거친 영국과 독립전쟁을 치른 미국의 여성운동이 상대적으로 크게 성장했지만, 많은 국가와 지역에서도 다양한 방식으로 여성운동이 일어났습니다. 그럼에도 모두 공통적으로 '여자도 인간이다'라는 자각에서 출발합니다.

근대 시민의식이 싹트고 인간의 이성과 합리성에 대한 믿음이 성장해 가던 와중에도, 여성은 여전히 비이성적·비합리적이고 열등한 존재로 타고났다고 생각하며, 성차별을 당연시했지요. 그래서 자유주의 페미니즘은 평등을 강조했습니다. 여성도 남성과 동등한 법적·사회적·정치적 권리를 가져야 한다고 생각했고 그것을 현실화할 제도 개혁을 중시했습니다.

> 인간은 누구나 평등하게 태어났다.
>
> — 〈프랑스 인권선언〉, 1789년

서구에서는 근대를 알리는 여러 가지 혁명적 사건이 있었습니다. 그중 프랑스 혁명이 대표적이죠. 〈프랑스 인권선언〉에 따르면 인간은 평등하므로 모두에게 동등한 권리가 주어져야 합니다. 그런데 여성은 예외였지요. 이때 올랭프 드 구주는 질문합니다. 평등하다는 것은 누구와 누가 평등하다는 것인가?

올랭프 드 구주(Olympe de Gouges)는 〈여성과 시민의 권리선언〉에서 이렇게 말합니다.

제1조. 모든 여성은 자유롭고 평등한 권리를 갖고 태어난다.
제10조. 여성이 단두대에 올라야 한다면 연단에 오를 권리도 있어야한다.

올랭프 드 구주는 남성과 동등한 시민으로서 여성의 권리를 주장하면서 여성도 법의 주체가 되어야 한다고 주장합니다. 여성이 공적인 평가와 법적 심판의 대상이 되어야 한다면, 여성의 경험을 말할 권리도 여성 스스로에게 있어야 하며, 자신을 대변할 법을 만들 권리도 마땅히 가져야 한다는 의미입니다. 지금 보면 너무 당연한 주장이지만 당시에는 굉장히 파격적이고 과격한 주장이었습니다.

〈여성과 시민의 권리선언〉 전문에서 올랭프 드 구주는 질문을 던집니다. '내 성을 억압할 권리는 누가 주었는가? 당신의 힘인가? 재능인가? 아니다, 당신이 단지 남자이기 때문 아닌가'라고 말입니다.

올랭프 드 구주는 결국 1793년에 처형당합니다. '남성의 혁명, 남성의 평등만을 위한 혁명에 제동을 걸었다'는 죄목으로

모두를 위한 성평등 공부

마리 앙투아네트가 올랐던 단두대에 오르지요. 사실 올랭프 드 구주는 정치인이 되기 전, 이미 파란만장한 인생 경험을 하게 됩니다. 가난한 세탁부 어머니의 사생아로 태어나 정규교육을 받지 못하고, 어린 나이에 결혼해 과부가 되지요. 이후 독학으로 희곡 작가이자 당대 가장 강력한 정치 논객이 되어 흑인 노예와 미혼모, 아동의 권리 등을 위해 글을 쓰고 격렬히 활동하지만 평생 구설수와 비난에 시달립니다. 그가 주장했던 사회적 약자에 대한 권리는 200여 년에 걸쳐 정착된 것이었기에 당시 어떻게 받아들여졌을지 상상이 됩니다. 올랭프 드 구주가 사형당한 후, 자코뱅 당원들은 그녀를 실제 미친 여자 취급하며 맹렬히 비난했습니다.

"여자의 미덕은 조용히 겸손의 베일을 쓰고 그늘에서 덕성을 가꾸는 데 있다. 남자들에게 길을 가리키는 건 여자들이 할 일이 아니다."

이 말은 변혁적 욕구와 활동을 억압하기 위해 여성들에게 던진 일종의 경고문 같은 것이기도 했지요. 올랭프 드 구주는 150년간 정신착란증 환자, 히스테리 환자, 괴물, 미친 여자 등으로 악명을 떨치다 역사 속으로 사라졌습니다.

동등한 권리를 위해 일어서는 여성들

비슷한 시기 영국에는 메리 울스턴크래프트가 있었습니다. 근대 페미니즘의 어머니라 불리는 메리 울스턴크래프트(Mary Wollstonecraft)는 1792년 《여권의 옹호》를 출간합니다. 안타깝게도 딸을 출산한 지 며칠 후 세상을 떠났는데요, 그 딸이 바로 《프랑켄슈타인》의 작가 메리 셸리입니다.

울스턴크래프트는 "인간은 동등하게 태어났지만 성별에 따라 차별적으로 교육받는다. 여자는 그렇게 태어난 게 아니라 사회적 편견 체계하에 자라고 교육을 받아서이다"라고 주장합니다. 남성에 비해 열등하다고 믿어지는 여성의 본성은 자연스러운 것이 아니라 사회문화적으로 만들어진다는 의미로 여성운동에 커다란 영향을 미치게 됩니다. 제가 어느 TV 프로그램에서 페미니즘의 역사는 '빡침의 역사'라고 했는데 실제 그렇습니다. 분노가 없으면 운동이 없잖아요. 울스턴크래프트의 《여권의 옹호》도 분노에서 출발합니다.

나는 여성이 처한 비굴한 의존 상태를 위장하기 위해 남성이 선심 쓰듯 내뱉는 귀엽고 여성스러운 어구들과, 여성의 성적 특징으로 간주되어 온 나약하고 부드러운 정신, 예민한 감성, 유순한 행동거지 등을

모두를 위한 성평등 공부

거부하고, 아름다움보다 덕성이 낫다는 걸 밝히려고 한다. 남자든 여자든 한 인간으로서 자기만의 개성을 만들어 가는 것이야말로 가장 중요한 목표이므로, 모든 것이 이를 기준으로 평가되어야 할 것이다.

　남성들에게 의존해야 하는 여성들의 처지를 "결혼은 합법적 매춘"이라는 말로 표현하기도 했던 울스턴크래프트는 당대 가장 과격한 여자로 취급받습니다. 이후 각종 오명으로 점철된 페미니즘은 수면 아래로 가라앉는 듯 보였지만, 사실 영국 여성들은 다양한 방식으로 여성 인권 신장을 위해 노력합니다. 결혼권, 재산권, 자녀 양육권, 동등한 노동과 교육 기회를 주장하고 성도덕 규제, 성적 이중 기준과 쟁투하면서 19세기 말과 20세기 초반, 마침내 참정권 운동이 꽃을 피웁니다. 당시 전투적인 참정권 운동에 참여했던 여성들을 '서프러제트(suffragette)'라고 불렀습니다. 오늘날 성평등을 위해 싸운 용감한 여성들이라는 이미지와 달리, 당대에는 남성과 동등한 권리를 요구하는 여성들을 싸잡아 비하하고 조롱하며 낙인찍는 용어였습니다. 서프러제트 운동을 이끌었던 대표적인 운동가는 에멀린 팽크허스트(Emmeline Pankhurst)였습니다. 다음은 팽크허스트의 자서전의 한 구절입니다. 여성들의 끈질기고 용감한 투쟁 덕분에 마침내 제1차 세계대전이 끝날 무렵인 1918년,

30세 이상 여성이 투표권을 얻습니다. 물론 남성은 21세였고요. 남성과 동등한 권리는 10년이 지난 1928년에 쟁취합니다.

> 폭군이 남성에게 노예의 속박을 요구할 때, 남성이 가만히 있으면 비겁하고 불명예스럽지만 여성이 순종하면 존경할 만하다고 남자들은 주장한다. 서프러제트는 이런 도덕의 이중 기준을 절대적으로 거부한다. 만약 남성이 그들의 자유를 위해서 싸우는 게 옳다면 여성 또한 정당하다.
>
> ─《싸우는 여자가 이긴다》, 에멀린 팽크허스트

자, 그러면 1830~1860년대 미국으로 가볼까요. 당시 미국의 시민사회는 노예제 폐지를 가장 큰 과제로 삼았고, 여기에 여성들도 본격적으로 참여하게 됩니다. 운동의 과정에서 여성들은 노예와 마찬가지로 남성에게 종속되어 있다는 사실을 깨닫습니다. 인종차별과 성차별에 문제의식을 함께 느낀 사람들은 1848년 7월 19일, 뉴욕 주의 세네카 폴스(Seneca Falls)에 모입니다. 이들은 천부인권론에 근거해 여성과 남성이 동등하다고 주장하면서 〈세네카 폴스 선언(Seneca Falls Convention)〉을 발표합니다. 〈미국 독립 선언문〉(1776)을 모델로 한 것이었지요. 엘리자베스 케이디 스탠턴, 루크레티아 모트, 수전 B. 앤서

모두를 위한 성평등 공부

니 등 노예제 폐지 운동에 참여했던 300여 명의 여성과 남성이 주축이 되었다고 합니다.

이 나라 국민의 절반인 여성은 선거권을 갖지 못하고 사회적, 종교적으로 낮은 지위에 처해 있다. 법은 정당하지 못하다. 여성들은 억눌리고 자신의 가장 신성한 권리도 빼앗겼다. 따라서 우리는 국민의 절반인 여성에게 미국의 시민으로서 가져야 할 권리와 특권을 즉각 부여할 것을 주장한다.

– 〈세네카 폴스 선언〉의 일부, 1848년

결혼하는 순간 남편에게 예속되어 어떠한 법적 권리도 행사할 수 없었던 당시 미국 여성들은, 자신들의 처지를 조목조목 따져 물으며 남성과 동등한 시민으로서의 권리를 요구합니다. 참정권을 포함한 온전한 개인으로서 여성 시민권을 집합적으로 요구했다는 점에서, 미국 여성운동사에서 획을 그은 사건이었습니다. 결국 이혼법, 재산권 개정 등으로 기혼여성이 일부 권리를 획득했고, 고등교육의 기회도 일정 정도 열렸지만, 참정권은 여전히 요원한 상태였습니다.

따라서 남북전쟁이 끝난 후부터 20세기 초반까지 미국의 여성운동은 참정권 획득에 초점을 맞춥니다. 1910년까지 상당수의 주정부에서 참정권을 획득했고, 이후부터는 연방정부 차원에 초점을 맞추고 헌법 개정 운동에 돌입합니다. 전투적인 운동 전략을 펴면서 마침내 1919년, 열아홉 번째 헌법개정안을 통과시키고 승리를 쟁취했습니다. 연방 차원에서 여성 참정권을 획득한 것입니다.

영국이 산업혁명을 거쳐 노동 문제로 이어졌다면, 미국은 노예제 폐지 운동의 영향으로 인종차별 문제의 심각성을 초기부터 인지하고 있었습니다. 여기서 미국 '여성운동사에서 잊지 말아야 할 인물을 소개하겠습니다. 소저너 트루스(Sojourner Truth)입니다. 노예로 태어난 트루스의 원래 본명은 이사벨라 바움프리였는데 '진실이 나를 부른다(The Truth Calls Me)'라는 의미의 소저너 트루스로 스스로 개명합니다. 이후 노예제 폐지 운동과 여성권리 운동가로 활발히 활동하게 됩니다. 1851년 오하이오주 애크런의 여성 권리 집회에서 트루스는 역사에 남을 유명한 연설을 하지요.

나는 여성이 아니란 말인가(Ain't I a Woman?)

당시 백인 남성들의 눈에 노동으로 단련된 기골이 장대한 흑인 여성은 여성도 인간도 아니었습니다. 트루스는 백인도 아

영국 서프러제트 운동을 이끌었던 에멀린 팽크허스트

에멀린 팽크허스트,
1914년 5월 조지 5세에게
청원서를 제출하려다가
버킹엄 궁전 밖에서
경찰에 체포된다.

미국 시카고의 여성 참정권 운동

1916년 미국 시카고에서 여성 참정권 지지자들이 피켓을 들고 시위하고 있다.
윌슨 대통령은 1918년까지 여성의 투표를 지지하지 않았다.

니고 남성도 아닌, 여전히 노예 상태를 벗어나지 못한 가난한 흑인 여성 노동자의 조건과 정체성을 강조합니다. 젠더, 인종, 계급 등 다층적 억압이 만들어 내는 여성 정체성과 경험의 다양성을 제시하고 있다는 점에서 페미니스트 교차성 이론의 효시라 할 수 있지요. 이후 참정권을 획득할 때까지 흑인과 백인 여성들 간 연대가 지속되지만, 1920년대 이후가 되면 흑인 여성들의 독자적 운동이 성장하게 됩니다. 백인 내부의 뿌리 깊은 인종차별 의식과 흑인들의 경제적·사회적 성장이 흑백 분리 조직의 배경이 됩니다.

권리 쟁취를 넘어 여성해방을 꿈꾸다 – 제2의 물결

제2의 물결은 급진적인 사유를 공유하는 페미니즘 운동으로, 1960년대 중후반부터 시작됩니다. 남성과 동등한 권리만을 추구하는 '낡은' 페미니즘 경향과 선을 그으며, 여성해방을 추구하는 '새로운' 페미니즘이 등장합니다. 그러나 사실 완전히 '새롭다'기보다 18~19세기 페미니즘 운동의 급진적인 정신을 계승했기 때문에 스스로 제2의 여성혁명이라 불렀습니다. 이들은 여성 낙인화의 용어였던 페미니스트를 전유하면서 본격적으로 스스로를 페미니스트라 지칭한 집단이었습니다. 더불어 과거 사적인 영역이라 여겨져 정치적 이슈로 받아들여지지 않았던 친밀성, 재생산, 성폭력 등 섹슈얼리티 영역을 공적인 문제로 인지하고 변화시키고자 했습니다.

제2의 물결의 타깃

전통 종교

성폭력

포르노그래피 등 여성의 성적 대상화

복지체계에서 불평등한 처우

미디어에서의 여성 이미지

레즈비언에 대한 차별

소수자와 빈곤 여성들에게 강요된 불임시술과 낙태죄 폐지

가사노동

미스아메리카 대회

이처럼 폭넓은 이슈들은 당시 페미니즘 운동에 참여한 주체들의 다양성 자체를 증명합니다. 미국에서 제2의 물결을 여성해방운동(women's liberate movement)이라고 하는 이유는, 단지 여성의 권리를 요구하는 것이 아니라 가부장제의 억압으로

부터 여성해방을 꿈꾸는 운동이기 때문입니다. 법과 제도의 개선만으로는 뿌리 깊은 여성 억압의 문화가 변화되지 않는다는 인식을 공유했지요.

운동의 배경에는 1960년대 FTA 승인을 받아 의사 처방전 없이 구입할 수 있게 된 경구용 피임약의 보급, 이로 인한 성해방의 기류와도 연관됩니다. 여성들은 비로소 임신의 공포에서 벗어나 성적 쾌락을 즐길 수 있는 주체가 되었다고 생각했지만 현실은 그렇지 않았지요. 여전히 임신을 걱정하고 피임약을 구입하는 존재는 여성이고, 성관계를 주도하고 결정하는 주체는 남성인 현실과 마주하게 됩니다.

누가 누구와 성관계를 할 것인가?
성관계를 할 때 NO라고 할 권리가 있는가?

여성의 성적 자기 결정권이 미비한 상황임에도 임신의 책임을 여성이 떠안아야 했지요. 사회적 낙인 또한 제거되지 않은 상태였습니다. 여성들은 성해방의 효과가 성별로 다르게 나타나고 있다는 사실에 주목하게 됩니다.

한편 1960년대 미국에서는 흑인 민권 운동이 폭발적으로 성장합니다. 비록 노예제도는 공식적으로 폐지되었지만, 흑백 분리 정책으로 흑인은 여전히 2등 시민으로 취급받으며 교통, 교육, 주거공간 등 거의 모든 공적 영역에서 백인과 분리된 채 살아야 했습니다. 실질적 시민권 획득을 위한 투쟁이 일어난 배경이지요. 당대 페미니스트들은 흑인들과 연대하며 인종차별에 반대하는 운동에 격렬하게 참여하면서 의식을 고양시키게 됩니다. 1960년대 중후반에 격렬하게 일어났던 베트남 반전 운동과 반제국주의 운동, 자본주의 모순에 저항한 신좌파운동에도 적극 참여한 경험 또한 추후 큰 자양분이 됩니다.

물론 이들의 주장에 뒷받침되는 이론적 전(前)사가 있었지요. 바로 시몬 드 보부아르와 베티 프리단입니다.

'사회문화적으로 구성된 젠더', 행복한 주부라는 허상

시몬 드 보부아르(Simone de Beauvoir)는 1949년에 출간한 《제2의 성》에서 중요한 명제를 제시합니다. 여자는 태어나는 것이 아니라 만들어진다는 것입니다. 여성성은 여성의 본질이 아니라, 사회적으로 남성에 의해 타자로 위치지어지는 방식으로 강요된 것에 불과하다는 것이지요. 남자에게 여자는 섹스 혹은 자궁, 모성일 뿐입니다. 본질적인 타자로서의 여성의 사회적 구축 방식에 주목한 보부아르는 성별 정체성이 생물학적으로 결정되는 것이 아니라 사회문화적으로 구성된다는 새로운 이론적 틀을 제공했습니다. 생물학적 속성 혹은 타고난 운명이 아니라 사회문화적 구성물로서 젠더라는 개념은 여기서 출발합니다.

인간 주체는 늘 남성이었습니다. 남성 의사, 남성 정치인, 남성 교사라는 말은 잘 쓰지 않지만 여선생, 여성 정치인, 여교사라는 말은 아무런 문제 의식 없이 사용되고 있습니다. 심지어 여성 작가들은 '여류'로 불렸지요. 보편적 존재인 남성은 표식의 대상이 아니나 여성은 특수한 존재로 인식되어 왔지요. 바람직한 시민상 혹은 직업인의 자질은 모두 남성성과 연관됩니다. 인간의 표준은 남성이고, 여성은 완벽한 주체−남성을 구성하는 사회적 타자(변별적 타자)라는 보부아르의 주장이 허구가 아닌 이유입니다.

보부아르 이후부터 여성성과 남성성의 구성 방식과 역사적 관계에 대한 논의가 본격적으로 시작됩니다. 성별 간 차이가

모두를 위한 성평등 공부

위계적으로 구성된다는 자각, 생물학적 차이가 사회문화적 차별로 환원되고 있음에 대한 인지와 연결됩니다.

보부아르가 이론가라면 베티 프리단(Betty Friedan)은 운동가에 더 가깝습니다. 프리단의 유명한 저작 《여성성의 신화》(1963)는 평범한 미국 여성들의 일상적 경험에서 출발한 것으로 당대 여성들의 의식 고양에 기여하고 미국 페미니즘 운동의 성장에 큰 영향을 미치게 됩니다. 《여성성의 신화》는 제2차 세계대전 이후 냉전체제 속에서 개인적 성취, 반공주의적 보수주의가 지배하던 경제 호황기 미국 중산층 전업주부들의 삶과 심리를 분석했습니다. 프리단은 스스로의 삶을 반추하면서 이 책을 쓰기 시작합니다. 한때 사회주의적 성향을 지닌 기자였고, 유대인 가정에서 자라 대학원 교육까지 받은 여성이었음에도 불구하고, 어느 날 보니 남편은 직장을 유지하며 성장해 가고 자신은 가정에서 아이들을 돌보면서 경력이 단절되었던 것입니다. 익숙한 이야기지요? 그래서 친구들은 어떻게 살고 있는지 연락을 해봅니다. 처음엔 행복하다고 말하지만 다 자기와 비슷하게 살고 있었죠. 프리단은 설문지를 만들어 연구 참여를 요청하는 내용으로 신문에 광고를 냅니다. 수많은 여성들의 편지를 받고 이를 토대로 책을 씁니다.

프리단에게 여성다움의 신화란 "여성은 단일한 속성인 여성성을 가지고 있고, 이는 오로지 현모양처 역할을 통해서만 발현된다고 하는 담론에서 비롯된 현상"입니다. 교외 주택에 사는 행복한 전업주부의 이미지는 허상입니다. 사회적으로 요구되는 삶과 개인적 욕구 사이에서 갈등을 느끼는 여성들은 이름 붙일 수 없는 문제, 즉 정체성의 문제에 시달립니다. 이런 여성다움의 신화가 여성의 삶을 억압하고 파괴하는 원인이라는 것입니다.

이름 붙일 수 없는 문제

미국 여성들은 여러 해 동안 이 문제를 가슴속 깊이 간직한 채 침묵해 왔다. 그것은 이상한 동요였고, 불만의 자각이었으며, 20세기 중기의 미국 여성들이 애타게 기다리던 바람이었다.

– 《여성성의 신화》 1장

보부아르의 《제2의 성》이 지적인 운동권의 이론서라면 《여성성의 신화》는 전업주부, 평범한 여자들의 이야기로 베스트셀러가 됩니다. 이후 프리단은 페미니스트 운동에 뛰어들어 미국에서 가장 큰 여성단체를 만들어 활동합니다. 그는 1966년 전미여성기구(National Organization for Women), 1969년 전국 낙태법철폐협회, 1971년 급진적 페미니스트들과 전국여성정치

협회를 결성합니다. 계층적·인종적 한계가 있을지라도 프리단이 페미니즘 운동 확산과 성장에 크게 기여했다는 점은 기억되어야 할 것입니다.

여성 억압의 기원을 찾아서 – 급진 페미니즘

1960년대 중후반부터 1970년대 초반까지 미국의 페미니즘을 이끌었던 급진 페미니즘(radical feminism)은 이상의 토양을 바탕으로 성장하게 됩니다. 이들이 공통으로 가지고 있던 문제의식은 여성에 대한 억압이 세상에서 가장 뿌리 깊고 심오하다는 것입니다. 성차별이 인종차별이나 계급차별만큼 인지되지 않는 이유는 너무나 깊게 고착화되어 있어 잘 보이지 않기 때문입니다. 그래서 이들은 억압의 뿌리를 찾아 근원적으로 제거할 방안을 모색하게 되고 계급 억압에 관한 마르크스 이론만큼 설득력 있는 여성 억압에 관한 이론을 발전시키고자 합니다.

그리하여 급진 페미니스트들은 모든 사회경제적 맥락에서 남성우월주의를 제거하여 사회를 급진적으로 재배열할 것을 요구합니다. 정치적 과정을 통해서가 아니라, 현존하는 사회규범과 제도에 도전함으로써 가부장제 철폐를 추구했습니다. 전통적인 젠더 규범과 여성의 성적 대상화에 도전하고, 성폭력에 대한 사회적 인식을 고양했습니다. 젠더를 사회적으로 구성하는 남성중심적 권력체계에 문제제기 했습니다. 모든 남성에 의한 모든 여성의 제도화된 억압체계인 가부장제는 개선으로 해결되지 않습니다. 성차별적 구조를 뿌리째 뽑아야 한다고 주장했지요.

케이트 밀레트의《성의 정치학》, 슐라미스 파이어스톤의《성의 변증법》, 티 그레시 앳킨스의《아마존 오디세이》, 로빈 모건의《자매애는 강하다》 등은 1970년대 초반 쏟아져 나온 급진 페미니스트 이론서들입니다.

이들은 사실 미국 신좌파운동을 주도적으로 이끈 민주사회학생연합 내 여학생들의 경험과 문제의식에서 출발했습니다. 당시 진보 운동권 조직 내 여성들은 사회정의를 추구하는 남성들이 차별과 억압에 둔감하다고 지적하며 남성들의 쇼비니즘(chauvinism)과 이중성을 신랄히 비판했지요. 그러나 평등한 조직문화에 대한 요구가 계속 무시당하자, 여학생들은 전국학생총회에서 공식적으로 문제를 제기하기에 이릅니다.

사회정의를 위한 투쟁에서 성차별 문제를 해결하는 것이 얼마나 중요한지 강조하면서, 모든 인간의 해방을 추구하는 운동을 추구해야 한다는 내용이 주였지요. 그런데 1967년 남학

모두를 위한 성평등 공부

생들이 여성해방전선이 민주사회학생연합신문 《뉴 레프트 노트》의 총회에 제출한 성명서 〈우리는 지금 당장 우리의 권리를 원한다(We want our rights & We want them now!)〉 옆에 51쪽의 그림을 싣습니다.

귀걸이를 하고 하이힐을 신고 땡땡이 무늬 파자마를 착용한 여자들이 자기 권리만 주장한다는 조롱의 의미였지요. 1970년대 운동권 대학생들은 어린 여자 아이들이나 입는 옷을 입고 활동하지는 않았습니다. 명백히 페미니즘에 대한 멸시이자 여성 전반에 대한 모욕이었지요. 좌파 남성들의 성차별적 인식을 역설적으로 증명한 사건이기도 했습니다. 어떻게 해야 했을까요? 설득이 불가능하다고 느낀 많은 여자들이 뛰쳐나가 독자 조직을 만듭니다. 남성지배적 진보 진영 내부에서는 아무리 설득해도 소용없다는 사실을 절감했기 때문입니다. 미스 아메리카 반대시위를 조직하고, '프리덤 트래시 캔(Freedom Trash Can)'을 만들어 여성 억압의 상징들을 던져 버립니다. 코르셋, 화장품, 하이힐 등이었지요.

이 사건을 당대 남성 기자들은 과격한 여자들이 공공장소에서 브레지어를 태웠다고 왜곡해서 보도합니다. 일명 '브라 태우기(Burning Bra)' 사건이라 불리게 됩니다.

페미니스트들의 운동을 폄하하고 이미지를 나쁘게 각색해

대중적 반감을 유도한 것이었지요.

슐라미스 파이어스톤(Shulamith Firestone)은 급진 페미니즘의 대표적인 인물입니다. 사회주의자였던 파이어스톤의 《성의 변증법(*Dialectic of Sex*)》(1970)은 마르크스 이론에 무엇이 결핍되어 있는지 페미니스트 이름으로 화답하는 책입니다.

가부장제는 성에 기초한 계급제도로, 전형적인 남성과 여성의 역할을 부여함으로써 정당화하고 영구화하면서 수천 년 동안 굳어져 내려왔습니다. 이때 여성의 재생산 능력과 모성이 가부장제 재생산의 중요한 도구로 활용되었다는 것입니다. 그래서 파이어스톤은 성역할 제거와 탈젠더를 주장하게 됩니다.

또한 파이어스톤은 본인이 주도하고 있던 '새로운' 페미니즘을 다음과 같이 정의하기도 합니다. "사회적 평등을 위한 진지한 정치운동의 단순한 부활이 아니라, 현존하는 가장 오래되고 견고한 계급, 즉 카스트 제도를 뒤집어엎는 것을 목표로 한 역사상 가장 중요한 혁명의 두 번째 물결"이라고요. 제2의 물결을 공식화한 것이지요.

모두를 위한 성평등 공부

민주사회학생연합신문
《뉴 레프트 노트(New Left Notes)》에 실린
여성해방전선의 성명서와 이미지

"우리는 지금 당장 우리의 권리를 원한다."

— 여성해방전선

급진 페미니즘의 주요 슬로건

개인적인 것이 정치적인 것이다.

페미니즘은 이론이고 레즈비어니즘은 실천이다.

남자들에게 포르노는 이론이고 강간은 실천이다.

'개인적인 것이 정치적인 것이다'는 원래 신좌파 구호였습니다. 계급차별과 인종차별에 민감했던 당시 신좌파 남성들은 억압체계가 멀리 있는 것이 아니라 일상 속 우리의 언어와 행동 속에 각인되어 있음을 지적한 바 있습니다. 좌파 진영에 속해 있던 당대 급진 페미니스트들은 이를 성차별적 관계를 성찰하기 위한 슬로건으로 전유합니다. 여성들의 관점에서 가장 개인적이되 가장 정치적인 것은 무엇일까요? 당시 여성들은 개인의 사생활이라 여겼던 성관계를 성별 위계질서를 재생산하는 구조적인 문제로 보면서 가장 중요한 정치적 의제로 인식합니다. 또한 가장 개인적인 선택이라 여겨지는 사안도 사실은 사회구조적인 제약과 관련 있음을 인지하고 일상의 정치적 올바름을 추구하게 되지요. 지금까지도 공명하고 있는 슬로건입니다.

영국 페미니즘의 흐름

영국 페미니즘은 미국과 달리 노동자 계급의 산업투쟁과 함께했습니다. 1968년 동일노동 동일임금을 주장하면서 포드 자동차 파업을 주도해 큰 영향을 미쳤습니다. 영국 페미니즘의 제2의 물결에서는 사회주의 페미니즘이 가장 중요한 역할을 했습니다. 동일노동 동일임금, 동등한 교육과 기회 보장, 24시간 보육시설, 성적 자기결정권, 무료 피임, 낙태죄 폐지 등을 주장합니다. 억압된 집단으로서의 여성 노동자 문제에 관심을 가지면서 동시에 여성의 몸과 성적 자율성을 요구한 것이지요.

사회주의 페미니즘은 자본주의와 가부장제의 모순을 이야기하면서 이 두 체제가 어떤 관계를 맺는가가 가장 큰 의제였습니다. 단순한 이데올로기가 아니라 독자적 물적 토대를 지닌 가부장제가 자본주의와 상보적인 관계임을 인식한 것이지요. 이 구조 속에서 여성들은 이중적으로 희생당합니다. 가정 내 무임금 돌봄 노동자로 재생산을 담당한다고 여겨지는 여성은 생산 노동의 현장에서도 남성들을 보조하는 노동자, 산업 예비군으로서 착취당한다는 것입니다.

포스트페미니즘? 페미니즘에 대한 역풍!

이처럼 1970년대 서구 페미니즘은 변혁적 이념이자 운동으로 크게 성장합니다. 그러나 1980년대가 되자 영국과 미국에 보수 정권이 들어서고 (대처와 레이건) 신자유주의 체제가 시작되면서 역풍이 불기 시작합니다. 이를 후대 페미니스트들은 포스트페미니즘의 시대로 진단합니다. 어떤 사람들은 페미니즘은 실패했다고 하고, 어떤 사람들은 이제 여성해방이 이루어졌으니 페미니즘은 끝났다고 진단합니다. 심지어 전통적 가치를 훼손시키는 문제 집단으로 비난하기도 하지요.

한편으로는 페미니즘을 시대착오적이라 진단하면서 이른바 피해자 페미니즘을 넘어 파워 페미니즘으로 가야 한다는 주장도 나옵니다. 1970년대 페미니즘이 여성을 취약하고 단일 피해자 이미지로 고착화했다며 비판하고, 여성 주체성을 강조하기도 합니다.

이러한 주장들은 전통적 가족 가치로 회귀하던 신보수주의 사회와도 연관이 있지만, 당시 도래한 후기 자본주의 시대 대중문화의 확산과도 관련이 있습니다. 대중문화는 여성의 성을 끊임없이 소비하고 왜곡된 페미니즘을 상품화합니다. 페미니스트를 단순히 성적으로 당당한 여성으로 표상하면서 여성의 몸과 성을 볼거리로 제공하는 미디어의 재현방식은 페미니즘에 대한 오해를 확산시킵니다. 따라서 오늘날 페미니스트들은 포스트페미니즘을 신자유주의 사회, 미디어의 악마적 속성을 반영한 것으로, 페미니즘에 대한 역풍에 다름 아니라고 비판합니다. 이러한 경향에 대한 페미니스트들의 대응이 미국을 중심으로 일어난 제3의 물결과 관련이 있습니다.

다양성과 차이, 억압의 매트릭스 – 제3의 물결

제3의 물결은 1990년대 이후 미국에서 등장하기 시작했습니다. 새로운 페미니스트 세대 정치학의 등장이라 이해되기도 합니다. 영국에서 출발한 포스트페미니즘 조류에 대한 비판적 대응이자, 1980년대 제2의 물결 이후 미국의 신보수주의, 신자유주의의 흐름에서 페미니즘에 대한 역풍에 대한 대응으로 등장했다고 보는 견해도 있지요. 레베카 워커는 1992년《미즈》에 글을 기고합니다.

나는 포스트페미니스트가 아니다. 나는 세 번째 물결 페미니스트이다.

워커의 이런 선언을 제3의 물결의 출발점이라고 보는 견해
가 우세합니다. 워커는 우머니즘을 주창한《컬러 퍼플》의 저자
인 흑인 페미니스트 소설가 앨리스 워커의 딸입니다. 신자유주
의 체제에서 여성 문제는 단순한 성적 자기결정권 문제를 넘
어선다고 선언한 것이지요. 그는 제2의 물결의 급진적인 정신
을 계승하면서 새로운 시대적 욕구를 동시에 반영하고자 했습
니다. 규범에 얽매이지 않는 개인의 다양성과 차이를 주장하고
욕망을 표현하고 실현할 것을 제안하지만, 페미니즘 전통을 나
름대로 계승하려는 의지를 표명합니다. 이런 점에서 포스트페
미니즘과 결이 다릅니다. 포스트페미니즘이 과거 페미니즘과
의 단절에 방점을 찍는 경향으로 강화되었다면, 제3의 물결은
상대적으로 연속성을 부각시키는 방향으로 나갑니다.

　이 같은 외형적 흐름 이외에 이론으로서 페미니즘은 이미
1980년대부터 포스트구조주의, 포스트식민주의 등의 이론적
사조와 영향을 주고받으며 차이와 다양성, 탈정체성의 정치학
등을 발전시킵니다. 주로 흑인, 유색인종, 구식민지 출신의 여
성들이 주도한 이 이론적 흐름은 서구 백인 중산층 이성애자
중심의 정치·경제체제 전반은 물론 이들이 지배하고 있는 학
문세계, 생활세계에 대한 비판과 맞닿아 있었습니다.

　특히 1990년대 미국 페미니즘에 가장 중요한 이슈는 인종

문제였습니다. 페미니즘 내부의 백인 중심성을 다양한 글과 행동으로 비판해 온 흑인 페미니스트 벨 훅스(Bell Hooks)의 《행복한 페미니즘(Feminism is for Everybody)》(2000)은 이런 점에서 중요한 저작입니다. 벨 훅스는 페미니즘 운동을 '모든 종류의 지배 형태를 종식시키는 투쟁'이라 정의하며, 성차별만 근절해서는 사회변혁이 일어나지 않는다고 지적합니다.

여성은 어떤 남성과 동등한 권리를 가지기를 원하는가?

그는 백인 남성과 동등한 권리를 추구하는 여성운동의 한계를 지적하면서, 흑인 여성들의 차별화된 경험을 강조합니다. 여성들 간의 차이를 고려하는 페미니스트 이론이 필요하다고 생각했던 것이지요.

또 다른 맥락에서 흑인 페미니스트 사회학자 페트리샤 힐 콜린스(Patricia Hill Collins)는 비판적 사회 이론으로 흑인 여성들의 독자적 사상을 주장했습니다. 《흑인 페미니즘 사상》은 교차성(intersectionality), 지배 매트릭스 등 주요한 개념을 소개한 책입니다. 억압적인 상황은 흑인 여성들의 종속을 형성하는 동시에 운동을 촉발시켰습니다. 인종, 계층, 젠더가 상호 교차되는 억압에서 나온 경험, 이러한 경험으로부터 획득된 지식은 비판적 사회이론을 세밀하게 진전시키는 자원이 되었습니다. 콜린스는 다양한 조건에서 구성되는 '지배 매트릭스' 안에서 인종, 계층, 젠더 등 상호 맞물려 구성되는 여성들의 경험을 봐야 한다고 강조합니다. 이러한 주장은 미국 내 흑인 여성들의 조건과 위치를 이해하는 데 중요한 자원이 됩니다. 노예는 아니지만 백인의 집에서 가사노동을 하는 흑인 여성들의 경험을 봅시다. 자본주의 사회에서 빈곤한 계층이라는 조건과 백인 중심 사회의 인종차별, 남성 중심 사회의 성차별이라는 구조가 맞물리면서 흑인 여성 노동자의 경험이 만들어집니다. 이것이 억압의 교차성입니다. 이러한 억압구조는 고정되어 있지 않습니다. 시간과 장소, 문화에 따라 달라지지요. 억압적 경험을 생산하는 패러다임으로서 지배 매트릭스가 달라지는 것입니다.

내가 어느 위치에 있느냐에 따라 이 억압의 축들은 다르게 돌아갑니다. 어떤 사람에게는 인종이 가장 큰 억압의 축이고, 어떤 사람에게는 젠더가 가장 큰 축이 될 수 있습니다. 그러니까 여성 경험의 차이는 바로 그러한 맞물리는 억압구조의 차이에서 발생하는 것입니다. 단순히 타고난 정체성들이 겹치는 것이 아닙니다. 지배 매트릭스에 따라 달라지는 교차성 구조가 정체성을 생산하는 것이지요. 그러면 우리는 누구의 억압이 가장 큰 것인지, 누가 더 힘든지 싸울 필요가 없습니다. 이 맞물리

고정된 정체성을 상정한
정체성의 교차 모델

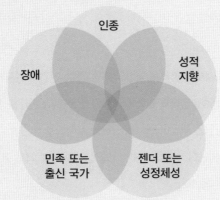

콜린스의 억압의 교차성 모델을
간략하게 도식화한 그림

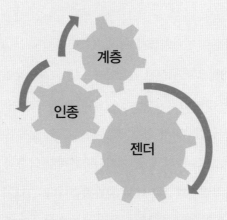

는 축들 사이에 내가 들어가 있다고 생각해 보세요. 그 축들은 내가 위치한 사회에 따라 다르게 돌아가고 있지요. 나의 위치도 계속 이동하고요.

교차성은 서로 맞물리는 억압의 특정 형태, 예컨대 인종과 젠더의 교차 혹은 섹슈얼리티와 민족의 교차와 같은 특정 형태를 지칭한다. 교차 패러다임은 억압이 하나의 근본적 유형으로 환원될 수 없는 것임을 강조하며, 여러 억압이 부정의를 생산하는 데 서로 함께 작동한다는 점에 주목한다.

– 페트리샤 힐 콜린스, 《흑인 페미니즘 사상》

어떤 세상을 상상할 것인가?

페미니스트 정치철학자 낸시 프레이저(Nancy Fraser)는 "페미니즘은 3막으로 구성된 연극이다. 그리고 제2의 물결은 지금도 진행 중이다"라고 말한 바 있습니다. 페미니즘을 반제국주의, 신좌파 급진주의의 한 사조로 파악하죠. 앞서도 잠깐 설명했지만, 애초에 제2의 물결 페미니즘은 반제국주의, 반자본주의, 반인종차별주의 정신에서 출발했습니다. 그래서 프레이저는 페미니즘을 '민주주의를 향한 반자본주의적 투쟁'이라는 광

모두를 위한 성평등 공부

범위한 장에 위치시킵니다.

3막 중 1막은 주로 1960년대 말에서 1970년대로, 이때 가장 중요한 페미니즘의 사조를 형성했습니다. 자본주의 깊숙이 뿌리내린 남성중심주의를 폭로하고 사회를 근본에서부터 변혁하고자 했기 때문입니다. 2막은 1980년대 이후입니다. 안타깝게도 신자유주의 시대가 오면서 정체성의 정치로 궤도를 수정했다고 프레이저는 평가합니다. 차이를 전면에 내세우며 '분배'보다는 '인정'으로 방향을 전환했다는 것이지요. 프레이저는 문화정치로 이동하면서 페미니스트 분배 투쟁이 약화되었다고 지적합니다. 사실 무시와 불평등을 교정하기 위해서는 두 가지 모두 중요한데, 분배 정의에 대한 감수성은 약화되고 다양한 정체성에 대한 인정이 너무 부각되었다는 것입니다. 그래서 본의 아니게 페미니즘이 신자유주의 체제와 공모하게 되었다는 뼈아픈 지적을 합니다. 포스트페미니즘에 대한 비판과 맞닿아 있지요.

지속되는 신자유주의 체제로 자본주의의 위기가 고조되는 2000년대 이후를 그는 3막이라 부릅니다. 이 시점에 우리는 어떻게 해야 할까요? 2막에서 보여 준 '문화적' 통찰력을 무시하지 않으면서도, 1막에서 보여 준 '경제적' 관심을 부활시켜야 새로운 정치적 투쟁으로 갈 수 있습니다. 글로벌한 세계 속에 새롭게 부각되는 인종 간, 국가 간 불평등한 참여의 문제도 고려되어야 할 것입니다.

이제 우리는 한국적 맥락에서 페미니즘의 역사와 성장을 고민해야 합니다. 대한민국은 세계에서 유일한 분단국가이고 냉전체제가 지속되는 곳이지요. 일제 식민지를 겪었고 미국의 영향력하에 있었습니다. 군사독재체제를 경험했지만 어느 나라보다 강력한 민주시민이 존재하는 곳이기도 합니다. 그러므로 제국주의, 식민주의, 자본주의, 군사주의, 종교 근본주의 등이 겹겹의 지배 매트릭스를 조직화하는 구조 속에서 성차별을 고민해야 합니다. 특히 포스트광장의 시대, 어떤 세상을 만들 것인지 함께 고민해야 합니다. 세상은 늘 말도 안 되는 상상을 하는 사람들에 의해 변화해 왔습니다. 우린 미래 세대를 위해 어떤 상상을 해야 할까요. 함께 고민해 봅시다.

일제 강점기의 페미니즘

그렇다면 한국에는 페미니즘 운동이 없었을까요?

1898년 9월 8일, 여성도 인간이라는 선언 〈여권통문〉이 《황성신문》에 실렸습니다. 9월 9일 《독립신문》에도 같은 선언

문이 게재되었습니다. 이 여자들은 누구일까요? 글을 읽을 줄
알아야 하고 신문에 실으려면 돈이 있어야 하니 양반집 여자들
과 기생들이 있겠지요. 어떤 내용인지 알아볼까요?

문명을 개화한 나라를 보면 남녀가 일반이라. 어려서부터 각각 학교
에 다니며 제조를 다 배우고 이목을 넓혀 장성한 뒤에는 사나이와 부
부지의를 정하여 평생을 사는데 그 사나이한테 조금도 절제를 받지
아니하고, 도리어 극히 공경을 받는다. 어찌 아름답지 아니하리오. 슬
프다! 전날을 생각하면 지금도 사나이의 위력으로 여편네를 누르고,
구설을 핑계로 여자는 안에 머물면서 밖의 일을 말하지 않고, 오로지
밥하고 옷 짓는 것만 하리오. 어찌하여 신체와 수족과 이목이 남자와
다름없는 사람으로 규방에 갇혀 밥과 술을 지으리오. 우리도 옛것을
버리고 새것을 따라 타국과 같이 여학교를 실시하고, 각각 여아들을
보내 재주를 배우고, 규칙과 행세하는 도리를 배워 남녀가 일반 사람
이 되게 할 여학교를 당장 실시하오니 우리 동포 형제 여러 부녀 중
영웅호걸 님네들은 각각 분발한 마음을 내어 우리 학교 회원에 드리
시려거든 곧 칙명하시기를 바라옵나이다.

– 《황성신문》과 《독립신문》에 실린 기사 일부

여성도 남성과 다름없는 인간이라는 자각하에 성차별의 현
실을 비판하면서 동등한 권리를 주장하고, 여성 교육권을 강조

한 내용이지요. 대단하죠. 후원단체로 찬양회를 만들었지만 잘 되지 않아서 고종에게 관립 여학교를 세우라고 상소문을 올립니다. 이제 여자들도 공부할 수 있게 하여 동양의 문명국으로 다른 나라에 부끄럽지 않게 해달라는 거였습니다. 고종은 받아들이지 않았습니다.

안타깝게도 국권이 흔들리고 일본의 지배하에 들어가면서 여성운동은 애국계몽운동, 반외세·반봉건 구국운동, 독립운동으로 전환됩니다. 이후 의병활동, 노동자 생존투쟁, 민족해방투쟁, 여성해방투쟁이 동시적으로 진행되었습니다. 슬픈 역사입니다. 그래서 우리에게는 탈식민주의 관점이 매우 중요합니다.

조선희 작가의 《세 여자》(2017)라는 장편소설이 있습니다. 독립 운동가이며 사회주의 페미니스트인 세 여자, 허정숙, 주세죽, 고명자의 삶을 그린 작품입니다. 세상을 바꾸고자 했던 식민지 조선의 세 여성 혁명가가 20세기 초 경성, 상해, 모스크바, 평양을 무대로 활약했던 내용을 담은 소설이지요. 작가는 청계천 개울물에서 세 여자가 물놀이를 하는 사진을 보고 글을 써야겠다고 결심했다 합니다. 사진을 보면 단발을 한 여자들이 물에 발을 담그고 있는데, 당시에는 공공장소에서 여성이 맨발을 드러낸다는 것 자체만으로도 파격이었습니다. 권위적 가부장제와 봉건사회에 대한 저항정신을 드러냈다고 볼 수 있지요.

모두를 위한 성평등 공부

여성도 인간이라는 선언 〈여권통문〉

| 1898년 9월 8일, 《황성신문》 | 1898년 9월 9일, 《독립신문》 |

일제 식민지 시대의 세 여자,
허정숙 · 주세죽 · 고명자(1918년 한강변에서)

당시에는 공공장소에서 여성이 맨발을 드러낸다는 것 자체가
권위적 가부장제와 봉건사회에 대한 저항정신을 나타내는 것이었다.

이들은 엄혹한 식민지 시기에 여성이자 피식민지자로서의 한계를 돌파하며 새로운 세상을 만들기 위해 생을 바칩니다.

나혜석도 빠트릴 수 없지요. 한국 최초의 서양화가 나혜석의 〈이혼 고백서〉도 있습니다. 나혜석은 한국 최초의 서양화가이자 작가였는데 남편에게 부당한 대우를 당하다 이혼당하고 이 글을 씁니다.

> 조선의 남성들아, 그대들은 인형을 원하는가. 늙지도 않고 화내지도 않고 당신들이 원할 때만 안아주어도 항상 방긋방긋 웃기만 하는 인형 말이오. 나는 그대들의 노리개를 거부하오. 내 몸이 불꽃으로 타올라 한 줌 재가 될지언정 언젠가 먼 훗날 나의 피와 외침이 이 땅에 뿌려져 우리 후손 여성들은 좀 더 인간다운 삶을 살면서 내 일을 기억할 것이라.
>
> – 〈이혼 고백서〉, 《삼천리》(1934)

눈물 나지요? 그의 희생과 간절한 외침이 흩어져 이 땅에 뿌려졌을 것입니다. 나혜석은 대단한 화가이자 작가이자 독립운동가였지만, 당대에는 예술가로 인정받지 못하고, 바람피고 이혼당한 여자, 미친 여자 취급을 받았습니다. 후대에도 행려병 환자로 죽어 갔다 정도로만 기억되고 있었지요. 최근 페미니즘의 열풍과 3·1운동 100주년을 맞아 여성 독립운동가들이

모두를 위한 성평등 공부

복권되는 과정에 나혜석의 삶도 새롭게 조명되고 있습니다.

한편 일제 강점기에 만들어진 여성운동단체 근우회를 봅시다. 근우회(槿友會)는 일제 강점기인 1927년, 한국의 여성운동가들이 좌우를 초월하여 설립한 단체입니다. 전국 규모의 대중조직으로 독립운동을 효율적으로 하기 위해 조선 여성들의 단결을 도모했다고 합니다.

근우회 행동강령

1. 여성에 대한 사회적, 법률적인 일체의 차별을 철폐한다.
2. 일체의 봉건적인 인습과 미신을 타파한다.
3. 조혼을 폐지하고 결혼의 자유를 확립한다.
4. 인신매매 및 공창을 폐지한다.
5. 농민 부인의 경제적 이익을 옹호한다.
6. 부인 노동의 임금차별을 철폐하고 산전 및 산후 임금을 지불하도록 한다.
7. 부인 및 소년공의 위험 노동 및 야근을 폐지한다.

– 《동아일보》 1929년 7월 25일

이 강령 중에 현재 우리가 이룬 것이 몇 개 있습니까? 성매매 폐지는 물론 임금차별 철폐는 지금 봐도 급진적인 주장입니다. 근우회는 앞서 언급한 허정숙을 비롯한 박차정, 정칠성 등 사회주의 여성운동가들이 많이 참여한 조직입니다. 일본이 엄청나게 탄압했기 때문에 많은 사람이 잡혀가고 망명하면서 곧 와해됩니다. 이후에는 어땠을까요? 한국에서 페미니즘 운동이 어려웠던 이유는 한국전쟁을 겪었기 때문입니다. 그리고 바로 군사독재체제가 들어섭니다. 실질적으로 진보적 페미니즘 운동이 꽃을 피우기 어려웠습니다.

꺼지지 않는 불꽃

한편 일제 강점기에는 노동자 여성들의 투쟁도 진행되었습니다. 강주룡은 일제 강점기 여성 노동자이자 노동운동가로 한국 노동운동사에서는 첫 번째 고공 농성자로 알려져 있습니다. 이들의 정신은 죽지 않고 살아 엄혹한 군사정권하에서도 여성 노동자 투쟁은 진행되었습니다. 혹시 알몸 투쟁이나 인분사건을 들어보셨나요? 모두 동일방직과 관련이 있습니다. 방직공장인 동일방직에는 여성이 압도적으로 많았습니다. 박정희 독재정권은 노조를 탄압했죠. 그런데 동일방직 노동자들이 여성 지부장을 선출합니다. 노동운동사에서 처음 있는 일이었습니다. 1970년대에 최초의 여성 지부장이 탄생한 것입니다. 지부장은

모두를 위한 성평등 공부

근우회 발족식

한국의 여성운동가들이
좌우를 초월하여 설립한
근우회 발족식 모습.
근우회는 1927년 5월
결성되었다.

〈근우〉 창간호 표지

근우회의 기관지였던
〈근우(槿友)〉의 창간호.
1929년 5월 10일 간행되었다.

일제 강점기
여성 운동가, 강주룡

을밀대에서
고공농성 중인 강주룡

이후 민주적인 노조를 건설했고, 수많은 노력으로 작업환경도 상당히 좋아졌습니다. 작업시간에 화장실에 못 가게 한다든지, 밥 먹는 시간을 제대로 안 준다든지 여러 가지 문제를 해결했지요. 겨울에도 따뜻한 물이 나오게 하고, 기숙사 환경을 하나하나 개선해 나갑니다. 그래서 다음에도 지부장으로 선출되었습니다.

당시 한국노총은 독재정권과 긴밀한 관계를 맺고 있었는데, 동일방직 여성 노동자들을 못마땅하게 여겼습니다. 이 과정에 여성 노동자들은 민주노조를 지키기 위한 투쟁을 전개했고, 이들을 해산하기 위해 경찰이 들어옵니다. 그때 여성 노동자들은 옷을 벗으면 알몸에 손을 대지 못하리라고 생각하고 알몸으로 투쟁을 합니다. 그런데 예상과는 전혀 달랐습니다. 수십 명이 잡혀가고 폭행을 당하는 끔찍한 사건이 벌어집니다. 그 이후 여성들에게 인분을 투척하기도 했습니다. 여성들은 이에 굴하지 않고, 장충체육관에서 개최된 근로자의 날 기념식이 티브이로 전국에 생중계될 때 자리에서 일어나 "우린 똥을 먹고 살 수 없다", "동일방직 문제 해결하라" 등의 구호를 외쳤다고 합니다. 경찰의 무자비한 탄압에 얻어터지고 머리채를 휘어잡히면서도 구호를 외쳤고, 이들 중 상당수가 연행되었지만 연행을 면한 사람들은 명동성당으로 가 단식농성에 들어갔다고

모두를 위한 성평등 공부

합니다. 이들의 끈질긴 투쟁은 한국 노동운동사에 커다란 족적을 남기며 이후 1980년대에 본격적으로 진행된 노동투쟁에 영향을 미칩니다.

한국뿐만 아니라 전 세계 페미니즘 운동사에 길이 남을 운동도 있습니다. 대표적인 것이 호주제 폐지 운동입니다. 호주제 폐지 운동은 가족법 개정 운동으로도 불리는데 1950년대부터 진행된 가장 오래된 한국의 여성운동입니다. 호주제는 가족 구성원을 호주에게 종속시켜 개인의 자율성과 존엄성을 부정하고 일률적으로 순위를 정함으로써 평등한 가족관계를 해쳐 왔지요. 특히 여성은 혼인 전에는 아버지가 호주인 호적에, 결혼하면 남편이 호주인 호적에, 남편이 사망하면 아들이 호주인 호적에 올라야 하는 예속적인 존재로 규정되었습니다. 한국사회의 가부장 의식과 악습을 제도적으로 뒷받침하는 여성차별적, 반인권적 제도라는 비판 끝에 결국 노무현 정권 시기인 2005년에 폐지됩니다. 끈질긴 여성운동의 결과였지요. 당시 법무부 장관은 강금실이고, 여성부 장관은 지은희였죠. 여성운동과 행정부 안에서 여성들의 힘이 결합되었고, 상대적으로 진보적인 대통령이 존재했습니다. 이것들이 시대적으로 맞아떨어졌기에 호주제가 폐지될 수 있었습니다.

이처럼 한국 페미니즘 운동도 이전 페미니스트들의 노력과

성과를 기반으로 합니다. 자주독립운동으로 타올랐으되, 군사
독재정권의 탄압으로 잠시 숨죽이고 있다가 민주화운동을 거
쳐 다시 분출되게 됩니다. 페미니즘은 이 과정에 늘 역동적으
로 살아 있었습니다.

운동의 변곡점들 : 김부남 사건부터 강남역 살인사건까지

일제 강점기부터 자신의 성적 피해를 폭로하고 드러낸 여
성들은 우리 사회에서 방탕한 여자, 몸 버린 여자, 심지어 미친
여자로 취급받으며 사라져 갔습니다. 이런 역사 속에서도 여성
들은 꾸준히 여성 인권을 이야기하고, 보통 사람들의 인권을
같이 개선하기 위해 노력해 왔습니다. 민주화운동이 한창 진행
중이던 1983년에는 한국여성의전화를 만들고 여성폭력 추방
운동이 시작됩니다.

운동의 역사에는 법과 제도의 변화에 변곡점을 만드는, 기
폭제가 되는 사건이 있게 마련입니다. 그중 하나가 1991년에
일어난 김부남 사건입니다. 김부남은 어린 시절 성폭행을 당
했습니다. 거의 20여 년이 지난 후 서른 살이 넘어서 가해자를
찾아 살해합니다. 금품을 탈취하지도 않았고, 개인적인 관계도

없었기에 초기에 사건조사를 맡은 경찰은 의아해합니다. 그가 아동 성폭력 피해자라는 사실은 나중에 밝혀지지요. 김부남은 법정에서 이렇게 이야기합니다.

나는 사람이 아니라 짐승을 죽였다.

당시 한국에는 성폭력에 관한 법이 독립적으로 존재하지 않았습니다. 〈형법〉에 '풍속에 관한 죄'로 정조에 관한 법만 있을 때입니다. 그나마 친고죄라서 사건이 발생한 지 6개월 내에 본인이 직접 신고해야 했습니다. 그런데 김부남이 겪은 사건은 20년이 넘었습니다. 그래서 본인이 직접 문제 해결에 나설 수밖에 없었던 것이지요. 이후 수많은 사건이 발생했고, 당시 한국여성의전화와 한국성폭력상담소가 결합해 '성폭력 특별법' 제정 운동을 본격적으로 시작합니다. 결국 1993년에 〈성폭력 특별법〉이 국회를 통과하고 1994년에 시행됩니다.

그리고 또 하나 잊지 말아야 할 운동이 있습니다. 바로 일본군 '위안부' 피해자 김학순 할머니의 미투 운동입니다. 이전에도 몇 사람이 여러 언론기사를 통해 피해 경험을 고백하기는 했지만, 기자회견장에 직접 나와 고발한 건 처음이었습니다. 이것이 국내외 많은 여성을 일깨웠습니다. 그래서 미투 운동은

'나도 당했다'는 단순한 성폭력 고발 운동이 아니라, 나도 고발한다, 나도 변화를 위해 노력하겠다는 결연한 의지의 표현이자, 우리 사회를 전면적으로 개혁하는 사회변혁 운동이며, 시민혁명입니다.

2016년 강남역 살인사건도 기억해야 합니다. 이 사건이 특별한 이유는 이전까지는 여자가 모르는 남자에게 살해당하면 '묻지마 살인'이라 불렸지만, 이 사건 이후 '여성혐오'에 의한 '여성살인'이라는 용어가 널리 사용되었고, 가해자 남성의 문제에 주목하게 되었기 때문입니다. 사건 다음날 SNS에서 여성혐오에 기반한 여성살인이니 강남역 10번 출구에 국화꽃 한 송이와 쪽지를 들고 나가자는 운동이 일어납니다. 여성들은 알고 있었습니다. 일상에서 늘 느끼던 불안과 공포가 있었으니까요. 남성 중심 사회에서 여성들이 공통으로 느끼고 경험한 각인된 공포였죠. 여성혐오에 의한 살인임을 여성 스스로 이야기했다는 것이 굉장히 놀라운 점입니다. 이후 해시태그(#)를 붙여서 문단 내 성폭력, 영화계 성폭력, 사진계 성폭력 등을 고발하기 시작했습니다. 사실 미투 운동은 2016년부터 이미 시작되었던 것입니다. 그 과정에서 2018년 1월 서지현 검사가 자기 경험을 고발하고 폭로했습니다. 커다란 혁명적 흐름의 기폭제가 되었지요.

강남역 살인사건
추모운동

강남역 10번 출구에는
여성혐오 문제를 제기하는
쪽지들이 붙었다.

성차별에 저항하는
여성들의 혁명,
미투 운동

2018년 미투(Me Too) 운동은
성평등이 결핍된 '민주주의'를
완성하고자 하기에
'제2의 민주화 운동'이다.

탈코르셋 운동

지금껏 사용하던 화장품을 파괴해서
찍은 모습을 SNS에 공유하기도 했다.

이처럼 페미니즘은 여성 스스로 '문제'라고 생각되었던 부분에 대한 자각을 기반으로 사회변혁을 위해 조직된 집합적 운동이지만, 생물학적 여성뿐만 아니라 다른 소수자, 약자의 문제를 인식하고 계속해서 변화시키려 노력해 왔습니다. 무엇보다 여성이 자신의 권리와 인권을 이야기하면 여성의 문제만 해결되는 것이 아닙니다. 그 혜택은 다른 소수자, 약자에게도 돌아갑니다. 물론 남성들도 마찬가지입니다.

그렇다면 남성들은 어떻게 해야 할까요? 예를 들어 군대 문제를 봅시다. 보통 성평등을 이야기할 때 남성들이 가장 많이 반발하며 하는 말은 "여성도 군대 가라"입니다. 문제의 본질을 직시하기보다는 다른 사안으로 본질을 흐려왔지요. 이제 그런 주장보다는 남성 스스로 비인권적인 군대 문화를 개선하기 위해 투쟁해 주세요. 보다 더 크게는 평화로운 세상을 만들기 위해 노력해 주세요.

많은 사람이 신자유주의 경제체제에서 불안정한 고용에 시달리고, 노동착취로 임금도 제대로 받지 못하며, 미래를 보장받지도 못합니다. 그러면 어떻게 해야 할까요? 함께 고통받는 주변의 여성을 탓할 게 아니라 거대 자본에 맞서 투쟁해 주세요. 누구나 최소한의 인간적인 삶을 보장받으며 일상의 행복을 누릴 수 있도록 사회변화를 위해 힘써 주세요. 여성과 사회적

모두를 위한 성평등 공부

약자들과 손잡고 갈 때 우리 사회는 진정한 민주주의 인권 국가로 거듭날 것입니다. 다음 세대가 살아갈 좀 더 평등하고 정의로운 세상을 꿈꾸며 다 같이 손잡고 걸어갑시다.

미투 운동으로 우리 사회 페미니즘에 대한 의식이 높아졌
습니다. 반면에 이에 대한 백래시도 많습니다. 특히 청소년,
청년층을 중심으로 이러한 젠더 갈등이 심화되고 있다는 점
에 주목해야 합니다. 젠더 갈등이 실제 어떻게 확인되고 있
는지, 학교는 어떤 일들을 하고 있는지 그리고 앞으로 무엇
을 해야 하는지 고민과 대안을 공유해 보았습니다.

이 글은 필자의 두 원고를 요약, 발췌, 보완했습니다.
• 최윤정(2018). "초중등 페미니즘 교육의 추진 여건 및 정책 방향의 고찰". 한국여성학회 춘
  계학술대회 발표(2018.6.16.)
• 최윤정(2018). "초중등 성평등 교육의 현황과 과제". 《젠더리뷰》 50호. pp. 21~31.

2

성평등을 가르치는 학교를 꿈꾸다

●

최윤정
(한국여성정책연구원 부연구위원)

2018년 1월, 청와대 게시판에 초중고에서 페미니즘 교육이 의무화되어야 한다는 내용의 국민청원이 게재되었습니다.[1] 그리고 한 달 만에 21만 명 이상이 해당 게시물에 서명했습니다. 국어, 영어, 수학, 사회, 과학 등 주요 교과를 거론하지 않더라도, 정식 교과도 아닌 페미니즘 교육을 실시해 달라는 요청에 21만 명 넘게 서명한 것은 예상치 못한 반응입니다. 실제 이 청원이 서지현 검사의 미투 사건 이전에 게재된 것이라는 점을 고려하면, 미투 운동의 여파라고 보기도 어렵습니다. 왜 많은 사람들이 미투 운동이 시작되지도 않았는데, 학교에서 페미니즘 교육이 필요하다고 주장했을까요? 이 질문에 답하려면 공교육으로서 학교가 가지고 있는 영향력과 학교에서 일어나고 있는 성차별과 성역할에 대한 편견 그리고 학생들 사이에서 일어나고 있는 젠더 갈등의 현실을 직시해야 합니다.

모두를 위한 성평등 공부

학교에서 성평등 교육을 해야 하는 이유

산업혁명과 함께 시작된 근대화는 인류 역사상 존재하지 않던 공교육 체제를 출범시켰고, 교육은 더 이상 개인의 환경과 여건에 의한 선택이 아니라 의무의 영역으로 편입되기 시작했습니다. 학교교육은 현대 사회를 살아가는 데 필요한 기초적인 역량을 가르칠 뿐 아니라, 사회가 공통으로 합의하는 체제와 규범, 가치관을 공유하게 하여 자라나는 세대를 길러내는 가장 광범위하면서도 보편적인 방식이 되었습니다.

하지만 더 중요한 문제는 학교가 단순히 사회가 요구하는 역량을 길러내고 그에 맞는 인력을 공급하는 역할만이 아니라, 그 이상의 기능과 의미를 가진다는 데 있습니다. 학교는 국가가 공인하는 방식으로, 국가가 공인하는 내용을, 다음 세대에 전수하는 '공인된' 교육의 장입니다. 또한 아동·청소년기 9년 이상을 의무적으로 보내야만 하는 생활의 장이자, 집단에 의한 사회화가 가장 활발하게 일어나는 장소이기도 하지요.

교육에서 젠더 문제는 스쿨미투처럼 드러나는 차별과 폭력 사건에만 국한되지 않습니다. 선생님의 무의식적인 발언, 교과서 삽화, 친구들의 농담이나 단톡방 대화 등 광범위한 영역에서 보이지 않는 방식으로 다양하게 전달됩니다. 이처럼 의도된 교육내용이 아니지만 명시적인 교육과정 못지않게 무의식적으로 학생들의 지식, 행동, 태도, 가치관에 영향을 미치는 방식이나 현상을 교육학에서는 '잠재적 교육과정(latent curriculum)'이라 부릅니다. 일반적으로 잠재적 교육과정은 학생들의 지식이나 기술보다는 흥미, 태도, 가치관, 신념 등 정의적인 영역에 영향을 미치는 것으로 알려져 있습니다. 그래서 잠재적 교육과정에서는 학교 풍토나 교수자의 태도와 신념 등에 주목합니다. 만약 학교 풍토나 교사의 언행 등이 성평등 가치를 담고 있지 않다거나, 성차별성을 내재하고 있다면, 학생들은 본인도 의식하지 못한 순간에 이러한 성차별적 문화와 가치를 사회의 규범으로 습득하게 되는 것이지요. 명시적 교육과정에서 아무리 남녀가 평등하다고 가르친다고 해도, 가르치는 사람이나 매체의 전달방식과 이를 아우르는 문화가 성평등 하지 않다면, 학생들은 학교교육을 통해 성평등 한 태도를 습득하지 못한 채, 오히려 이론과 실제의 이중성을 답습하게 될 것입니다. 따라서 교육과정뿐만 아니라 학교 현장을 둘러싼 전반적인 교육 문화와 환경에서 성차별과 성편견에 대해 면밀하게 주시하고 조치하지 않는다면, 학교는 가시적·비가시적 교육과정을 통해 의식적·무의식적으로 기존의 전통적 성역할을 전수하고 성차별 의식을 강화하는 기제가 될 수밖에 없습니다.

최근에 나타나는 교실에서의 여성혐오와 성폭력 사건은 그동안 교육에서 성평등 가치에 얼마나 주의를 기울이지 않았는지, 그 결과가 무엇인지를 여실히 보여 줍니다. '김치녀', '한남충' 같은 혐오용어들이 초등학교 교실에서도 심심치 않게 들리는 현실[2]은 의도했든 의도하지 않았든 자라나는 세대에 혐오문화가 일상화되고 있음을 드러냅니다. 일상화된 혐오는 심각한 차별로 이어지죠. 한 여성 BJ를 대상으로 초등학교 남학생들이 욕설하는 영상이 유튜브에 올라오고[3] 수업 중에 여교사를 상대로 남학생들이 집단 자위를 벌이는 현상[4]은 미디어를 통해 습득한 그릇된 남성성이 학교 공간에서 무방비 상태로 유통되고 있고, 이 과정에서 성차별과 성폭력이 발생함은 물론 자라나는 세대의 집단문화로 강화되고 있음을 보여 줍니다.

스쿨미투 또한 학교 구성원들의 성차별적인 인식이 극단적 행동으로 드러난 사건이라고 할 수 있습니다. 스쿨미투는 단순히 교육현장에서 성범죄가 버젓이 일어나고 있다는 의미에 그치지 않습니다. 사회적으로 가장 보호받아야 할 집단인 학생들이 그들을 보호할 의무가 있는 학교에서 가장 기본적인 인권 중 하나인 성인권조차 보호받지 못하고 있음을 그대로 보여 주는 것입니다. 나아가 공적 기관인 학교가 성차별의 현장이 되도록 방관 또는 방치하고 있음을 드러내는 것이기도 합니다.

페미니즘 교육을 의무화 해달라는 청와대 국민청원은 이러한 자라나는 세대에서 발견되는 불균형한 성평등 의식에 대한 교육적 조치와 우려에서 제기된 것입니다.

점점 멀어지는… 여자와 남자는 전쟁 중?

그동안 여성단체 중심의 여성운동은 2016년 강남역 살인 사건을 계기로 범여성화, 범시민화되었고, 2018년 봄, 대한민국을 달구었던 미투 운동에서 절정에 달했습니다. 이제 여성들은 일상에서, 자신의 SNS에서, 거리에서 성폭력이나 낙태 등 그동안의 고정관념에 적극적으로 도전하고 있습니다. 그러나 현실은 어떠한가요? 성평등이라는 가치는 여전히 강한 도전을 받고 있습니다. 청년 여성들은 전사처럼 여성의 권리를 주장하고 있지만 'Girls Can Do Anything'이라는 문구가 적힌 티셔츠를 입었다는 이유로, 혹은《82년생 김지영》을 읽었다는 이유로[5], 단지 화장을 하지 않았다는 이유로[6] 비난이나 사회적 논란의 대상이 되는 것이 현실입니다.

한 가지 특징적인 점은 이러한 논란은 주장하는 자나 반박하는 자 모두 10~20대가 주축이라는 점입니다.[7] 이러한 현상

모두를 위한 성평등 공부

은 단지 언론이나 기사, SNS 발언에서만 관찰되는 것이 아니라 실제 통계로도 현실감 있게 나타나고 있습니다.

여성가족부가 실시한 〈청소년 양성평등실태조사〉에서 만 15~18세 청소년을 대상으로 '우리 사회의 성평등 수준이 어떠한지'를 질문한 결과, 76.0%에 해당하는 여성 청소년이 '여성이 불평등하다'고 답했습니다. 하지만 동일한 생각을 가진 남성 청소년은 32.1%에 불과하여 약 44%p의 큰 격차를 보였습니다. 오히려 남성 청소년의 36.2%는 '이미 남녀평등에 도달하였다'고 했으며, 심지어 3분의 1에 해당하는 31.7%는 '우리 사회를 남성이 불평등한 사회'라고 응답했습니다.

주목할 점은 적지 않은 남성 청소년들이 남성 불평등이 점차 심화될 것이라 전망한다는 것입니다. '향후 5년 내 우리 사회의 성평등 수준이 어떨지'에 대해 남성 청소년의 40.0%가 '남성이 불평등한 사회가 될 것'이라 전망했습니다. 이것은 남성 청소년이 우리 사회가 성평등한 사회가 될 것이라고 전망하는 비율(48.4%)과 거의 맞먹는 수준입니다. 남성 청소년 사이에서 현재 사회는 이미 성평등이 달성되었거나 여성이 불평등한 사회라고 해도 향후 남성의 지위와 권력이 점차 감소하여 머지 않아 남성이 불리한 사회에 이르게 될 것이라는 일종의 '불안감'이 형성되고 있음을 알 수 있습니다.

인식의 격차는 성평등 의식 척도에서도 드러납니다. 성역할 위계 고정관념, 가정 내 성역할 분리 태도, 학교/학습에서의 성역할 분리 태도에서 남성 청소년은 모두 여성 청소년보다 상대적으로 낮은 성평등 의식을 보였습니다. 남성 청소년의 약 4분의 1은 '남성은 약한 모습을 보여서는 안 되며(24.5%)', '가족의 생계는 주로 남성이 책임져야 한다(26.0%)'고 생각합니다. 약 5분의 1은 '남성이 전업주부가 되는 것이 부끄럽고(19.7%)', '남녀(이성) 관계에서 데이트는 남성이 주도해야 한다(19.0%)'고 생각하죠. 자라나는 세대인 남성 청소년마저 여전히 소위 '맨박스(manbox)'라고 부르는 가부장제에서의 남성다움에 갇혀 있다는 사실을 보여 주는 대목입니다. 또한 남성 청소년은 '남성이 여성 밑에서 일하는 것은 불편하다(여 5.2%, 남 13.8%)'와 '반장이나 학생회 간부 등 지도자의 역할은 여자보다 남자가 적합하다(여 3.6%, 남 12.9%)'라는 생각에 대해 여성 청소년보다 동의하는 비율이 두세 배가량 높습니다. 남성 청소년들의 견고한 맨박스가 여성의 성역할에 대해서도 전통적이고 유연하지 못한 태도로 이어지는 것을 볼 수 있습니다.

문제는 여기에 그치지 않습니다. 젠더 의식 격차가 세대를 거듭할수록 점점 심화되고 있다는 것이지요. 일반적으로 성평등 의식은 여성이 남성보다 높고 젊은층이 중고령층보다 높은

현재 우리 사회 성평등 수준

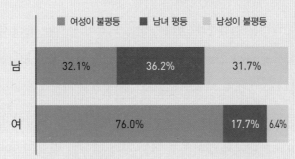

■ 여성이 불평등   ■ 남녀 평등   ■ 남성이 불평등

| 남 | 32.1% | 36.2% | 31.7% |
| 여 | 76.0% | 17.7% | 6.4% |

※자료 : 최유진 외(2016). 《2016 양성평등실태조사 분석 연구》. 여성가족부.
p. 355 〈표 Ⅳ-26〉 재구성

5년 후 우리 사회 성평등 수준

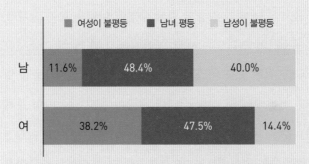

■ 여성이 불평등   ■ 남녀 평등   ■ 남성이 불평등

| 남 | 11.6% | 48.4% | 40.0% |
| 여 | 38.2% | 47.5% | 14.4% |

※자료 : 최유진 외(2016). 《2016 양성평등실태조사 분석 연구》. 여성가족부.
p. 355 〈표 Ⅳ-27〉 재구성

데, 2016년 일반 성인을 대상으로 실시한 〈양성평등실태조사〉 결과, 성별 갈등이 청년층에서 가장 심화된 것으로 나타납니다. 중고령층은 젊은층에 비해 성평등 의식이 낮지만, 세대 내에서 여성과 남성 간의 차이는 거의 없습니다. 그러나 동일한 세대에서 남녀 의식 격차는 연령이 낮아질수록 점점 벌어지고, 가장 낮은 연령층인 20대에서 가장 심각한 차이를 보입니다.[8] 현재 10~20대에서 벌어지고 있는 젠더 갈등이 결코 우연이 아닌 것이죠. 여성들은 세대를 거듭할수록 성평등 의식이 급격하게 성장하는 반면, 남성들은 성평등 의식이 제고되기는 했으나 그 속도가 여성보다 현저히 느린 데서 오는 격차입니다.

청소년, 청년층에서 심화되는 성평등 의식 격차는 우리 사회에 불고 있는 성별 갈등이 결코 우연이 아님을 보여 줍니다. 여성 청소년의 민감도는 날로 높아지는 반면, 남성 청소년은 성평등을 '위협'으로 바라보고 '피해'와 '손해'로 인식하고 있습니다. 이는 단순히 성평등 의식 수준이 높고 낮음만의 문제가 아니라 사회를 보는 방향과 관점의 문제이며, 젠더 이슈가 일시적인 사회적 이벤트가 아니라, 훨씬 더 복잡하고 중층적으로 우리 사회에 영향을 미칠 것임을 의미합니다. 그런데도 우리 사회는, 특히 우리 교육은 이러한 문제를 충분히 인지하지 못하고 있습니다. 지금이라도 적극적으로 조치를 취하지 않는

남녀 청소년의 성평등 의식

(단위 : %)

항목		여성		남성	
		동의	비동의	동의	비동의
성역할 위계 고정관념	남성이 여성 밑에서 일하는 것은 불편하다.	5.2	94.8	13.8	86.2
	남녀(이성) 관계에서 데이트는 남성이 주도해야 한다.	10.8	89.2	19.0	81.0
	남성은 약한 모습을 보여서는 안 된다.	9.4	90.6	24.5	75.5
가정 내 성역할 분리 태도	아내의 소득이 남편의 소득보다 많으면 남편은 기가 죽는다.	23.4	76.7	30.5	69.4
	가족의 생계는 주로 남성이 책임져야 한다.	14.1	85.9	26.0	74.0
	아내가 생계를 책임지더라도 가정의 중요한 결정은 남편에게 맡겨야 한다.	7.7	92.3	22.5	77.5
	남성이 전업주부가 되는 것은 부끄러운 일이다.	8.8	91.2	19.7	80.3
	여성은 자신의 직장생활보다는 어린 자녀를 돌보는 것을 더 우선시해야 한다.	19.1	80.9	35.4	64.6
학교/ 학습에서의 성역할 분리 태도	남자는 여자보다 수학과 과학을 더 잘한다.	39.1	60.8	30.9	69.1
	남자는 여자보다 운동을 더 잘한다.	61.3	38.8	70.4	29.5
	여자들이 축구나 야구를 하는 것은 여자답지 못하다.	5.8	94.2	5.7	94.4
	여학생이 치마 교복을 입는 것은 당연하다.	13.0	87.0	25.8	74.4
	반장이나 학생회 간부 등 지도자의 역할은 여자보다 남자가 적합하다.	3.6	96.5	12.9	87.1

※자료 : 최유진 외(2016). 《2016 양성평등실태조사 분석 연구》. 여성가족부. pp. 330-332 재구성

다면, 성별 갈등이 향후 우리 사회에 많은 부담을 줄 수 있음을
인식해야 합니다.

학교 성평등 교육의 현실

실제 학교에서 성평등 교육은 어떻게 이루어지고 있을까
요? 〈2016 청소년 양성평등실태조사〉에 따르면, 중고생이
1년간 성평등 교육에 참여한 비율은 46.3%입니다. 성평등 교
육이 보편화되지 않았음을 알 수 있죠. 성평등 교육이 이루어
진 방법으로는 교과시간에 이루어졌다는 응답이 49.0%, 창의
적 체험활동에 실시되었다는 응답이 50.7%로 비슷합니다. 교
육 참여 시수를 조사한 결과, 전체 학생의 86.0%가 4시간 미
만이라고 응답하여 대부분의 성평등 교육이 단타성으로 진행
된다는 사실을 알 수 있습니다. 절반가량의 청소년들이 학교
에서 성평등 교육을 받고 있지만, 교육의 양에서 매우 미흡한
상황입니다. 교수방법으로 많이 사용되는 방법은 특강 형태
(59.9%), 시청각 교재 활용(30.2%), 유인물 사용(23.1%) 순입니
다. 상당수의 성평등 교육이 체계적으로 짜인 교육과정이 아니
라, 일시적이거나 행사성 교육의 형태로 운영되고 있음을 짐작

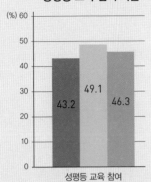

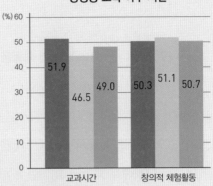

성평등 교육 참여 비율 / 성평등 교육 이수 시간

■ 여성 ■ 남성 ■ 전체

성평등 교육 참여 비율

43.2 49.1 46.3

성평등 교육 참여

※자료 : 최유진 외(2016). 《2016 양성평등
실태조사 분석 연구》. 여성가족부.
p. 359 재구성

성평등 교육 이수 시간

51.9 46.5 49.0 50.3 51.1 50.7

교과시간   창의적 체험활동

※주 : 복수응답
※자료 : 최유진 외(2016). 《2016 양성평등실태조사 분석 연구》. 여성
가족부. p. 359 재구성

성평등 교육 참여 시수

(단위 : %, 명)

	계 (사례 수)	1시간 미만	1~4시간 미만	4~7시간 미만	7~10시간 미만	10~13시간 미만	13~15시간 미만	15시간 이상
전체	(168)	17.2	68.8	11.6	2.4	0.0	0.0	0.0
여성	(73)	17.3	71.0	11.7	0.0	0.0	0.0	0.0
남성	(95)	17.0	67.1	11.5	4.4	0.0	0.0	0.0

※자료 : 최유진 외(2016). 《2016 양성평등실태조사 분석 연구》. 여성가족부. p. 359

성평등 교육방법

(단위 : %, 명)

	계 (사례 수)	특강 형태	유인물	참여활동	시청각 교재	토론	사례조사	기타
전체	(168)	59.9	23.1	23.0	30.2	4.0	5.9	0.8
여성	(73)	57.8	24.5	27.9	30.2	5.2	6.5	0.0
남성	(95)	61.6	21.9	19.0	30.2	3.0	5.3	1.5

※주 : 복수응답
※자료 : 최유진 외(2016). 《2016 양성평등실태조사 분석 연구》. 여성가족부. p. 360

할 수 있습니다.

어디로 숨었니? : 교육과정 속 성평등 교육

성평등 교육은 이전부터도 학교재량 활동으로 실시하고 있었지만, 국가수준 교육과정에 공식적으로 등장한 것은 2007 개정 교육과정에서 기존에 16개였던 범교과학습을 35개로 확대하면서입니다. 범교과학습을 38개까지 확대한 2009 개정 교육과정까지만 해도 성평등 교육이 범교과학습으로 존치되었지만, 2015 개정 교육과정에서 범교과학습을 10개로 대폭 줄이면서·현재는 공식적인 범교과 영역에서는 제외된 상태입니다. 전적으로 학교장 재량에 의해 운영될 수밖에 없는 교육인 셈입니다.

심지어 15시수 이상 의무교육으로 명시된 성교육도 실제 현장에서는 충분히 실시되지 않고 있습니다. 〈2016 양성평등 실태조사〉 결과, 지난 1년간 학생들이 성교육을 받은 비율은 85.2%로 성평등 교육에 비해 38.9% 이상 더 높게 나타났습니다. 하지만 법정 이수 시수인 15시간 이상 이수하였다는 응답은 0.4%에 불과하고, 전체 참여 학생의 76.8%가 법정 이수 시수의

절반이 채 안 되는 7시간 미만 참여한 것으로 나타났습니다.[9]

2018년 청와대 국민청원에 제기된 초중고에서의 페미니즘 교육 의무화에 대해 청와대는 인권 교육을 통해 이를 실현하겠다고 밝혔습니다. 하지만 근거법이나 현재의 교육내용으로 볼 때 인권 교육은 학생인권조례, 장애인 이해 교육, 생명존중 교육(자살예방)이 주축이고, 성평등 개념을 핵심이슈로 충분히 포괄하지 못하고 있는 것이 현실입니다.

그렇다면 범교과학습에서 충분히 다루어지지 못하는 성평등 교육은 교과학습에서는 충분히 다루어지고 있을까요? 2015 개정 교육과정의 공통교과 성취기준을 중심으로 성평등을 직접적으로 거론하는 내용만 파악한 결과, 오직 중학교 3학년 도덕과와 실과에서 한 개 성취기준씩만 발견되었습니다. 도덕과의 경우에는 '사회·공동체와의 관계' 영역에서 성취기준의 하나로 성평등을 다루고 있으며, 이 또한 성평등이 주요 성취기준이 아니라 인권존중, 사회적 약자 개념과 함께 다양한 성취기준의 하나로 다루어지고 있습니다. 실과의 경우에는 '인간발달과 가족' 영역 내에서 다양한 가족의 유형과 양성평등한 가족관계 형성과 관련하여 다루어지고 있습니다. 초중등 12년 동안의 모든 학습 내용 중에 성평등이 직접적인 성취기준이 되는 것이 단 두 개뿐이라는 점은 우리 교육과정 안에서 성평등 교육의 위치를 여실하게 보여 준다고 하겠습니다.

여기에서는 성취기준에 직접적으로 성평등을 언급한 경우로만 한정하였기 때문에 성윤리 등 섹슈얼리티나 여성의 권리와 같은 내용으로 기준을 확대한다면, 좀 더 다양한 교과에서 좀 더 많은 성취기준이 발견될 것입니다.[10] 그럼에도 불구하고 현재의 교육과정은 전통적 성역할에 대한 탈피, 다양한 진로에 대한 고취, 우리 사회에 불평등 요소로서 성불평등을 다루는 데 소홀합니다. 특히 사회과는 성별 불평등이나 성차별을 가장 언급하기 쉬운 교과임에도 불구하고 지역 간 불평등, 계층 간 불평등 등 다양한 불평등으로서 성별 불평등을 명시적으로 포함하지 않고 있다는 점은 자칫 자라나는 세대로 하여금 우리 사회가 이미 성평등을 이루었다고 생각하거나 인간의 기본적인 불평등의 하나로 성 불평등을 고려하지 않도록 인식시킬 가능성이 있습니다.

외국의 경우, 상당히 다양한 방식으로 교과교육 내에서 성평등 교육을 실천하고 있습니다. 대만은 교육과정에서 성평등의 교육목표와 성취수준을 수립하고, 각 교과와 융합할 수 있도록 교과별 사례와 방법을 제시합니다.[11] 프랑스도 국어, 문학, 도덕, 역사, 예술, 체육 등의 과목에서 다양한 교수방법을 통해 남녀의 기본권과 차별에 대한 개념을 가르치고 있습니다.[12] 스

2015 개정 교육과정에서 성평등이 직접적으로 명시된 성취기준

교과	영역	성취기준
도덕과	사회·공동체와의 관계	[9도03-01] 인간 존엄성과 인권, 양성평등이 보편적 가치임을 도덕적 맥락에서 이해하고, 타인에 대한 사회적 편견을 통제하여 보편적 관점에서 모든 인간을 인권을 가진 존재로서 공감하고 배려할 수 있다.
실과	인간발달과 가족	[9기가01-05] 다양한 가족 관계의 유형과 특징을 파악하고, 양성평등하고 세대 간의 민주적인 가족 관계를 형성하는 방안을 탐색하여 실천한다.

※자료 : 교육부 고시 2015-74호

웨덴에서는 다양한 교과에서 섹슈얼리티 교육을 실시하고, 남녀 간의 평등한 관계를 교과수업 내에서 다루고 있습니다.[13] 이러한 외국의 사례들은 특정 교과에서만 매우 지협적으로 성평등을 접근하고 있는 한국의 교육과정과 많은 차이를 보입니다. 선언적 의미로서의 성평등이 아닌, 일상에서 살아 있는 이슈로 성평등을 인식하기 위해서는 여러 교과를 통해 다양한 주제와 맥락에서 성평등을 고민하고 적용할 수 있는 기회를 가지도록 교육과정의 개선이 요구되는 시점입니다.

더 나은 교육을 위한 제안들 : 체계 점검부터

어떤 교육이 학교현장에서 제대로 추진되려면 다음과 같은 세 가지가 필요합니다.

- 해당 교육을 추동할 수 있는 제도적 기반
- 수업을 이끌어 가는 교사들의 창의적이고 전문적인 역량
- 탄탄한 교육과정과 관련 교수자료의 제공

한국 교육현장은 이 세 가지 측면 어느 쪽에서도 자라나는

모두를 위한 성평등 공부

세대를 대상으로 충분한 성평등 교육을 실현하기는 여전히 미비해 보입니다. 먼저, 제도적 기반을 살펴볼까요? 제도적 기반에서 가장 중요한 것은 근거법입니다. 특히 한국처럼 교육현장에서 국가의 영향력이 강한 나라에서는 더더욱 근거법이 중요합니다. 국내법에서 교육에서의 성평등이 명시화된 것은 1997년 〈교육기본법〉에서 '남녀평등교육의 증진(17조의2)'을 규정하면서부터입니다. 이 법에서는 국가 및 지방자치단체에서 남녀평등을 적극적으로 실현시킬 수 있는 시책을 수립 및 실시하고, 일선 학교에서는 이에 대한 차별을 금지해야 하며, 여성의 진출이 취약한 분야에 대한 지원을 보장하는 한편, 관련 내용의 추진을 위해 '남녀평등교육위원회'를 신설하도록 하고 있습니다. 또 이 법의 17조의4에 '건전한 성의식 함양'을 보장하면서 국가와 지방자치단체는 학생의 존엄한 성(性)을 보호하고 학생에게 성에 대한 선량한 정서를 함양하는 한편, 남녀의 성 특성을 고려한 교육·편의 시설 마련 방안이 포함되도록 조치하고 있습니다. 〈양성평등기본법〉 제36조에서도 학교와 같은 공공교육기관에서의 성평등 교육을 강조하고 있습니다.

그렇다면 현재의 법안은 학교에서 성평등 교육을 하기에 충분할까요? 현재의 법은 기회의 평등이나 성차별 금지와 같은 넓은 의미에서의 성평등 교육(gender equality in education)을 의미할 뿐 성평등 의식의 함양을 위한 교육(gender consciousness education) 자체를 활성화하기 위한 구체적인 요건이나 기준을 명시하거나 규정하지 않습니다. 단적으로 현재의 법은 성평등 교육이 무엇이라는 정의를 내리고 있지 않죠. 개념적 정의가 없으니 정책범위와 교육내용도 불분명합니다. 실제 일선학교 현장에서는 성평등 교육을 성교육이나 성폭력예방교육으로 한정하는 경우가 많습니다. 그러다 보니 진정 성평등 교육이 목표로 하는 성평등 의식 함양을 위한 교육은 밀려나거나 충분히 다루지 못하게 됩니다.

법적 근거 외에도 효과적인 성평등 교육 여건을 조성하기 위한 지원 또한 전무합니다. 성평등 교육을 위한 강사의 자격이라든가 프로그램 인증, 관련 기관 지정과 협업 등 법적 기준이 없다 보니, 성평등 교육을 학교장 자율에 맡긴 상황에서 교육운영에 대한 적극적인 지원이나 원활한 협조체계도 부재할 수밖에 없습니다.

대만은 1990년대 후반부터 지난한 논의를 거쳐 2004년 〈성별평등교육법(性別平等教育法)〉을 마련했습니다. 중등 교육과정에서 성평등 교육을 의무화하고 고등교육과정에서는 융합교육을 실시하는 한편, 관련 교과를 개설하도록 규정했죠. 여기에서는 선언적 의미에서의 성평등 교육 외에도 추진체계, 교육방법, 교사의 준비 등 성평등 교육을 추진하기 위해 요구되는 상황들을 매우 구체적으로 명시하고 있습니다.[14] 특히, 단순히 성별 평등 외에도 성별 차이, 정체성, 동일시 등 평등한 권리를 보호하고 있어서 기존의 성평등 교육의 개념과 범위를 확장하는 데 기여하기도 했습니다. 성평등 교육이 현재의 한계를 뛰어넘기 위해서는 우리 교육에서도 이와 비슷한 법이 마련되거나 그렇지 못하더라도 현재 법률체계 내에 성평등 교육에 대한 보다 구체적인 개념과 방안이 정비된 법안이 필요합니다.

법 외에도 효과적인 교육행정체계를 갖추는 것 또한 중요합니다. 우리나라 교육정책의 특성상 교육부와 시도교육청은 정책을 집행하는 중요한 창구입니다. 지난 2008년 교육부에서 여성정책담당관실이 폐지되면서 그동안 과수준으로 배정되었던 양성평등 업무는 전담자조차 지정되지 못하고, 매우 부수적인 업무로 다루어졌습니다. 2019년 초 교육부가 양성평등정책담당관을 새로이 구성하고 업무를 추진하고 있으나, 아직은 초기이므로 그동안 위축되었던 교육 내 성평등 이슈가 얼마나 활성화될 수 있을지는 지켜보아야 할 것입니다.

시도교육청의 경우에는 청별 소관부서가 천양지차입니다. 각 시도교육청에 양성평등 담당자가 지정되어 있기는 하지만, 해당 업무의 소관부서를 살펴보면 대부분 성평등 교육과 성교육 업무를 동일한 부서 내에 배치하고, 보건 담당자 한 사람이 두 업무를 동시에 맡고 있는 형태가 많습니다.[15] 이런 체계는 학교현장에서도 동일합니다. 교육부의 이원화된 운영체계와 달리 교육청과 학교현장에서는 성평등 교육, 성교육, 성희롱·성폭력 예방교육이 같은 영역으로 다루어지고 있습니다. 많은 교육청이 성평등 교육을 보건이나 학생생활지도 영역에 두고 있다는 사실은, 성평등 교육을 성교육으로 인식하거나 그 이상의 교육적 역할과 의미를 찾지 못하고 있음을 보여 줍니다. 또한 강제성 없는 성평등 교육이 강제성 있는 성교육에 부수적으로 실행되고, 상대적으로 낮은 중요도 수준에서 추진되고 있음을 보여 주기도 합니다.

성평등 교육이 학교에서 보다 적극적으로 추진되기 위해서는 현재와 같이 다원화된 체계를 정비하고, 다양한 성평등의 관점에서 이를 통합하는 방안이 무엇보다 절실합니다. 보다 분명한 법적 기반을 마련하는 한편, 교육부, 교육청, 학교로 이어지는 전달체계를 정비하는 조치와 노력이 필요하겠습니다.

성평등한 교사에 의한, 성평등한 교사를 위한!

성평등 교육의 추진체계도 중요하지만, 교육현장에서는 실질적으로 교수자에게 큰 영향력이 있습니다. 그렇다면 성평등 교육을 실현하기 위한 두 번째 조건, 교사의 역량과 자질은 어떨까요? 초중등학교 교사들은 아직 성평등 교육을 실천하기에는 요원해 보입니다. 〈2016 양성평등실태조사〉에 따르면, 청소년의 21.7%는 학교 선생님이 성차별적 언어를 자주 사용한다고 응답했고, 27.7%는 복장지도에서도 성별 차별이 존재한다고 답했습니다.[16] 특히 여학생의 3분의 1(33.2%)가량은 복장지도에서 여학생에게 유독 더 엄격하다고 느끼는 것으로 나타났습니다.

이보다 더 중요한 것은 교사들의 성평등 의식 수준 자체가 낮고 보수적이라는 점입니다. 한국여성정책연구원이 국내 대학(원)생 5,555명을 대상으로 실시한 성평등 의식 제고 조사에서 교육대 학생의 성평등 의식이 일반대 학생이나 전문대 학생보다 뚜렷하게 낮게 나타났습니다.[17] 일반적으로 젊은층이 중고령층보다 성평등 의식수준이 높다는 것을 감안하면, 실제 교육 현장에 있는 교사들의 성평등 의식수준은 더 낮다고 짐작할 수 있습니다. 교사들의 낮은 성평등 의식이 일상에서 차별적 언행으로 이어지고, 이것이 무의식적으로 범죄적 행동으로까지 이어지는 것입니다. '내 무릎에 앉는 학생은 수행평가 만점을 주겠다'거나,[18] 생리통을 심하게 하는 여학생에게 '열 달 동안 생리 안 하게 해 줄까'라거나,[19] '여자는 아프로디테처럼 쭉쭉빵빵해야 한다'[20] 등 스쿨미투를 통해 드러난 교사 발언들은 성평등 의식이 낮다 못해 인권 침해적인 교단의 현실을 보여주고 있습니다. 즉, 2018년 봇물처럼 터져나온 스쿨미투는 결코 우연이 아니라는 것이지요.

교사들의 성평등 의식을 제고할 수 있는 방안은 무엇일까요? 아이들과 달리 이미 의식이 완고하게 형성된 교사들에게는 지속적인 교육을 통한 인식개선밖에 답이 없어 보입니다. 신입 여대생들의 외모를 품평하는 책자를 만들고, 단톡방에서 동료 여학생을 품평하여 논란이 되었던 서울교대 사건[21] 등을 계기로 교사양성과정에서의 성평등 교육이 강화될 것으로 보이나,[22] 이미 오래전 교단에 진출한 현장 교사들의 의식제고에는 큰 변화가 없는 것이 현실입니다. 학교에서의 성평등 교육을 본격적으로 주장하기 시작한 제6차 경제사회발전기본계획(1983~1991)에서부터 현재 추진 중인 제2차 양성평등정책기본계획에 이르기까지 교사의 성평등 의식 제고는 빠짐없이 거론되어 온 정책과제이지만 지난 25년간의 주장이 무색할 만큼

대학생들의 성평등 의식 제고 조사 결과

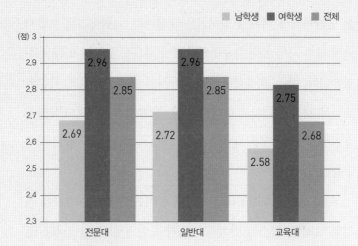

※주 : 4점 척도
※자료 : 안상수 외(2011). 성평등 실천 국민실태조사 및 장애요인 연구(Ⅲ). p. 193. 〈표 Ⅲ-53〉 재구성

교사 대상의 성평등 교육은 관심을 받지 못하고 있습니다.

사실 교사의 성평등 의식을 제고하는 가장 효과적인 방안은 교원자격에 이를 포함시키는 것입니다. 교원자격에 포함시키면 모든 사범대와 교육대에서 해당 과목을 교육하지 않을 수 없습니다. 가장 효과적이면서 효율적인 조치방안이죠. 단순히 교과목 개설에 그치는 것이 아니라, 실제 임용시험에도 해당내용이 포함되면 많은 예비교사들이 적극적으로 공부할 수밖에 없습니다.

여성계는 오래전부터 교원자격에 이를 포함하는 방안을 건의해 왔지만, 여전히 변화의 기미가 보이지 않고 있습니다. 정부에 정책 의지가 없다고밖에 설명할 수 없죠. 일례로 교육부는 전체 학생의 1.9%[23]인 다문화학생이 원만하고 차별 없이 학교생활을 하도록 지원하기 위해 2008년부터 교사 대상 다문화교육을 증진해 왔고, 2017년부터는 교직과목 내 다문화교육을 포함하도록 〈교원 자격검증 실무편람〉을 개정하였습니다.[24] 다양성과 수용성 관점에서 다문화 교육이 중요하다면, 전체 학생의 절반을 차지하는 여성과 성평등에 대한 가치도 간과될 이유가 없습니다.

탄탄한 교수자료는 제2의 교사

이제 마지막으로 학교 성평등 교육이 활성화되기 위한 마지막 조건, 즉 탄탄한 교육과정과 교수자료의 개발의 필요성에 대해 이야기해 보겠습니다. 교사의 의식이 아무리 성평등 하다고 하더라도 실제 학생들에게 이를 '교육'하는 것은 또 다른 역량을 요구합니다. 개인의 의식수준과 그 의식을 전달하고 가르치는 역량은 다를 수 있기 때문입니다. 실제 교사들과 성평등 교육에 대해 이야기를 나눠 보면, 적지 않은 교사들이 '도대체 어떻게 가르쳐야 할지 모르겠다'고 하소연합니다.

이러한 일선 교사들의 짐을 덜기 위해서 가장 필요한 것은 풍부하고 다양한 교육학습 자료입니다. 대부분 교사들이 교과 혹은 비교과에서 성평등 교육을 접목하거나 실시하고 싶어도 방법을 몰라서 혹은 적절한 자료가 없어서 실행하지 못하는 경우가 많기 때문입니다. 다양한 교육자료와 프로그램은 교사들의 수업을 도와줄 뿐 아니라, 학생들의 의식 제고에도 효과적일 수 있습니다. 이미 몇몇 선진국에서는 성평등 교육을 위한 아주 유용한 온라인 플랫폼을 마련해 두고 있습니다.

대만의 '성별평등 교육 글로벌 정보망', 독일의 '젠더와 학교', 프랑스의 '평등을 위한 실행도구' 같은 사이트는 법, 교육과정지침 등 정부나 주정부 차원에서 규정하고 있는 성평등한 교육을 위한 실천 가이드를 안내합니다. 그뿐만 아니라 간단하게는 교실에서 사용할 수 있는 프로그램에서부터 학교의 운영 전략까지 광범위한 내용을 모두 포괄합니다. 심지어 학교 스스로 교사를 교육할 수 있는 자료도 있습니다. 대만의 '성별평등교육 글로벌 정보망'에는 관련 강사의 DB도 탑재되어 있어 성평등 교육을 고민하는 선생님이나 행정가라면 누구든지 도움을 받을 수 있도록 설계되어 있습니다. 학교에서 성평등 교육을 진정성 있게 추진하려면, 전문화된 다양한 교수방법을 동원하여 현실에 맞는 이슈와 관점이 담긴 현장감 있는 교육 프로그램을 개발해야 합니다. 또 프로그램을 원활하게 유통하고 공유할 수 있는 온라인 플랫폼도 필수적입니다.

다시 출발선에 선 성평등 교육

그동안 우리 교육은 성평등이라는 가치를 너무 간과해 왔습니다. 교육에서 성평등을 논할 때면 '요즘은 여학생이 공부를 더 잘한다', '여학생들이 기가 세다'는 식의 반박이 늘 따라붙으면서 성평등 교육은 한물간 퇴색된 교육 취급을 받은 지

모두를 위한 성평등 공부

대만의 '성별평등 교육 글로벌 정보망'

www.gender.edu.tw

독일의 '젠더와 학교'

www.genderundschule.de

프랑스의 '평등을 위한 실행도구'

www.reseau-canope.fr

오래입니다. 그러나 봇물처럼 쏟아지는 여성들의 미투 운동과 직면하고 있는 성별 갈등은 성평등 문제가 어떻게 사회갈등으로 전환될 수 있는지를 실감하게 합니다. 이런 의미에서 아이들 사이에 성평등 의식의 격차가 어떠하고, 이것이 향후 우리 사회에 어떠한 영향을 미칠 수 있는지 깨달아야 합니다. 개인의 인권적 가치와 존엄을 지키면서 원만하고 조화로운 사회를 추구하기 위한 방안으로서의 성평등 교육의 의미와 중요성을 되새김할 시점입니다.

주 ────────────────────────────

1   청와대 국민청원, 초중고 학교 페미니즘 교육 의무화(2019.12.6.).
    http://www1.president.go.kr/petitions/81026
2   경충일보. "교실에도 페미니즘이 필요한가?"(2018.5.10.).
    http://www.kcilbo.com/coding/news.aspx/8/2/6596
3   EBS 뉴스. "초등생 '욕설 영상' 유행… 인터넷 윤리교육 시급"(2017.8.23.).
    http://news.ebs.co.kr/ebsnews/allView/10741237/N
4   한국일보. "여교사 수업시간에 남중생들 '집단 자위행위' 충격"(2017.6.27.).
    http://www.hankookilbo.com/v/df26b65f19444432bada7dcb505058dc
5   조선일보. "아이린·손나은, 연이은 페미니스트 논란…걸그룹 왕관의 무게?"
    (2018.3.20.).
    http://news.chosun.com/site/data/html_dir/2018/03/20/2018032000507.html
6   SBS 뉴스. "화장 안 한다고 왕따 당했다…" 10대들이 '탈코르셋'을 외치는 이유
    (2018.5.31.).
    https://news.sbs.co.kr/news/endPage.do?news_id=N1004782881&plink=ORI&
    cooper=NAVER&plink=COPYPASTE&cooper=SBSNEWSEND
7   여성신문. "페미니즘이 '생존 전략'된 10대 여성들"(2018.1.21.).

http://www.womennews.co.kr/news/129190
국민일보. "20대 남성 절반은 반페미니즘… 성차별≠여성 차별"(2019.1.28.).
http://news.kmib.co.kr/article/view.asp?arcid=0013024357&code=61121111&cp=nv

8   마경희 외(2017).《제3차 양성평등정책기본계획 수립을 위한 연구》. pp. 74-76.
9   최유진 외(2016).《2016 양성평등실태조사 분석 연구》. 여성가족부. p. 357.
10 최윤정 외(2019).《초중등 성평등교육의 요구 현실과 활성화 방안》. 한국여성정책연구원.
11 최윤정 외(2018).《해외 국가의 초중등 성평등 교육 연구》. 한국여성정책연구원. pp. 24-25.
12 최윤정 외(2018).《해외 국가의 초중등 성평등 교육 연구》. 한국여성정책연구원. pp. 108-113.
13 최윤정 외(2018).《해외 국가의 초중등 성평등 교육 연구》. 한국여성정책연구원. pp. 67.
14 최윤정 외(2018).《해외 국가의 초중등 성평등 교육 연구》. 한국여성정책연구원. pp. 18.
15 최윤정 외(2019).《초중등 성평등교육의 요구 현실과 활성화 방안》. 한국여성정책연구원.
16 최유진 외(2018).《2016 양성평등실태조사 분석 연구》. 여성가족부. p. 356.
17 안상수 외(2012).《성평등 실천 국민실태조사 및 장애요인 연구(Ⅲ): 대학생활 영역을 중심으로》. 한국여성정책연구원.
18 중앙일보. "무릎 앉으면 수행평가 만점" '스쿨미투' 교사 검찰 송치(2019.1.20.).
https://news.joins.com/article/23305953
19 한겨레. "열 달 동안 생리 안 하게 해 줄까?"… 인천서 또 '스쿨미투'(2019.2.14.).
http://www.hani.co.kr/arti/society/area/882105.html
20 경향신문. "여자는 아프로디테처럼 쭉쭉빵빵"… 학생 성희롱 중학교 교사, 검찰 송치(2019.1.20.).
http://news.khan.co.kr/kh_news/khan_art_view.html?artid=201901200911011&code=940100
21 한겨레. "승리 단톡방만 문제? 여후배 성희롱 자료 돌려본 서울교대 남학생들"(2019.3.15.).
http://www.hani.co.kr/arti/society/society_general/886112.html
22 JTBC. "'성폭력 징계'받은 교대·사범대생, 임용 어려워진다"(2016.6.28.).
http://news.jtbc.joins.com/article/article.aspx?news_id=NB11841093
23 교육부(2018).《2018년 다문화교육지원계획》. 교육부(2018.2.). p. 20.
24 교육부(2017). 2017년 다문화교육 지원 계획(2017.1.13. 보도자료).

우리는 오랫동안 학교를 객관적·중립적 지식의 배움터로 인식하고, 교육과정이나 결과를 후천적인 개인의 노력과 능력에 의해서만 만들어진다고 믿어 와서, 학교에서 나타나는 여러 형태의 젠더 이슈에 주목하지 않았습니다. 하지만 이제 우리에게는 학교교육과 학교와 사회·경제·문화 간의 관계를 성평등 관점에서 바라볼 수 있는 시각이 필요합니다.

바로 이 시각을 제공해 주는 것이 페미니스트 페다고지입니다. 페미니스트 페다고지는 다양한 페미니즘 관점에 기반해 기존 학교교육에서 객관적·중립적이라고 간주하고 당연하게 받아들였던 교육과정이나 관료적 학교문화, 선택과 결정, 또래문화 등을 사회구조적 모순과 연결해 비판적으로 바라보면서 성평등한 학교교육을 지향합니다.

3

학교에서 어떻게
성평등을 말할 것인가

●

안재희

(홍익대 교육학과 초빙교수)

교육은 한 개인이 다양한 사회 영역에 진입하기 위한 준비 과정입니다. 이 준비가 어떻게 이루어지느냐에 따라 이후 삶의 모습이 달라지죠. 그런데 준비과정인 교육 영역에서부터 남녀 학생이 공정하지 못한 상황에 노출되어 있다면, 교육의 결과로 획득되는 사회적·정치적·경제적 삶은 불평등에 놓일 여지가 높습니다. 그런데 이 불평등이 개인의 노력, 성과 등이 반영되지 않은 타고난 성(sex)에 의해 영향을 받는다는 것은 매우 심각한 문제입니다.

　우리는 오랫동안 학교를 중립적·객관적 지식의 배움터로 인식하고, 교육의 결과를 후천적인 개인의 노력과 능력에 의해서만 만들어진다고 믿어 왔기 때문에, 학교에서 나타나는 여러 형태의 젠더 이슈에 주목하지 않은 것이 사실입니다. 이제 우리에게는 학교교육을 다른 관점에서 바라볼 수 있는 시각이 필요합니다. 바로 이런 시각을 제공해 주는 것 중 하나가 페미니스트 페다고지입니다.

페미니스트 페다고지

페미니즘 관점을 통해 교육 내에서 드러나지 않는 성불평등과 젠더 문제를 논의하고 성평등 교육을 실천하는 것

남녀의 사회적·경제적·정치적 평등을 위한 사회적 운동인 페미니즘(feminism)의 사상과 실천에 교육철학 및 교육방법을 접목시킨 이론이 '페미니스트 페다고지(Feminist Pedagogy)'입니다. 배유경(2018)은 "여성학/주의 교육을 위한 페미니스트 페다고지 전략 탐구"라는 논문에서 페미니스트 페다고지에 대한 개념은 학자들마다 다양하게 규정하고 있지만 공통적으로 나타나고 있는 의미를 다음과 같이 규정하고 있습니다.[1]

페미니스트 페다고지는 페미니즘 이론에 기반한 교육철학이자 실천이며, 기존의 권력과 지배(체제)를 분석하고, 교실에서 의식변화를 통해 자신의 삶과 교실 밖 세상에 대해 변화를 추구한다는 점에서 매우 실천지향적인 교육이다.

페미니스트 페다고지는 기존 학교교육에서 객관적이고 중

립적이라고 간주되었던 교육과정이나 사회적 관습, 전통, 문화라는 이름으로 자연스럽게 받아들여졌던 학교조직 문화, 의사소통 방식, 위계적 서열질서 등을 비판적으로 바라볼 수 있게 합니다.

교육에 페미니즘 관점이 필요한 이유는, 다른 사회 영역과 마찬가지로 학교도 젠더화된 공간으로 사회구조적 문제인 성불평등이 학교에서 재현되어 특정 집단의 교육기회와 삶을 제한하기 때문입니다. 유치원부터 대학에 이르기까지의 교육기관은 남성과 여성에 대한 이분법적 태도와 실천에 기반한 명시적·잠재적 교육과정을 통해 젠더 규범에 학생들이 자연스럽게 순응하도록 했습니다. 또한 학교는 성별 고정관념을 학생의 행동 특성으로 이해하고, 학생들을 지도하는 원리로 활용했으며, 교육과정, 학교조직, 학교문화 등을 통해 성불평등을 재생산해 왔습니다. 그 결과 여성은 사회적·경제적·정치적·문화적 삶의 영역에서 지위와 권력을 갖는 데 제한을 받아 왔습니다.

그러므로 페미니스트 페다고지의 목적은 불평등한 성차별적인 교육현상에 문제를 제기하고, 이 과정에서 교육의 주체가 변화의 주체가 되도록 임파워먼트(empowerment)하는 것입니다. 임파워먼트는 여성들이 자기 삶을 자신의 목소리로 말하고 개인적·사회경제적·정치적 강점을 향상시켜 여성들의 상황을 변화시키는 일련의 과정입니다. 이러한 면에서 페미니스트 페다고지는 기존의 전통적인 학교교육을 비판적으로 바라보는 데서 출발한다고 할 수 있습니다.

학교를 다시 생각하다

학교는 근대 사회가 출발하면서 생긴 교육제도입니다. 그래서 근대 사회가 전제하고 있는 이분법적 인식이 학교교육에서도 그대로 재현되었습니다. 근대 사회는 삶의 영역을 인위적으로 생산을 담당하는 공적 영역과 재생산을 담당하는 사적 영역으로 나누었습니다. 공적 영역인 사회에서 중요시 하는 가치는 개인의 능력입니다. 능력을 기반으로 성취하고, 성공하려면 경쟁구도에서 다른 사람을 이겨야 합니다. 내가 잘 사는 이유는 내 능력이므로 능력 있고 강한 자가 많은 분배의 몫을 가져가는 것이 당연하다고 생각합니다. 그래서 자신의 교환가치를 높이기 위해 능력을 향상시키고자 노력합니다. 또한 인간을 이성적이고 합리적인 존재로 전제하는데, 이러한 인간 특성은 내 선택과 결정이 존중받아야 하는 것처럼 다른 사람의 선택과 결정을 존중해야 하는 이유이기도 합니다.

우리의 삶에는 공적 영역뿐만 아니라 가정과 같은 사적 영역도 존재합니다. 사적 영역에서는 거래와 교환을 통해 가치가 증식되는 것이 아니라, 그 자체로 의미가 있는 사용가치가 중요합니다. 이 영역에서 사람들은 자녀를 출산하고 양육하는 재생산 활동에 집중합니다. 이 영역에서는 행동의 중심이 내가 아니라 타인이므로 타인을 위한 배려와 돌봄의 행동이 많이 일어납니다. 가령 자식을 위해 애쓰시는 부모님의 모습을 떠올리면 이해가 될 것입니다. 그래서 사적 영역에 있는 인간의 특성은 감성적이고 직관적이며 비합리적이라고 하죠.

그런데 문제는 공적 영역과 사적 영역을 임의로 구분하는 것뿐만 아니라 사회가 공적 영역에 임의로 가치를 더 부여하면서 공적 영역에 속하지 않은 것을 타자로 치부하고 타자가 갖고 있는 경험과 문화의 가치를 폄하한다는 점입니다. 또한 임의적으로 남성을 공적 영역에 적합한 사람으로, 여성을 사적 영역에 적합한 사람으로 전제하고 각각 삶의 영역에서 요구되는 특성을 남성성(경쟁적이고 성취적이고 독립적인 특성), 여성성(순종적이고 감성적이고 섬세한 특성)으로 명명한 것입니다. 다시 말해 공적 영역의 가치, 윤리, 소통방식이 우월하고 사적 영역의 그것들은 열등하다는 서열화된 이분법적 구도는 공적 영역이 사적 영역을 지배하고 통제하는 것을 가능하게 했습니다.

모두를 위한 성평등 공부

삶을 공적 영역과 사적 영역으로 구분하는
근대 사회의 이분법적 인식론

공적 영역	사적 영역
교환가치의 발생	사용가치만 발생
경쟁, 능력, 성취	배려, 사랑, 돌봄, 희생
개인	타인
주체	타자
이성적, 합리적	감성적, 직관적, 비합리적
문화(사회)	자연
정신	육체
강한 자	약자, 소수
남성	여성
남성성	여성성

근대 사회에서 탄생한 교육제도인 학교 역시 이렇게 서열화된 이분법적 구도를 그대로 재현하면서 공적 영역의 가치와 남성성에 무게 중심을 둡니다. 하지만 인간이 전적으로 한 영역에서만 살아갈 수 있을까요? 또는 전적으로 이성적이거나 감성적인 사람이 있을까요? 그렇지 않습니다. 그래서 우리는 총체적인 존재로서 교육을 통해 공적 영역뿐만 아니라 사적 영역에 대한 준비를 함께해야 합니다. 노딩스(Noddings, 2002)가 다음의 말로 이러한 교육의 역할을 적절히 표현했다고 할 수 있습니다.[2]

> 모든 수준의 교육은 남성과 여성이 직업을 갖는 것뿐만 아니라 가족을 돌보는 데도 함께 책임질 수 있도록 준비시켜야 한다.

하지만 그동안 학교는 사적 영역의 삶에 주목하지 않았습니다. 학교는 서열화된 이분법적 구도에서 상위의 가치를 지녔다고 간주되는 공적 영역에 대한 준비를 우선시했습니다. 그렇다면 학교교육에서 사적 영역이 배제된 이유는 무엇일까요? 사적 영역의 삶에 요구되는 지식, 기술, 태도는 학교에서 준비하거나 노력하지 않아도 자연스럽게 혹은 쉽게 획득될 수 있다고 여겼기 때문입니다. 하지만 사적 영역에 대한 교육적 관심의 부재는 사회가 전통적으로 여성에게 맡겨온 역할과 과제의 중요성을 손상시키거나 한 부분이 결여된 불완전한 존재로 학생들을 사회화시키는 등 여러 교육 문제를 야기시켰습니다.

그러므로 페미니스트 페다고지는 젠더 문제가 학교 교육체제의 내재된 문제임을 인지하고 그것을 수면 위로 드러내고자 합니다. 경제, 정치, 문화 등 여러 사회 영역에서 사회문화적 성(gender)에 의한 불평등이 존재하듯이 학교도 마찬가지라는 것입니다. 오히려 학교가 이러한 성차별적인 상황을 재생산하는 데 기여하고 있다고 주장합니다.

이때 우리는 '성평등 교육은 여학생만을 위한 것이다'라는 오해를 하게 됩니다. 하지만 성차별적 교육구조는 여학생들을 여러 가지 교육적 차별에 노출시킬 뿐 아니라 남학생들 역시 특정한 틀로 규정하고 그 틀로 인해 감정, 배려, 돌봄이 결여된 인간으로 성장하게 만듭니다. 이런 불균형적인 교육은 남녀 학생 모두에게 '배움의 맛'을 잃어버리도록 했습니다. 학교교육은 성별, 계층, 인종, 종교, 신체적 조건 등과 상관없이 각자의 특성이 공적 영역, 사적 영역 모두에서 자연스럽게 발현되도록, 즉 누구나 좀 더 자유롭게 교육받고 성장할 수 있어야 합니다. 그러므로 페미니스트 페다고지는 여학생만을 위한 교육철학이라기보다는 전통적 학교교육에서 소외된 학습자들을 위한

새로운 교육 패러다임이라고 할 수 있습니다.[3]

- 교육은 성차별 구조에 어떻게 기여하고 있는가?
- 성차별적이고 억압적인 상황을 극복하기 위해 교육은 어떤 역할을 해야 하는가?

페미니스트 페다고지는 이 두 가지 질문에 답을 찾아갑니다. 두 질문은 매우 모순적입니다. 페미니스트 페다고지 관점에서는 학교교육이 성불평등을 재생산하는 동시에 불평등을 없애기 위한 열쇠이기 때문입니다. 물론 성평등을 실현하는 단하나의 공식이나 절대적 관점은 없습니다. 다양한 페미니스트 페다고지의 관점에 따라 학교교육에서 나타나는 성불평등 현상의 원인진단과 문제해결 방안은 다양해질 수 있습니다. 마치 정물화를 그릴 때 내가 어떤 위치(시선)에 있느냐에 따라 도화지에 담기는 정물의 모습이 달라지듯이 말입니다. 여기서는 자유주의 페미니스트 페다고지, 마르크스주의/사회주의 페미니스트 페다고지, 급진주의 페미니스트 페다고지, 포스트모던 페미니스트 페다고지의 관점에서 제기하는 학교의 젠더 이슈와 해결방안에 대해 살펴보도록 하겠습니다.

모두를 위한 성평등 공부

여자가 과학 잘해서 뭐하니?

가장 먼저 자유주의 페미니스트 페다고지의 관점에서 학교교육을 살펴보도록 하겠습니다.

자유주의 페미니즘은 남녀의 특성이 동일하기 때문에 권리와 기회 또한 동등하게 갖는 것이 성평등이라고 생각합니다. 그러므로 자유주의 페미니즘의 교육철학인 자유주의 페미니스트 페다고지의 교육적 관심은 평등한 교육기회 실현에 있습니다. 학교가 성(sex)에 기반해 기회와 권리를 분배하는 것이 아니라, '이성과 합리성을 지닌 같은 인간'이라는 전제하에 남녀학생 모두에게 동일한 교육기회를 부여해야 한다는 것이죠.

이 관점은 여성이 동일한 교육기회를 얻지 못하는 이유로 차별적인 성역할 사회화에 주목합니다. 학교는 어린 세대에게 사회에 적응하는 데 필요한 지식, 기술, 태도를 전수하는 사회화(socialization) 기능을 담당하는데, 사회화의 한 유형으로 역할 사회화를 진행합니다. 이때 중요한 점은 각자의 능력에 따라 역할이 정해져야 한다는 것입니다. 하지만 학교는 꽤 오랜 기간 동안 능력과 상관없이 타고난 성에 의해 여성 삶의 공간은 가정으로 제한한 반면 남성 삶의 공간은 사회로 규정하고 그에 맞는 역할 사회화를 차별적으로 진행해 왔습니다. 가령, 여학생들에게는 "어차피 너희는 결혼하면 가정으로 돌아갈 건데, 굳이 이렇게까지 어려운 수학이나 과학을 잘해서 뭐하겠니?"라고 하고, 남학생들에게는 "너희는 한 가정의 생계를 책임져야 하기 때문에 직장 구하기가 좀 더 수월한 공대 쪽으로 전공을 선택하고, 이를 위해 수학이나 과학은 잘해야지"라고 합니다. 이런 성차별적인 역할 사회화는 '체육부장은 남학생에게, 미화부장은 여학생에게'처럼 학급 내 역할을 나눌 때도 나타납니다.

이처럼 자유주의 페미니스트 페다고지는 개인의 능력과 상관없이 타고난 성(sex)에 의해 역할을 규정하는 학교교육을 비판합니다.

구체적인 교육정책 사례

- 남녀공학 정책
- 교사의 질, 교육과정, 교육방법, 교육환경 등이 동일한 고등학교 평준화 정책
- 가사와 기술 과목을 남녀 학생 모두에게 가르치는 공통 교육과정 제공
- 여학생들의 사관학교 진학기회 개방 및 확대
- 국공립대학의 여교수 채용목표제

모두를 위한 성평등 공부

자유주의 페미니스트 페다고지는 능력에 기반해 역할 사회화가 이루어져 남녀 학생이 동등한 교육기회를 가질 수 있도록 다양한 교육정책을 입안해 왔습니다. 교사, 학생, 학부모의 사고나 태도를 변화시키는 교육도 지원했죠. 그 노력의 결과로 여성의 교육기회가 양적으로 확대되었고, 학교제도나 규정이 보다 성중립적(gender-neutral)으로 개선되었습니다.

　　하지만 몇 가지 한계가 있는 것도 사실입니다. 우선, 교육의 성불평등 현상을 가정, 경제, 정치 등 사회구조적 맥락에서 생각하지 못하고 학교만의 문제로 간주했습니다. 그러다 보니 근대 사회의 이분법적 구도하에 남성 중심적으로 짜인 판을 그대로 인정한 채 여성이 공적 영역에 진출할 수 있도록 학교교육을 중립적으로 개혁했죠. 하지만 낮은 사적 영역의 가치와 사적 영역에서 여성의 역할은 그대로 두면서 여성이 더 많은 교육을 받을 수 있도록 기회를 확대했기 때문에, 교육결과에서 실질적인 성평등이 실현되는 데 한계가 있었습니다. 다시 말해 남성 중심적인 기준을 그대로 인정하면서 남성과 동등하게 교육받을 수 있는 기회와 여건을 마련함으로써, 여성이 남성만큼 교육적 성취를 이루지 못하는 것은 여성 개인의 능력 탓으로 돌려지는 자기모순에 빠지게 된 것입니다.

학교는 중립적이지 않아 – 《토끼와 거북이》 이야기

하지만 자유주의 페미니스트 페다고지가 전제한 것처럼 학교는 성중립적인 장이 아닙니다. 어렸을 때 읽었던 《토끼와 거북이》 우화를 떠올려 볼까요? 우리는 이 우화를 통해 꾸준히 노력하면 거북이도 토끼처럼 달리기에서 우승할 수 있다는 능력주의 신념을 자연스럽게 내면화했습니다. 하지만 이 우화를 곰곰이 생각해 보면 이런 의문을 던질 수 있습니다.

거북이에게 너도 토끼처럼 되라고 하는 것은 아닐까?

물론 거북이와 토끼는 육지에서 생활할 수 있다는 공통된 특성이 있습니다. 하지만 둘은 엄연히 다릅니다. 그런데 토끼에게 절대적으로 유리한 산길에서의 경주라는 게임의 규칙을 그대로 유지한 채 거북이에게 꾸준히 노력하면 경쟁에서 이길 수 있다고 말합니다. 현실 교육현장에서도 남성의 특성에 맞는 게임의 규칙 속에서 여성에게 노력하면 남성처럼 성공할 수 있다고 말하고 있지는 않나요? 이것은 '너도 토끼처럼'을 거북이에게 강요하는 교육입니다. 그래서 자유주의 페미니스트 페다고지는 여성과 남성의 욕구와 능력이 다르기 때문에 다르게 교육

모두를 위한 성평등 공부

할 필요가 있다고 주장하는 사람들에게는 호소력이 약합니다.

성별 분업을 재생산하는 학교

이제 또 다른 관점인 마르크스주의/사회주의 페미니스트 페다고지를 알아보도록 하겠습니다.

앞서 설명한 자유주의 페미니스트 페다고지가 교육의 성불평등 문제를 학교의 맥락에 국한해 생각한 것과는 달리, 이 관점은 마르크스주의/사회주의 페미니즘에 기반해 가부장적인 가정 - 학교 - 노동시장의 관계 속에서 학교의 젠더 문제를 바라봅니다. 마르크스주의/사회주의 페미니즘은 독일 철학자 카를 마르크스(Karl Marx)와 그의 지적 동료인 프리드리히 엥겔스(Friedrich Engels)의 영향을 받아 경제적·물질적 조건에 의해 여성 억압의 원인이 발생하고 그 결과 노동의 성적 분화가 발생한다고 봅니다. 자본주의는 남성을 생산자로, 여성을 소비자로 간주하는 동시에 여성을 언제나 노동시장에서 저비용으로 활용할 수 있는 '노동예비군(또는 산업예비군)'으로 분류합니다. 가정에서 아버지를 중심으로 가부장적 위계질서가 만들어지듯이 직장, 학교 등 다양한 사회 영역에서도 남성이 중심이고 이에 대한 보조적 역할을 하는 것이 여성이라는 것입니다.

그래서 마르크스주의/사회주의 페미니스트 페다고지는 학교가 노동시장이나 가정 내 성별 분업구조를 재생산하는 데 기여한다고 비판합니다. 그럼 어떻게 학교가 성별 분업구조를 형식적 또는 비형식적 교육과정을 통해 재생산하고 있는지 살펴보도록 하겠습니다.

성별 간 고등학교 계열을 보면 여학생은 인문사회 계열이나 예체능 계열에 편중되는 현상을 보입니다. 이것은 대학교육 단계에서 전공 선택과 관련이 있습니다. 4년제 대학을 기준으로 전공별 성별 비율을 보면 의학계열 내에서 보건 분야(간호학, 물리치료학, 치위생학 등), 사범계열에서 여학생이 60% 정도를 차지하는 반면 공학계열에서는 20%에도 미치지 못합니다. 전공 간 성별 차이는 또다시 노동시장 내 직업에서의 성별 분리 현상으로 이어집니다. 우리나라는 과학기술 분야 연구개발 인력 중 여성 연구원의 비율, 여성과학기술 연구개발 인력 관리자 비율이 상대적으로 낮은 편입니다.

학교의 지배구조에서도 성별 분업구조를 찾아볼 수 있습니다. 학교급별 남녀 교사 비율을 보면 학교급이 내려갈수록 여교사의 비중이 높습니다. 한편 보직교사, 교감, 교장 등 학교급이 올라갈수록 여성의 비율이 상대적으로 낮습니다.

일반 대학교 전공별 여학생 분포

연도	인문계	사회계	자연계	공학계	의학계	예체능계	사범계
1995	52.1	25.5	20.7	7.3	38.8	55.7	65.4
2005	57.1	36.8	43.4	12.8	51.2	52.7	60.6
2015	54.7	41.7	44.1	17.0	61.6	54.2	58.4
2017	55.3	43.4	44.3	18.4	60.9	54.7	59.4

※자료 : 주재선 외(2018), 《2017년도 성인지통계연보》, 한국여성정책연구원

2017년 학교급별 여교원 분포

	유치원	초등학교	중학교	고등학교
전체 교원 중 여성 비율	98.4	77.1	69.3	51.5
교장 중 여성 비율	–	40.3	25.4	10.4
교감 중 여성 비율	–	59.3	32.8	15.7
보직교사 중 여성 비율	–	63.8	59.9	32.6
평교사 중 여성 비율	–	83.3	75.7	58.2

※주 : 평교사에는 교사, 특수교사, 전문상담교사, 사서교사, 실기교사, 보건교사, 영양교사, 기간제 교사 포함. 보직교사에는 수석교사 포함

※자료 : 주재선 외(2018), 《2017년도 성인지통계연보》, 한국여성정책연구원

대학에서도 이와 유사한 상황이 나타납니다. 2005년 이후 부터 여학생의 대학진학률이 남학생보다 높지만 2017년 기준 국공립대 여성 교수 비율은 16.8%, 사립대는 28.5%로 여성 교수의 비율이 낮습니다. 특히 공학계, 경상계, 법학계 등 전통적으로 남성이 주류를 차지하는 전공 분야에서는 더 낮습니다.

이처럼 성별 간에 위계화된 교육조직은 교육정책 결정에 여성이 참여할 기회를 제한하고 그들의 이해관계를 반영하기 어렵게 합니다. 또한 학생들에게 성평등한 역할 모델을 제공할 기회를 제한함으로써 전통적으로 정형화된 성 역할관을 강화시킬 수 있습니다.[4] 그래서 여학생들의 야망과 자신감의 정도가 거의 모든 지위와 권위 있는 자리를 여성들이 차지하고 있는 여자고등학교와 여자대학교에서 높다는 연구결과도 있습니다.[5]

소득과 지위가 열악한 일자리에 직면하는 여성

여기서 더 생각해 볼 문제는 교육의 성별 분업구조는 노동시장의 성별 분업구조로 연결된다는 점입니다. 한국여성정책연구원 성인지통계자료를 보면, 2017년 기준 남녀 임금격차는

모두를 위한 성평등 공부

2017년 기관 유형별 여성 과학기술 연구개발 인력 고용 현황

단위 : 명(%)

구분	전체	여성 연구원 수
이공계 대학	71,764	18,918(26.4)
공공 연구기관	38,226	9,078(23.7)
민간기업 연구기관	137,997	21,744(15.8)
전체	247,987	49,740(20.1)

※자료 : 이윤빈·정고은(2019). "2017년 우리나라 여성과학기술인력 현황". 한국과학기술기획평가원

2017년 기관 유형별 여성 과학기술 연구개발 인력 관리자 현황

단위 : 명(%)

구분	전체	여성 관리자 수
이공계 대학	8,454	1,229(14.5)
공공 연구기관	4,165	406(9.7)
민간기업 연구기관	26,651	2,105(7.9)
전체	39,270	3,740(9.5)

※자료 : 이윤빈·정고은(2019). "2017년 우리나라 여성과학기술인력 현황". 한국과학기술기획평가원

64.7%입니다.[6] 전체 정규직 근로자 중 여성 비율은 39.7%이고, 전체 비정규직 근로자 중 여성 비율은 55.6%입니다. 같은 고등학교와 대학을 졸업하고 직장생활을 하더라도 여성은 여전히 임금과 사회적 지위가 낮은 일을 담당하거나 고용조건이 불안정한 비정규직에 포진되어 있는 비율이 높습니다. 그렇다면 여성이 일을 하고 있음에도 소득과 사회적 지위가 여전히 남성보다 열악한 이유는 무엇일까요?

마르크스주의/사회주의 페미니스트 페다고지는 가부장적 자본주의 사회에서 생산수단(토지, 공장, 돈, 수송수단, 기술, 정보)을 소유하고 있는 남성이 상대적으로 생산수단을 소유하고 있지 못한 여성의 노동을 착취하기 때문이라고 말합니다. 마치 노동계급이 생산수단을 소유하지 못해 자신의 노동과 임금을 교환하는 데 착취관계에 놓여 있는 것처럼 말이죠.

또한 일하는 여성의 상당수가 가정에서 행해지는 무보수 가사노동의 성격을 띤 양육, 교육, 돌봄, 요리 등과 관련된 일에 집중되어 있습니다. 그렇다 보니 사회적으로 필요한 일이지만 교환가치가 낮게 평가됩니다. 가정에서 무보수로 이루어지는 노동이 사회적 일자리로 전환되었기 때문에 높은 임금을 책정할 필요가 없다는 것이죠.

그리고 여성이 일을 하더라도 생계 책임자는 남성이고 가

모두를 위한 성평등 공부

교육과 노동시장의 성별 분업구조 관계

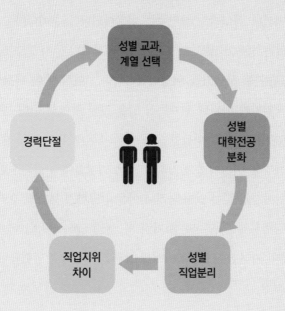

정 내 육아나 가사에 대한 일차적 책임자는 여성이라는 틀이 변화되지 않고 있으므로, 직장여성 중 다수가 고위직으로 가는 데 어려움이 있습니다. 한 신문기사 자료에 의하면 여성 임원이 되었다 하더라도 상당수는 미혼이거나 기혼이더라도 아이가 없는 경우가 많고, 1997년 IMF 외환위기 당시 구조조정 대상 1순위는 사내커플 여성이었습니다.[7] '여성은 한 가정의 생계 책임자가 아니니 언제든지 일을 그만 두어도 된다'는 인식이 있었으니까요. 이러한 노동시장 여건, 가사와 양육의 일차적 책임을 여성에게 전가하는 것은 여성들에게 슈퍼우먼이라는 이미지에 갇혀 있게 하거나 이를 감당하지 못하면 경력단절을 경험하게 만듭니다. 마거릿 벤스턴(Benston, M.)(1969)은 여성들의 이러한 노동시장에서의 상황을 적절히 표현했습니다.[8]

집 밖의 일에 똑같이 접근할 수 있다는 것이 여성해방의 전제조건 중 하나이긴 해도 그 자체로 여성의 평등을 보장하기에는 충분치 못할 것이다. 가정 내의 노동이 계속 사적 생산의 문제로 남아 있고, 여성의 책임인 한 여성들은 단지 이중의 노동 부담을 떠맡게 될 것이다.

이런 맥락에서 마르크스주의/사회주의 페미니즘은 가사노동의 사회화를 주장합니다. 가사노동의 사회화는 여성을 반드

모두를 위한 성평등 공부

시 가사로부터 해방시킨다기보다는, 차라리 이로 인해 가사노동이 사회적으로 얼마나 필요한 일인가를 인식하게 만든다는 점에서 중요합니다. 모든 사람들이 가사노동이 얼마나 가치 있는 일인지 깨닫게 되면, 사회는 더 이상 여성을 가치가 낮은 일을 하는 존재로 생각하지 않을 테니까요.

여성의 일에 대한 가치평가는 여성의 자아형성에 영향을 미칩니다. 그래서 마르크스주의/사회주의 페미니스트 페다고지는 가사노동을 정당하게 평가할 것을 주장하는 동시에 여성의 삶이 의미가 없다거나 여성 자신이 가치가 없다고 간주해서는 안 된다고 말합니다. 교육을 통해 여성은 완전한 사람으로, 파편화된 존재가 아닌 통합된 존재로, 가족이나 친구를 행복하게 해 줄 수 없을 때에도 행복을 경험할 수 있는 존재로 성장할 수 있어야 합니다.[9]

마르크스주의/사회주의 페미니스트 페다고지는 남녀 간의 평등한 경제활동을 지향하면서, 학교 내 성평등은 사회경제적 성평등이 실현되지 않는 한 해결되기 어렵다고 봅니다. 남녀 간에 생산의 사회적 관계, 분배, 교환에서 근본적이고 급진적인 변화가 있어야만 교육에서도 성평등이 실현될 수 있다는 것입니다. 이런 주장은 다소 비현실적이라고 비판받기도 합니다. 하지만 스웨덴, 핀란드 등 북유럽 국가가 집단 간 사회경제적 여건과 교육 내 성불평등을 함께 해결하려고 노력하고 있다는 점에서, 비현실적이라고 단정하기는 어렵지 않을까요?[10]

다름에 기반한 성평등 교육

1980년대 이후, 남녀 학생이 동일한 특성을 갖고 있음에 주목해 획일적인 교육 여건이나 노동시장에서 일할 권리를 제공하는 것만으로는 성평등을 실현하는 데 한계가 있다는 비판이 제기되었습니다. 지금부터 살펴볼 급진주의 페미니스트 페다고지는 형평(equity)의 원칙에 기반해 남성은 남성에 합당한, 여성은 여성에 합당한 교육을 해야 한다고 말합니다. 남녀의 생물학적 특성이 다르고, 이로 인해 나타나는 남녀의 차이를 긍정적으로 인식하고 각자의 장점을 발휘하도록 하는 것이 바람직하다는 거죠.

성은 학교교육 현장에서 어떻게 작동하는가?

급진적 페미니스트 페다고지는 이 질문을 지속적으로 던지게 함으로써 학교에서 재현되고 있는 성과 관련된 의미와 평가

모두를 위한 성평등 공부

에 대해 비판적인 성찰을 촉진합니다. 이 관점은 학교는 형식적·잠재적 교육과정, 교사-학생의 상호작용, 교육조직 등을 통해 사적 영역의 가치를 폄하하거나 남녀 간의 불평등한 사회적 관계를 더욱 강화하는 역할을 해왔다고 비판합니다. 그렇다면 가부장적인 성별 관계가 어떻게 형식적·비형식적 교육과정을 통해 재현되고 있는지 살펴보겠습니다.

여러분은 학교에서 배우는 지식을 한 번이라도 의심해 본 적이 있나요?

급진주의 페미니스트 페다고지는 학교의 교육과정은 중립적이고 보편적이지 않다고 주장합니다. 학교에서 전달하는 지식은 이 사회의 지배집단인 남성, 중상류층의 관점이 반영된 결과여서 이 집단들에게 유리한 방향으로 선택되고 조직되고 전달될 수밖에 없다는 것이죠. 스펜더와 사라(Spender and Sarah)는 학교지식의 편파성에 대해 다음과 같이 언급했습니다.[11]

> 우리들이 알고 있는 것, 인간의 지식이라는 이름으로 표출된 것은 남성의 활동과 결정의 기록일 뿐이므로 매우 불충분하다. 교육은 남성 지식의 전수이며 학교에서 가르치는 것은 모든 사람의 경험이라고 하지만 사실은 남성의 경험일 뿐이다. 가치중립적이라고 표방하지만 사실은 편파적인 지식이다.

그러므로 교육내용에 여성의 문화와 경험이 반영되지 않는 한, 교육기회의 평등을 통해 기존의 남성 중심적 교육체제에 여성을 편입시킨다고 해도 실질적인 평등이 실현되기 어렵다고 말합니다.

초등학교 입학 이후 12년 동안 교과서를 매개로 세상을 배우는 학생들은 지문과 삽화에 스며 있는 세계관에서 자유로울 수 없습니다. 교과서에서 다루는 교육내용을 통해 성 정형화를 자연스럽게 내면화하기 때문입니다.

교과서의 성편견은 다양한 방식으로 재현됩니다.[12] 무엇이 학교에서 배울 만한 가치가 있는 내용인가를 판단하는 기준도 남성의 삶과 경험입니다. 그러다 보니 여성의 삶과 경험은 포함되지 않거나, 상대적으로 가치가 낮은 것으로 취급되고 소홀히 다루어집니다. 혹 교육내용에 포함되더라도 전통적인 성역할에 기반한 내용으로 구성되어, 현대 사회를 살아가는 여성들의 모습을 그려내지 못하거나 남녀에 대한 언어적 편견을 그대로 재현합니다. 그렇기 때문에 교육내용은 가부장적 지배 이데올로기를 내면화시킴으로써 가부장적 사회구조를 유지하는 데 기여합니다.

우리나라는 7차 교육과정부터 양성평등에 기반해 교육과정을 설계하기 시작했고, 성인지적 관점에 기반해 교과서를 지

모두를 위한 성평등 공부

교과서에 나타나는 성편견 유형

유형	내용
희소성	여성이 자주 등장하지 않음
성역할 고정화	여성이 전통적인 역할만 담당함
불균형, 선택성	여성의 역사가 배제됨
비현실성	비현실적인 여성의 모습 제시
분절화, 고립화	여성에 관한 것을 전체 사회맥락과 분리
언어적 편견	용어 자체의 불균형

※자료 : 오재림·정해숙 외(2002). "양성평등 관점에 기초한 제7차 교육과정 교과서 분석 및 교과서 심의기준 마련에 관한 정책연구". 교육인적자원부

속적으로 분석해 오고 있습니다. 국가인권위원회는 '2015 개정 교육과정'에 따라 단계적(2017~2020)으로 개정되는 초·중학교 교과서를 2017년부터 모니터링하고 있습니다. 이러한 활동의 결과 권위적인 가장의 역할을 벗어난 자애로운 아버지의 사랑, 사적 영역인 가정에서 청소를 하는 남자 어린이 삽화가 포함되는 등 많은 부분이 개선되고 있습니다.

하지만 국가인권위원회가 2017~2018년 초·중학교 교과서를 분석한 결과를 보면, 여전히 교과서 삽화와 본문 서술에서 가부장제 사회의 성역할 고정관념이 나타나고 있음을 알 수 있습니다.[13] 여성은 양육, 요리, 돌봄 노동을 하며 소비활동을 하는 존재로, 남성은 기업이나 국가의 대표, 외교협상의 주요 인물로 보다 중요한 사회적 위치를 갖거나 경제활동을 하는 모습으로 묘사되고 있습니다.

여성을 교육 주체로

성편견이 나타나는 교과서를 수정하려면 가정, 돌봄, 배려 등 사적 영역의 생활과 경험에 대한 교육적 가치를 인정해야 합니다. 여성의 경험과 삶을 남성의 시각이 아니라 성평등의 시각에서 재해석해 교육과정에 포함시켜야 합니다. 앞서 살펴본《토끼와 거북이》우화에서 거북이에게 토끼와 같은 능력을 가질 것을 기대하면서 거북이의 또 다른 능력을 주변화시키는 것이 아니라, 거북이의 세계관이 반영된 경주의 규칙으로 바꾸어야 한다는 것입니다. 즉, 제도와 틀 자체를 변화시켜 주변화되고 타자화된 여성의 위치를 다시 정의하고 규정하는 작업이 필요합니다.

이런 점에서 급진주의 페미니스트 페다고지는 남성과 분리해 여성만의 교육을, 여성 자신의 규칙을 설정해야 한다고 주장합니다. 여학생은 남학생과 다른 자아, 도덕성 발달과 인지발달 과정을 거치기 때문에 다른 가치평가와 학습방법을 모색해야 한다는 점에서, 남녀공학보다는 남녀별학이나 성인지적 관점에서 교수학습 전략을 새롭게 모색하는 것이 타당하다는 것이죠. 물론 이런 주장에 대해 다양한 입장 차이가 있을 수 있지만, 분리학교나 성인지적 교수학습 전략이 여학생을 교육 주체로 서게 하는 동시에 그들의 경험과 이해방식을 고려한다는 점에서 성평등 교육에 주는 의미는 크다고 봅니다.

1983년 파울라 트레이클러와 크리스 크라마라이(Paula A. Treichler and Cheris Kramarae)는 여성적 말 공동체를 반영하는 상호교류와 학습유형(예를 들어 토론, 그룹 프로젝트, 가르침과 배움의 상호교류, 서로 협력하는 복습시간, 경쟁보다는 협력의 상호교류 등)을 사용한 실험적 교실을 연구했습니다.[14] 남학생들은 처음에 이런 유형의 학습을 불편해했지만 이것이 자신들의 학습을 폭넓게 해 준다는 사실을 깨닫게 되었고, 여학생들은 또래 남학생과 상대적으로 평등하게 참여하는 능동적인 역할을 하게 되었다고 합니다.

한편 우리나라에서는 공과대학에 재학 중인 여학생들이 남녀의 특성을 고려하지 않은 공대 교육으로 인해 다른 전공으로 이탈하거나 중도하차하는 비율이 높다는 판단하에, 성인지적 관점으로 공학교육을 개선할 필요성이 제기되었습니다. 그래서 2006년부터 '여학생 공학교육 선도대학 지원사업(WIE: Women into Engineering Program)'을 시행했습니다. 이 사업은 2012년에 중등 여학생들의 이공계 진로 유도 사업이었던 WISE(Women into Science & Engineering)와 통합되어 여성과학기술인지원센터(WISET: Center for Women in Science, Engineering and Technology)라는 새로운 형태의 사업단으로 거듭났습니다. 이런 활동 결과, 성인지적 교수학습전략이 연구되고, 공대 여학생들을 위한 다양한 프로그램이 개발되었으며, WIE 사업 수행기간 동안 공과대학 여학생의 입학자 전공 이탈률이 10% 가까이 개선되었습니다.[15]

모두를 위한 성평등 공부

공학교육에서 활용한 성인지적 교수전략 점검표 양식

성인지적 교수학습 전략	다양한 학습전략	다양한 유형의 학습자료
		그룹 과제
		다양한 집단 형성
		구성원의 역할 순환
		수업에 참여 유도
	남녀평등	시범과 장비 조작에 있어 동등한 기회 부여
		남녀 학습자에게 균등한 질문
		상벌에 대한 기회균등
		성차별적 언어사용 금지
		예시나 설명에 있어 남녀 경험 모두 고려
		과제에 대한 의식 고취
	질문	대답할 시간 제공
		피드백 제공
	평가	다양한 과제
		다양한 평가의 내용과 형식
여학생 참여 전략	수업참여	질의 응답에 대한 예고
		대답할 수 있는 분위기 조성
		실습 참여 독려
	과제에 대한 안내	남녀 학습자가 학습 파트너라는 것을 강조
		여성 과학자나 엔지니어에 대한 소개
		여성의 사회적 참여에 대한 다양한 사례 소개

※자료 : 홍경선 외(2011). "성인지적 교수전략을 바탕으로 한 수업성찰과 멘토링 효과". 《한국공학교육학회》 14(2). pp. 40–50

성정치학, 여성들의 목소리

한편 급진주의 페미니스트 페다고지는 비형식적인 교육과
정의 한 단면으로 가부장적인 학교문화에서 남녀 간의 권력관
계 차이로 나타나는 차별 상황, 즉 성정치학(sexual polices)에 주
목합니다.

개인적인 것이 정치적인 것이다.

이런 슬로건을 내걸고 급진주의 페미니스트 페다고지는 그
동안 학교에서 언급조차 못해 왔던 성폭력, 피임, 강간, 낙태 등
여성의 삶과 관련된 문제를 수면 위로 끌어올려 정치적 담론의
주제로 제기합니다.[16] 학교에서 발생한 성희롱, 성추행, 성폭력
문제가 가부장적 사회의 권력관계에서 파생되는 '우리 모두'의
문제이며 개인의 성적 자율권을 침해할 뿐만 아니라, 위협적이
고 적대적이며 불쾌한 교육 상황에 학생들을 노출시켜 교육을
제대로 받을 수 없게 하는 교육권 침해라는 것이죠. 그러므로
이 관점은 지속적인 집단 논의와 '사회적 연대(With You)'를 통
해 우리가 함께 학교문화를 변화시키는 사회적 실천의 주체로
자리매김할 것을 주장합니다.

이러한 맥락에서 '청소년 페미니즘 모임'은 2018년 11월 UN아동권리위원회에 아동에 대한 성적착취와 성적학대(#스쿨미투)에 관한 보고서를 제출했습니다. 이 보고서는 2018년 서울 Y여고 졸업생들의 미투(#MeToo) 고발을 응원하기 위해 재학생들이 '미투(#MeToo)'와 '위드유(#WithYou)' 등의 문구를 창문에 게재한 '창문미투'에서 촉발된 스쿨미투의 현황을 알리기 위해 작성되었습니다.

해당 보고서를 접수한 UN아동권리위원회는 '청소년 페미니즘 모임'을 UN의 아동 미팅과 사전심의에 초청했습니다.[17] 이에 '청소년 페미니즘 모임'은 2019년 1월 스쿨미투 지지서명, 인증샷 등을 받는 '스쿨미투, UN에 가다' 캠페인을 전개했고, 2019년 2월에는 정부의 대책 마련을 촉구하며 청와대 사랑채 앞에서 '정부는 스쿨미투에 응답하라'는 집회를 열었습니다.

'청소년 페미니즘 모임'이 UN아동권리위원회가 한국 정부에 전달해 줄 것을 요청한 권고안[18]

- 신속하고 정확한 실태조사
- 페미니즘/인권 교육
- 사립학교법 개정
- 학생인권법 제정

- 피해 학생의 진실과 정의 및 배상에 대한 권리 보장
- 전문성 있는 상담인력 발굴

하지만 가부장제 이데올로기에 기반한 학교문화에서 대부분의 여학생들이 자기 이야기를 직접 하는 것에 익숙하지 않은 것이 사실입니다. 교사들은 전형적으로 조용하고, 말 잘 듣고, 협조적인 여학생을 칭찬하는 반면, 성취적이고 주도적인 경우 남학생을 칭찬합니다. 이러한 교사-학생의 상호작용 방식은 학생들에게 여학생은 조용히 있고 공손해야 하며, 남학생은 자기 의견을 주장해야 한다는 것을 암묵적으로 전달하게 됩니다. 그러므로 성 정형화된 태도에 익숙한 여학생들이 자신의 이야기를 할 수 있는 교실문화가 조성되어야 합니다.

이처럼 급진적 페미니스트 페다고지는 공적 영역에서 남성과 동등한 기회를 획득했지만 여전히 성차별이 사라지지 않는 원인으로 가부장제에 주목함으로써, 학교의 지식과 문화 분석을 통해 학교현장에서 나타나는 미시적 성차별 현상을 개선하는 데 기여했습니다. 하지만 남성과 여성이 생물학적으로 다르다는 것을 전제하고 각각의 특성에 맞는 교육방법을 모색한다고 해서, 모든 여학생이 전통적인 교수학습 전략에서 실패를 경험하거나 페미니스트 페다고지에서 성공적인 학습경험을 한

다고 단정 지을 수는 없습니다. 이러한 점에서 급진적 페미니스트 페다고지는 생물학적 차이에 기반한 이분법적 여성성과 남성성을 기정 사실화함으로써 다양한 학습자 유형을 간과하고 있습니다. 그러므로 또 다른 지형의 페미니스트 페다고지는 전통적인 교육환경에서 소외된 다양한 유형의 학생들에 주목하고 이에 필요한 전략을 구사해야 한다고 주장합니다.

교실에서 성의 다양성을 반영하다

지금까지 살펴본 자유주의, 마르크스주의/사회주의, 급진주의 페미니스트 페다고지는 근대 사회의 이분법적 틀을 유지한 채 그 안에서 파생되는 성차별적 교육 현상에 주목하고 이를 해결할 대안을 모색했습니다. 하지만 포스트모던 페미니스트 페다고지는 근대 사회의 이분법적 틀 자체가 남녀 학생 모두에게 억압적이라고 주장합니다. 거대담론적인 성기 중심의 성정체성이 여성 집단 내 차이를 보지 못하게 한다고 비판하면서 다양성에 주목합니다. 이 관점은 여학생 집단을 하나의 동질 집단으로 파악하기보다는 인종, 계층, 성적 지향성, 몸의 모습과 크기, 능력과 장애를 포함해 많은 면에서 차이를 드러내는 집단으로 간주합니다.

잠시 자신의 손을 펴서 자세히 살펴볼까요?

우리는 다섯 손가락에 대해 '손'이라는 공통의 명사를 사용하지만 손가락마다 길이, 크기, 역할이 다르다는 것을 알고 있습니다. 그런데 만약 엄지손가락만 '정상'으로 간주하고 다른 손가락을 보면, 어떤 손가락은 너무 길거나 짧고, 그 기능 역시 보잘 것 없어 보입니다. 이런 시각이 우리의 학교현장에서 재현되고 있지는 않나요? 남학생에 비추어 여학생을 바라보거나, '여학생이면 혹은 남학생이면 이런 심리적·정서적·신체적 특성을 갖고 있다'거나, '여성이 경험하는 성차별적 상황은 이렇다'고 단정적으로 규정해 버리는 것은 아닐까요? 포스트모던 페미니스트 페다고지는 이러한 획일화된 규정 자체가 학생들에게는 또 다른 억압이 될 수 있다고 말합니다.

기존의 전통적인 학교교육에서는 이분법적 잣대로 남녀 학생을 바라보고, 성별 간 '차이(다름)'를 '차별'을 키우는 토대로 활용해 온 것이 사실입니다. 즉, 차이는 차별을 입증하는 징표일 뿐 불평등한 상황을 철폐하는 도구가 아니었죠. 하지만 포스트모던 페미니스트 페다고지는 이분법적 인식론이 폐지되고 집단 간, 집단 내 차이를 서로 존중하고 재평가하는 인식의 토대가 마련된다면, 서로의 생물학적·사회문화적 다름이 각 집

단의 세력화(empowerment)를 만들어 내고 불평등을 해소할 수
있는 도구로 활용될 수 있다고 봅니다. 그러므로 현재 교육현
장에서 나타나는 여러 가지 젠더 이슈 속에서 여학생들이 처한
맥락에 따라 그들이 내는 다양한 목소리를 서로 인정해야 한다
는 것입니다.

여성적 글쓰기에 대하여

포스트모던 페미니스트 페다고지는 성불평등의 원인을 지
금까지 여성이 사회 여러 영역에서 타자(otherness)의 위치에 있
음으로 인해 형성된 '여성의 침묵'에서 찾습니다. 왜 여학생들
은 침묵해 왔을까요? 여성은 남성이 만든 세계 속에서 남성이
만든 조건으로 존재할 뿐입니다. 남성의 도덕적·인지적 발달
이 기준으로 제시됨으로써 여성은 남성보다 덜 성숙한 존재로
판단되어 왔습니다. 이러한 인식론에 기반을 둔 남성 지배적인
학교문화에서 여학생은 자신의 경험과 의견을 자유롭게 이야
기하지 못했겠지요.

여성학자 식수(Cixous)는 이런 상황에서 벗어나려면 '여성
적 글쓰기'를 하라고 말합니다.[19] 여기서 여성적 글쓰기란 부호

붙이기, 낙서하기, 휘갈겨 쓰기, 메모하기처럼 현재 언어를 지배하는 규칙에 제한받지 않는 모험적인 글쓰기를 의미합니다. 식수는 이러한 글쓰기가 기존의 가부장적 사고를 해체시켜 궁극적으로 여성의 위치를 변화시킬 수 있다고 주장합니다. 그러면서 가부장적 사고의 해체가 외부에서 오는 힘에 의한 파괴나 소멸이 아니라, 여성들 내부에서 오는 움직임으로 일종의 창조 행위라고 말합니다.

이것을 교육현장으로 가지고 들어오면 여성적 글쓰기는 침묵에 익숙한 학생들이 목소리를 내는 하나의 방법이 될 수 있습니다. 교육현장은 개인의 경험이 소통되고 재조명되고 공론화되는 공간이어야 합니다. 그러므로 여학생들이 글쓰기를 통해 자기 경험을 어떻게 인식하느냐에 따라 침묵 아래 묻힐 수도, 의식화의 자원이 될 수도 있습니다. 가령 학생들은 수업시간이나 동아리 활동시간에 '개인의 역사 쓰기'라는 과제를 해볼 수 있습니다. 지역사회의 어르신들이 자기 삶에 대해 이야기하는 것을 듣고 기록해 보는 것입니다. 이때 학생들은 어르신이 이야기하는 동안 방해하지 않고 경청함으로써 그들의 '잊어진 목소리'로 개인사를 기록해 보게 됩니다.

창원에 있는 M여고에서는 동아리 활동으로 '위안부 할머니 기억해 주세요!'라는 그림책을 제작했습니다.[20] 위안부 할머니에 대한 자료를 조사하고 이를 바탕으로 토론, 발표, 창의적 글쓰기 활동을 전개했죠. 이 과정에서 학생들은 타인의 상처에 놀랍도록 무감각한 자신의 모습을 발견했고, 자신들이 할 수 있는 일이 무엇인가를 생각했다고 합니다. 그래서 위안부 할머니의 이야기를 한국어, 영어, 일본어, 중국어 그림책으로 제작해 다른 사람들에게 알리는 작업을 하기로 결정하고 이를 실천했습니다. 이런 활동에서 알 수 있듯이 여성적 글쓰기를 통해 침묵에 갇혀 있던 타자들이 변화를 주도할 수 있는 주체로 변화될 여지가 생깁니다.

포스트모던 페미니스트 페다고지는 근대 사회의 이분법적 구도를 해체하면서 학교교육이 지향했던 객관적이고 중립적인 지식, 통합된 정체성을 새롭게 보게 합니다. 남녀 간 혹은 다양한 여성 집단의 특성을 차별이 아닌 차이로 인식함으로써 여성과 남성이 협력을 도모할 수 있는 새로운 지평을 열었다는 점에서 의미가 있습니다. 하지만 다양한 교육의 장에서 차이가 차별로 전화되지 않기 위한 구체적인 실천전략을 모색하기가 현실적으로 쉽지 않기 때문에 함께 노력해야 합니다.

지금까지 페미니즘의 교육철학인 페미니스트 페다고지를 통해 기존의 학교교육을 조망해 보았습니다. 서두에서 제기한 두 개의 질문, '교육은 성차별적 구조에 어떻게 기여하고 있는가?', '성차별적이고 억압적인 상황을 극복하기 위해 교육은 어떤 역할을 해야 하는가?'에 접근하는 방식은 관점에 따라 차이가 있었습니다.

자유주의 페미니스트 페다고지는 관습, 법, 제도 등이 성중립적이지 않고 남성 중심적으로 만들어졌기 때문에 교육 영역에서 성불평등이 야기되었다고 주장하면서, 성차별적인 사회화를 가능하게 만든 법, 제도 등을 개선하여 교육 내 젠더 불평등을 해결할 수 있다고 보았습니다. 반면, 마르크스주의/사회주의 페미니스트 페다고지와 급진주의 페미니스트 페다고지는 자본주의와 가부장제 같은 구조적인 모순과 교육의 성차별 구조가 연결되어 있고 학교교육을 통해 불평등한 젠더 관계가 재생산되고 있기 때문에, 이러한 구조적 모순을 해결하려면 사적 영역의 가치가 재평가되어야 한다고 주장했습니다.

자유주의, 마르크스주의/사회주의, 급진주의 페미니스트 페다고지가 근대 사회의 이분법적 틀을 전제로 하는 가운데 그

모순을 해결하는 데 집중했다면, 포스트모던 페미니스트 페다고지는 근대 사회의 이분법적 틀을 해체하면서 다양성에 주목합니다. 남녀 학생 간의 차이뿐만 아니라 여학생의 계급, 인종, 종교, 신체적 조건, 성정체성 등에 따라 차이가 발생할 수 있음에 주목하면서, 성불평등을 해결하는 전략 역시 이러한 차이를 없애는 것이 아니라 차이에 기반해 다양하게 나올 수 있다고 주장합니다.

이처럼 각각의 입장에 따라 교육의 젠더 이슈에 대한 진단과 처방이 달라지고 있지만 페미니스트 페다고지가 지향하는 것은 개인의 성별과 상관없이 교육에서 평등을 실현하는 것이라는 데에는 이의가 없을 것입니다. 이제 페미니스트 페다고지가 지향하는 교육의 원리를 정리하면서 이 장을 마무리할까 합니다.

우선 페미니스트 페다고지는 학생을 공적 영역, 사적 영역 모두에서 나름의 정치적·경제적·문화적 배경을 가진 총체적인 존재로 간주합니다. 청소년들의 삶의 경험과 배경이 교육의 출발선이 되는 것이죠. 학생을 삶과 유리된 보편적·추상적·정신적 존재로 간주하면, 청소년들은 모두 동일한 특성을 지닌 존재로 취급되고 타인의 시각으로 자신을 규정해 차이를 인정하지 않게 됩니다. 그러므로 학교는 공적 영역과 사적 영역을 통합해 육체, 경험, 감성, 관계성, 배려/정신, 지식, 이성, 정의 등이 함께 발달할 수 있도록 삶을 수평적·수직적으로 통합하고, 학생들이 현실에 뿌리를 내리고 살아가는 존재로 성장할 수 있도록 교육해야 합니다.

둘째, 페미니스트 페다고지는 여성과 남성 중 어느 특정한 성에 대해 부정적인 감정이나 고정관념, 차별적인 태도를 갖지 않는 것을 전제로 합니다. 이질적인 것을 존중해야 비로소 평등이 실현된다는 점에서 페미니스트 페다고지는 성별 간 나타나는 생물학적·사회문화적 차이를 인정하고 존중하는 일상의 태도를 함양하는 교육입니다. 여기서 '일상'이란 단어를 사용한 이유는 성인지적 감수성이 자연스럽게 내면화되어 자신의 삶 속에서 변화를 이끌어 낼 수 있는 행동으로 이어져야 함을 강조하기 위해서입니다. 그러므로 교사는 수업에서 학생들이 나와 너의 다름을 인정하고 그것에 기반해 자기 삶을 계획하고 세상을 볼 수 있도록 촉진하는 역할을 담당해야겠지요.

셋째, 페미니스트 페다고지는 여학생이 자신의 가능성을 충분히 인식하고, 다양한 선택을 하고, 그런 선택에 목소리를 낼 수 있도록 여학생 집단의 세력화(empowerment)를 지향합니다. 특정 집단이 자신의 목소리를 잃는다는 것은 자신의 선택과 결정을 이해받지 못하고 힘을 잃는다는 것을 의미합니다.[21]

이분법적 구도에서 남성의 시각에 의해 규정되어 온 여성의 비가시화, 사회적 배제를 넘어서려면 여성 자신의 목소리를 찾는 것이 중요합니다. 이를 통해 누군가에 의해 규정된 내가 아니라 나의 시각에서 기존에 당연하다고 여겨 온 젠더 이슈를 주체적으로 규정하는 일이 이루어지겠죠. 이러한 맥락에서 교사는 학생들의 다양한 경험을 그들의 주체적 입장에서 재해석하고 새로운 의미로 정의할 수 있도록 촉진해야 합니다. 바로 이 과정 속에서 여학생 집단의 세력화가 이루어질 것입니다.

넷째, 페미니스트 페다고지는 다양한 개인의 경험을 존중하고 이것을 학습자료로 활용합니다. 이 부분은 기존의 전통적인 교육에서 객관적 지식만을 합법적 지식으로 간주해 온 현상과는 구별되는 지점입니다. 따라서 교사는 학생들이 자신의 개인적인 이야기를 자연스럽게 말할 수 있는 학습환경을 조성하는 것이 중요합니다.

다섯째, 페미니스트 페다고지는 교사-학생에게 새로운 교수-학습 전략을 요구합니다.[22] 사회의 성차별과 인종차별, 계급차별 등 여러 억압적 형태의 모든 차별을 비판적으로 사고하는 학습전략을 추구합니다. 비판적 사고는 교육의 주체로서 시선을 확보하는 데 필요한 덕목이죠. 이런 학습환경에서는 교사 중심의 지식전달 학습보다 과정 중심의 학습으로 학생 중심 토론, 프로젝트 수업 등 다양한 교수-학습 방법이 유용합니다. 이때 교사의 역할은 탐구과정의 촉진자이고요.

여섯째, 페미니스트 페다고지는 개인의 목소리를 존중하는 동시에 학습에 대해 서로가 배려하는 학습공동체를 지향합니다. 서로를 경쟁자로 인식하고 누군가를 주변화시키는 것이 아니라, 서로의 경험으로부터 학습하는 학습공동체를 형성하는 것이 중요합니다. 그래서 모든 학생이 함께 학습의 주체로 자리매김되어 끊임없이 상호작용하는 활동을 지향하죠.

마지막으로, 페미니스트 페다고지는 평등한 사회 만들기에 필요한 의식과 가치관을 길러 주는 교육이라는 점에서 실천을 담보합니다. 배운 내용을 현실에서 실천하기를 강조하니까요. 성차별적인 현실을 비판적으로 인식하고, 변화의 필요성을 느끼고, 평등을 실현하기 위한 지식을 갖추고, 실천을 통해 삶의 변화를 가져오는 전 과정을 포함합니다. 그러므로 실천을 전제로 한 성평등 교육 실현을 위해서 학생과 교사 모두 현실에 대한 지속적인 성찰과 다양한 활동에 참여할 수 있는 교육환경이 조성되어야 합니다. 페미니스트 페다고지가 실천을 강조하는 이유는 성평등에 대한 인식이 그들의 진로, 직업, 가정에서의 삶과 직결되기 때문입니다.

페미니즘의 교육원리가 교실 수업에서 구현되는 작업은 단

모두를 위한 성평등 공부

시간에 끝날 수 있는 일이 아닙니다. 모든 교사, 학생들에게 동일한 방식으로 재현될 수도 없습니다. 그러므로 교사, 학생 모두 지속적으로 교육 영역에서 '왜'라는 질문을 던지면서, 다양한 페미니스트 페다고지 중 우리는 어떤 입장을 취할 것인지를 끊임없이 생각하며 실천하는 것이 중요합니다. 페미니스트 페다고지를 통해 누구나 '배움의 맛'을 경험할 수 있는 장으로 교육의 체질이 변화되었으면 합니다.

주 ───────────────────────────────────────

1   배유경(2018). "여성학/주의 교육을 위한 페미니스트 페다고지 전략 탐구". 《페미니즘 연구》 18(1). pp. 345-376.

2   Noddings, N.(2002). 추병완 옮김. 《배려교육론》. 서울: 다른우리.

3   송현주(2002). "대안적 패러다임으로서의 페미니스트 페다고지". *Andragogy Today* 5(3). pp. 1-28.

4   김영화(2017). "9장 교육과 성별 불평등". 《교육사회학》. 서울: 교육과학사.

5   Tidball, M. E.(1973). "Perspective on academic women and affirmative action". *Educational Record* 54. pp. 130-135; Tidball, M. E.(1980). "Women's colleges and women achievers revisited. Signs". *Journal of Women in Culture and Society* 5(3). pp. 504-517.

6   주재선 외(2018). 《2017년도 성인지통계연보》. 서울: 한국여성정책연구원.

7   중앙선데이. "여직원 900명 중 1명꼴 임원 승진, 경영지원에 36% 편중" (2019.2.04.).
     https://news.joins.com/article/23070015

8   Benston, M.(1969). "The Political Economy of Women's Liberation". *Monthly Review* 21, no.4(September 1969).

9   Tong, R.(2000). 이소영 옮김. "맑스주의와 사회주의 페미니즘".《페미니즘 사상》. 서울: 한신문화사. pp. 179-244.

10 전길양·이남희·김은희·조혜련·허민숙(2015). "성인지 교육의 효율적 기반체계 구축 및 운영방안 연구". 서울: 여성가족부.

11 Spender, D. & Sarah, E.(1980). *Learning to Loss: Sexism and Education.* London: The Women's Press.

12 오재림·정해숙 외(2002). "양성평등 관점에 기초한 제7차 교육과정 교과서 분석 및 교과서 심의기준 마련에 관한 정책연구". 서울: 교육인적자원부.

13 국가인권위원회(2018). "2018년도 초중등 교과서 모니터링". 서울: 국가인권위원회.

14 Treichler, P. A. & Kramarae, C.(1983). "Women's talk in the ivory tower. *Communication Quarterly* 31. pp. 118-132.

15 김동익·이영화(2013). "여성공학도의 전공 관련 심리적 특성에 미치는 공과대 학 교육환경이 영향". *Journal of Engineering Education Research* 16(2). pp. 69-77.

16 심성보(2016). "여성주의 교육이론의 발전 과정과 최근의 연구 동향".《여성주의 교육, 시공을 묻다》. 서울: 신정. pp. 114.

17 카카오같이가치 '스쿨미투, UN에 가다'(2019.4.11.)
    https://together.kakao.com/fundraisings/60914/story

18 여성신문. "한국의 #스쿨미투 UN에 알린 청소년 페미니스트"(2019.4.11.).
    https://www.womennews.co.kr/news/articleView.html?idxno=185582

19 배지선(2015). "해체, 글쓰기의 여성적 실천".《여성학논문집》32(1). pp. 3-28.

20 창원명지여자고등학교(2017).《2017 학생 독서·책쓰기 동아리 운영 결과》. 창원 교육청.
    https://www.gne.go.kr/board/download.gne?boardId=BBS...5. 2019.2.26. 검색

21 심성보(2016). "여성주의 교육이론의 발전 과정과 최근의 연구 동향".《여성주의 교육, 시공을 묻다》. 서울: 신정. pp. 107-132.

22 박찬영(2004). "철학적 탐구 공동체를 통한 도덕과 양성평등교육 모델 탐구".《초 등도덕교육》16. pp. 163-190.

가장 중요한 것은 의식하는 것이다. 지금 이 순간에도 불평등을 의식하게 된 이들은 어떤 식으로든 문제를 해결해야 한다고 생각한다.

제니퍼 바움가드너, 에이미 리처즈(2000),
《마니페스타(*Manifesta: Young Women, Feminism and the Future*)》.

일본군 '위안부' 운동의 역사가 30여 년을 넘겼습니다. 이 장에서는 한국 여성이 주도한 세계적인 운동이자 탈식민·초국적 운동의 전형인, 일본군 성노예제 문제 해결을 위해 헌신한 여성들의 역사를 환기하고 배우고자 합니다. 그들이 남긴 정치적 책임 의식과 정신을 우리가 어떻게 계승해야 할지도 함께 생각해 봅시다.

이 장의 주요 내용은 필자의 다음 논문들에서 부분적으로 발췌했습니다.

• 이나영(2016), "페미니스트 인식론과 구술사의 정치학: 일본군 '위안부' 문제를 중심으로." 《한국사회학》 제50집 5호, pp. 1-40.
• 이나영(2017), "일본군 '위안부' 운동 다시보기: 문화적 트라우마 극복과 공감된 청중의 확산." 《사회와 역사》 115집, pp. 65-103.
• 이나영(2018), "페미니스트 정의론의 관점에서 본 일본군 성노예제 문제의 의미와 과제." 《젠더와 문화》 11(2), pp. 125-156.

4

일본군 '위안부' 운동이 가리키는 것

—————— 소녀상에서 힘을 얻는 아이들 ——————

●

이나영

(중앙대 사회학과 교수)

몇 년 전, 정부에서 성주에 사드를 배치하겠다고 발표하자 반대하는 시위가 있었습니다. 한국이 여전히 미국의 식민지임을 드러내는 대표적인 사건입니다. 그런데 사드 반대 시위를 하고 있는 한편에서 자유한국당 의원이 이렇게 말합니다.

우리는 사드를 반대해서는 안 됩니다. 소녀상은 특정인을 위해서 있는 것이 아닙니다. 국가와 민족을 위해서 있는 것입니다.

– 홍문표, 자유한국당 국회의원

소녀상을 지키기 위해서도 사드는 있어야 한다는 것입니다. 그 근처에 소녀상이 있거든요. 위안부 문제에 대한 우리의 낮은 인식수준을 그대로 보여 줍니다. 이것은 또한 오랫동안 페미니스트들이 가지고 있던 위안부 운동의 가장 큰 문제의식이었습니다. 사람들은 대부분 위안부 문제를 남성 중심적 민족주의 관점에서 접근하기 때문입니다. 대한민국에 진정한 민족주의가 있는지, 과연 그 민족에 여성은 있는지, '위안부' 문제의 본질은 무엇인지, 운동의 정신은 무엇인지 질문해야 합니다.

일본군 위안부 문제의 본질

"남동생 손에 칼을 들려주며 엄마를 죽이라고 한 군인도 회개하면 천사가 될 수 있는지…."

"겨우 열세 살이던 내 옷을 찢은 군인도 잘못을 뉘우치고 눈물을 흘리면 천사가 될 수 있는지…."

– 김숨, 《군인이 천사가 되기를 바란 적 있는가》, 92-93쪽

《군인이 천사가 되기를 바란 적 있는가》는 김숨 작가가 쓴 위안부 소설 중 하나입니다. 수개월 동안 위안부 할머니들의 쉼터에서 먹고 자면서 증언을 듣고 관찰하고 기록해서 썼습니다. 제목이 의미하는 바가 의미심장하지요. 내가 행동할 때 어떤 결과를 낳을 것인지 생각하고 행동하는가? '무사유의 죄'를 묻는 것입니다. 정상적인 과정에서 발생하는 폭력의 원형을 캐묻습니다. 악마적 성향을 가진 사람만이 아니라 일반인도 죄를

지을 수 있다는 것입니다. 오히려 말을 잘 듣는 사람일수록, 아주 건실하고 생활력 있고 훌륭한 주민일수록 더할 수 있습니다. 그 죄는 내 행동의 결과가 어떨 것인지 사고하지 않는 무사유에서 비롯됩니다. 비판의식이 없을 때 누구나 잘못을 저지를 수 있습니다. 전쟁 중에 군인은 상사가 시키는 대로 할 뿐이지만 정말 끔찍한 범죄를 저지릅니다. 하지만 군인 개인이 회개한다고 해도 어떤 것도 회복될 수 없습니다. 죽은 사람이 돌아올 수도 없고, 구조적 부정의가 해결될 수도 없습니다. 작가는 소설을 통해 근본적인 질문을 던지고 있습니다. 지금은 평화롭지만 전쟁이 나면 언제든지 유사한 일이 반복될 것입니다. '일본군 위안부 운동'은 일본 군인 개인의 잔혹성을 폭로하는 운동이 아닙니다. 역사적 부정의를 바로잡아야 평화로운 미래를 기약할 수 있다는 인권운동, 사회정의 운동입니다. 얼마 전 소천하신 김복동 할머니의 이야기를 그린 《숭고함은 나를 들여다보는 거야》까지 두 소설이 2018년 8월 14일 기림일에 맞추어 동시에 출간되었으니 꼭 읽어보셨으면 합니다.

일본군 위안부 문제에는 크게 두 가지 역사가 있습니다.

일제 식민지 시기에 일본군이 만든 위안소의 역사가 있고, 위안부 운동의 역사가 있습니다. 본격적으로 한국정신대문제대책협의회(이하 정대협)가 만들어진 것은 1990년이지만, 위안부 운동은 1980년대 중반부터 시작되었고 지금까지 이어져 오고 있습니다. 30여 년의 세월을 지닌 운동이지요. 그리고 또 하나의 숨겨진 역사가 있습니다. 피해자가 말하지 못한 50년간의 대한민국 역사입니다. 이것 또한 캐물어야 합니다. 이렇게 세 갈래로 볼 수 있습니다. 중층적 역사라고 할 수 있죠. 위안부 운동은 대한민국 여성들이 일으킨 가장 대표적인 여성운동입니다. UN의 인권조약을 바꾸고 성노예제라는 개념을 만들었습니다. 세계 여성인권사에 길이 남을 위안부 운동의 결과물입니다.

운동은 움직입니다. 2018년에 한국에 미투 운동이라는 또 하나의 여성운동이 등장했듯이 끊임없이 변화하죠. 당대 여성들의 욕구를 반영하면서 등장하기 때문입니다. 위안부 운동은 이미 역사가 되고 있고, 운동 참가자들(수행집단)의 다층적 경험 또한 역사가 되고 있습니다. 그러나 한편에서는 여전히 비난하고 오해하고 공격하는 사람들이 있습니다. 일본은 물론이고 한국에도 굉장히 많습니다. 이는 역사부정과 역사왜곡과 연관되기에 일본군 위안부 운동의 의미화와 역사화가 필요합니다.

위안부 문제는 페미니즘 관점에서 이야기해야 합니다. 왜 그럴까요? 위안부 문제의 본질이 식민지와 제국주의, 전쟁의 문제이자 여성에 대한 집단적 성폭력과 인권침해의 문제이기 때문입니다. 위안부 운동은 애초에 여성운동에서 출발했습니다. 아무도 관심 두지 않을 때 말입니다. 한국 정부는 물론 진보 남성단체도 전혀 움직이지 않았습니다. 지금도 겉으로는 다 안다고 생각하지만 잘 모르기는 마찬가지입니다. 그래서 페미니즘 관점으로 보아야 위안소의 본질은 물론 운동을 제대로 이해할 수 있습니다.

외국 학자나 운동가들은 한국 위안부 운동의 대단한 성장을 궁금해합니다. 한국의 식민지 피해가 광범위하고 넓고 깊지만, 피해가 크다고 해서 반드시 운동이 강렬한 것은 아니니까요. 대만 또한 오랜 일본의 식민지 지배 경험이 있고 위안부 피해자들이 존재하지만 한국 여성운동에 비견할 바가 아니지요. 그렇다면 왜 한국 여성들은 30년간 이토록 강렬하게 운동할 수 있었을까요?

왜 오랫동안 침묵당해 왔는가

우리는 앞에서 언급한 50년간의 '침묵의 역사'를 기억하고 평가해야 합니다. 왜 50년 동안 위안부 피해자들이 침묵할 수밖에 없었는지 말입니다.

위안부 문제는 기본적으로 국제 문제입니다. 독일이 전후

모두를 위한 성평등 공부

처리를 잘했다고 하지만 여성 문제에서만큼은 그렇지 않습니다. 제2차 세계대전 당시 나치 군인에 의한 집단 성폭력 문제는 전혀 처리되지 않았습니다. 유대인 여성이나 다른 여성들을 동원해 나치 캠프에 수감된 사람들에게 성적 서비스를 제공하기도 했는데, 이 문제가 공식적으로 제기된 것은 아주 최근이라고 합니다. 독일 학자들이 한국 여성들의 운동을 부러워하고 경외하는 이유입니다. 한국도 식민지 과거사 청산이 전혀 되지 않았죠. 동경군사법정에서 일본 천황이 일등전범으로 인정되지 않았고 처벌받지도 않았습니다.

왜 과거사 청산이 되지 않았을까요?

전쟁 후 본격적으로 냉전체제가 형성되었기 때문입니다. 소련과 미국이 각자의 이념에 기반해 거대한 제국으로 등장했습니다. 미국 입장에서 한국은 완전히 극동입니다. 지금처럼 쉽게 서로 왕래할 수 없었습니다. 장기 주둔과 관리도 힘들었다고 봅니다. 게다가 당시 한국은 미국의 입장에서 볼 때 굉장히 낙후된 지역이었지요. 거기다 미국과 소련의 일방적 협상으로 패전국 일본이 아니라 피해국인 한반도가 분단됩니다. 한국은 냉전체제에서 일종의 좌우대립의 최전선이었던 것입니다. 그래서 미국은 극동 지역을 관리하고 태평양 지역을 안정화시키기 위해 일본을 파트너로 승인하게 됩니다.

연합국이 승리하면서 실제로 전승국인 미국은 일본의 만행을 수집했습니다. 많은 자료를 가지고 있었지만 모두 밝히지는 않았습니다. 가시적으로 몇 명만 처벌하고 식민지와 전쟁의 가해 책임에 면죄부를 줍니다. 천황제도 그대로 유지시켜 주지요. 일본 체제를 유지하는 것이 미국에 유리했기 때문입니다. 이것이 결국 한반도 휴전체제와 연결된 것이죠. 결국 남성 중심적이고 서구 백인 강대국 중심의 국제질서 재편에 한국이 희생양이 되었습니다.

미군정이 들어서면서 한국은 실질적으로 미국의 지배하에 놓이게 되고, 분단이 되고 한국전쟁이 발발합니다. 이후 박정희 군사독재 정권이 들어서면서 위안부 문제를 이해하려는 혹은 제기하려는 의지도 능력도 없었습니다. 박정희 군사독재 정권이 일본과 국교수립을 위해 맺은 1965년 한일협정에서도 일본군 위안부 문제는 거론되지 않았습니다. 협정은 인지한 사실만 가지고 협상하는데, 위안부 문제는 당시 인지되지 않은 사실이었기에 한일협정으로 위안부 문제가 해결되었다는 일본 정부의 주장은 잘못된 것이지요.

물론 위안부 문제가 해결되지 않고 있는 가장 큰 원인은 일본 정부입니다.

일본은 식민지 지배 책임을 인정한 적이 없습니다. 불법 강점과 전쟁에 대해 인정하고 사과한 적이 없지요. 식민지배 체계에 대한 죄책감보다는 원자폭탄으로 패망한 사실 때문에 오히려 피해자 의식마저 가지고 있습니다. 일본의 전쟁박물관에 가 보면 원폭 피해를 집중적으로 다루는 것을 알 수 있습니다. 전쟁 가해에 대한 죄책감과 책임을 원폭과 패전에 대한 피해의식으로 전환한 것이지요. 그래서 '오랜 피해자 의식에서 벗어나야 한다. 강력한 일본을 만들자'는 아베 정권이 힘을 얻고 있는 것입니다.

여기에 일본의 오랜 가부장제 문화도 한몫합니다.

성매매를 비롯해 AV(Adult Video, 성인 비디오) 등 여성을 성적으로 대상화하고 소비하는 산업, 망가(일본 만화) 등 각종 여성혐오적인 재현물이 판칩니다. 이것은 결국 일본 시민들의 불만을 잠재우고 저항정신을 관리하는 주요한 도구가 됩니다. 성적 표현물이라는 음란물로 시민들의 의식을 흐리고 사회 문제에 문제를 제기하지 않게 하면서 혼자서 조용히 욕구를 처리하게 하는 것이지요. 오랜 군국주의 문화의 잔재와 결합되어 일본 사람들은 결국 원자화된 채 집합적 저항정신을 키우지 못하지요.

일본은 천황제를 바꿔 본 적이 없는 나라입니다.

한국의 4·19혁명이나 87년 민주항쟁처럼 시민혁명이 일어나 세상을 바꿔 본 경험이 없습니다. 감히 구조에 도전하지 못합니다. 우리가 알고 있는 집시법도 일제 식민지의 잔재이지요. 일본의 경우 군국주의 시대부터 지금까지 존재하고 있습니다. 이런 군국주의 문화가 일본식 민족주의와 조우합니다.

아베 정권 이후에는 역사수정주의가 극우 민족주의와 연결되어 과거사를 부인하고 왜곡하는 경향이 심해지고 있습니다. 교과서에서도 식민지 지배나 침략 전쟁, 위안부 문제를 가르치지 않습니다. 언론의 자유 또한 축소되어 관련 보도는 매우 제한적입니다. 이런 상황에서 양심적인 지식인이나 운동가들 또한 고통을 당하고 집합적 시민운동은 축소되어 왔지요.

또 다른 문제는 한국의 가부장제 문화입니다.

위안부 피해자들을 50년 동안 침묵하게 한 원인이기도 하지요. 아직도 할머니들에게 '더러운 년'이라는 말을 쓰는 사람들이 있습니다. 너무나 강고한 순결 이데올로기 때문에 귀향할 엄두를 못 내거나 죽을 고비를 넘기며 겨우 집에 돌아온 딸에게 죽을 때까지 말하지 말라며 부모가 보따리를 싸서 내보내기도 했지요. 생존한 할머니들은 대체로 자기를 알아보지 못하는 곳에 가서 살았습니다. 부산, 서울, 대구 등 고향에서 많이 떨어진 대도시에 살기도 했지요. 국가에 등록된 생존자 중 이름을 밝히지 않으신 분들은 대부분 자식들과 가족들 때문입니다.

모두를 위한 성평등 공부

지금도 일부 가족들은 활동가들에게 더 이상 당사자를 찾아오지 말라며 '부끄러운' 사실을 알리고 싶지 않다고 말하기도 합니다.

남성 중심적 민족주의, 한국 사회에 지속되는 식민성의 문제도 있습니다. 한편으로는 반제국주의를 외치면서 남성만을 민족의 상징으로 내세우는 사람들이 있는가 하면, 다른 한편에서는 지금도 서울에서 열리는 일본 천왕의 생일파티에 참석하는 사람들이 있지요. 일등전범의 생일인데 기가 막힐 일입니다. 한국인의 탈을 쓴 일본인들이 권세를 누리고 있는 경우도 있습니다. 이런 것들이 복합적으로 피해 여성들에게 오랜 상흔(문화적 트라우마)을 낳았고 피해자가 침묵하게 된 원인이 되었습니다. 개인의 치욕스러운 문제로 덮어 버린 것이지요. 집단적이고 구조적인 문제라기보다는 개인의 문제로 환원하고, 식민지, 제국주의, 보편적 인권 문제와 연결시키지 못했습니다. 우리의 가장 낙후된 관점이죠.

위안부 운동은 어떻게 시작되었나

일본군 위안부 운동의 배경에는 윤정옥이라는 개인이 있었습니다. 이화여대 영문과 교수였고, 일제 강점기에 독립운동을 하던 집안 출신입니다. 해방이 되고 윤정옥은 다니던 이화학당으로 돌아갑니다. 그런데 당시 일제에 동원되었던 또래 여성들이 집으로 돌아오지 않았습니다. 그때부터 묻기 시작합니다. '여성들도 남성 못지않게 많은 수가 일본으로 끌려갔는데 왜 돌아오지 않나? 그 소녀들은 어디로 갔나?' 그런데 사람들이 대답을 하지 않습니다. 끔찍한 일을 당했는데 어떻게 돌아오느냐는 것이죠. 나중에야 그 일이 위안부라는 걸 알게 됩니다. 강제동원을 피해 학교를 그만두었던 윤정옥은 '아버지 잘 만나서 나만 살았다'는 죄책감을 평생 가지고 있었습니다. 동시대 여성들이 공유한 죄책감입니다. 윤정옥은 사비를 들여 혼자 계속 추적을 합니다. 자료를 찾아보고 일본의 언론에 약간의 힌트라도 나오면 당사자를 만나러 직접 찾아가기도 합니다.

윤정옥이 죄책감을 가지고 위안부 문제를 추적할 때 오랜 친구인 이효재가 함께 있었습니다. 윤정옥과 마찬가지로 독립운동을 한 집안의 딸입니다. 한국 최초의 페미니스트 사회학자이자 여성학을 학문체계로 만든 사람이고, 한국 여성운동계의 대모이기도 합니다. 윤정옥과 이효재는 수없이 이야기를 나누다가 위안부 문제는 여성단체가 안아야 하는 문제라고 결론 내립니다. 때마침 민주화운동 과정에서 성장한 여성단체들이 있

모두를 위한 성평등 공부

을 때였습니다. 한국교회여성연합회와 한국여성단체연합 등 여성단체에 위안부 문제를 소개하죠. 이 두 조직에서 위안부 문제를 끌어안도록 제안합니다. 이제 한국 사회도 민주화되고 있으니 투쟁 과정에서 우리가 위안부 문제를 알려야 하지 않겠느냐는 것입니다. 개인과 진보 여성운동 조직이 결합하는 과정이었습니다. 이효재는 당시 한국교회여성연합회의 평화통일위원을 맡고 있었고 1987년 만들어진 한국여성단체연합 대표였습니다. 한국교회여성연합회는 1960년대 후반에 만들어진 기독교 여성단체입니다. 범기독교 여성운동 조직이며, 기독교 운동 조직 가운데 가장 진보적인 곳 중 하나였습니다. 1970년대부터 기생관광 반대 운동을 했고, 원폭 피해자를 지원했습니다. 원폭 피해자들 중에 한국인도 많은데 한국 정부가 관심을 기울이지 않았거든요. 이후 지속적으로 최루탄 반대 운동 등 민주화 투쟁에 동참해 왔습니다.

결국 위안부 문제가 공론화된 배경에 진보 여성운동과의 공명이 있었던 것이지요. 한국에는 1980년대 중반부터 부천 성고문 사건 등 성폭력 사건이 계속 등장했는데, 당시에는 성폭력 피해자 개념이 없었습니다. 여성단체들은 부천 성고문 사건을 이슈화하고 성폭력, 가정폭력을 의제화하면서 성적 폭력에 대한 사회적 이해를 제고합니다. 이로써 여성의 고통을 드

러내고 의미화하는 '피해자 여성'이라는 정체성이 구성되게 되
지요. 이후에는 일본 여성들과도 결합하면서 새로운 운동으로
확대됩니다.

정대협의 탄생 그리고 수요시위

1990년 10월, 37개 여성단체와 진보단체, 개인들이 모여
마침내 한국정신대문제대책협의회가 만들어집니다. 이름에서
보듯 당시 진보운동 단체들이 모인 협의체 형식이었고 한국교
회여성연합회 안에 작은 책상과 전화기 한 대로 시작하지요.

문제는 운동단체를 만들고 조사도 시작했지만 피해 당사자
가 없는 운동이었다는 점입니다. 백방으로 수소문을 시작합니
다. 그런데 당시 한국교회여성연합회에서 원폭 피해자를 지원
하고 있었는데, 원폭 피해자 중 한 명이 자신이 다니는 교회에
위안부 피해자가 있는 것 같다고 전합니다. 바로 김학순 할머니
입니다. 정대협은 김학순 할머니에게 큰 짐을 지우는 것을 걱
정했지만, 할머니는 "이 죄 많은 몸을 하나님이 살려 주신 것은
이 일을 하기 위해서다. 내가 하겠다"고 결단합니다. 1991년에
마침내 당사자가 등장한 것입니다. 8월 15일이 광복절이므로

이때를 기점으로 삼고 전날인 8월 14일에 기자회견을 합니다.

김학순 할머니는 그 후로 진행된 일본에 대한 소송과 증언 활동을 활발히 이끌어 가십니다.

어떻게 보면 당사자에게는 너무 힘든 일이었지요. 각종 국내 집회는 물론 일본과 국제사회에서 끊임없이 증언하셔야 했는데 생각하기도 싫은 고통을 자꾸 환기하고 말해야 하는 피해자의 심정은 어땠을까요. 성폭력특별법도 없고 여성인권 개념도 부재할 때, 그래서 피해자에게 엄청난 사회적 낙인을 씌울 때 일본군에 의한 피해 사실을 계속 이야기해야 했습니다. 그런데 사람들이 하루에 몇 번 당했냐, 그런 이야기만 묻는다고 생각해 보세요.

지금도 다르지 않습니다. 2017년 겨울, 마지막일지도 몰라 독일에서 열리는 심포지엄에 길원옥 할머니를 모시고 갔습니다. 그런데 기자들이 같은 내용을 하루에 몇 번이나 묻고 또 물었습니다. 정대협 윤미향 대표가 화가 나서 기록이 있으니 미리 읽고 오라고, 다른 질문을 해달라고 합니다. 할머니에게는 꿈에 나타날까 두려워 잊고 싶은 기억입니다.

피해 당사자가 등장하자 정대협은 신고전화를 개통합니다. 개통식을 하고 김학순 할머니의 당당한 커밍아웃에 영향을 받은 많은 할머니들이 세상 밖으로 나왔습니다. 국내뿐 아니라 네덜란드, 인도네시아, 동티모르, 대만 등 많은 피해자들이 자신의 피해 사실을 드러내기 시작합니다. 그리고 다음 해인 1992년 1월, 수요시위가 시작됩니다. 수요시위는 당시 일본 정부가 위안부의 존재를 부인하는 상황에서 일본 수상이 한국을 방문한다고 하여 항의의 표시로 시작된 것입니다. 원래는 월요일에 하기로 했지만, 시민단체들이 가장 바쁜 날이라 수요일에 하기로 합의했다고 합니다. 물론 이렇게 오랫동안 진행될지 아무도 몰랐지요.

오른쪽의 사진은 1차 수요시위 때 모습입니다. 현 윤미향 일본군성노예제문제해결을 위한 정의기억연대(정대협의 후신) 대표는 당시 간사였습니다. 젊은 간사 혼자서 집회를 조직하고 피켓을 직접 만들어서 그 물건을 들고 버스를 타고 다녔다고 합니다. 지나가는 시민들은 수치스런 여자들 이야기를 뭐하러 꺼내냐며 비난하거나 침까지 뱉으며 멸시할 때였습니다. 남녀노소, 내외국인을 막론하고 수많은 사람들이 호응하고 지지하는 최근의 수요시위 모습과는 많이 다르지요. 2019년 8월 14일 진행된 1400차 수요시위는 전 세계 시민들의 강렬한 연대의식을 보여 주었습니다.

모두를 위한 성평등 공부

1차 수요시위

(1992년 1월 8일)

1400차 수요시위 및 제7차 세계 일본군 '위안부' 기림일

(2019년 8월 14일)

자, 그렇다면 위안부 운동의 의미는 무엇일까요?

우선 가부장적 인식과 구조에 도전했다는 점입니다. 앞서도 잠깐 언급했지만, 1991년 성폭력이 개인의 잘못이거나 정조에 관한 죄이던 당시, 김학순 생존자는 당사자의 생생한 증언을 통해 구조적 성폭력의 의미를 우리 사회에 환기시켰습니다.

여성 개인의 잘못이 아니다.

여성의 수치가 아니다.

개인적인 것이 정치적인 것이다.

성차별 사회에서 권력관계로서 성적 관계, 사회적 지위로서 성별관계의 문제를 드러낸 것이지요. 계급적 지위와 무관하게 어떤 남성도 여성에게 성폭력을 행사할 수 있습니다. 성폭력은 여성에 대한 물리적 폭력일 뿐 아니라 여성에 대한 남성의 통제방식입니다. 공포를 조장해 여성의 행실을 규정하고, 여성을 끊임없이 이분화합니다. 페미니스트 법철학자 매키넌(Catharine Alice Mackinnon)은 성관계에 내장된 폭력성을 지적한 바 있습니다. 성적인 것이 폭력적인 것이고 폭력적일수록 성적인 것으로 여겨지는 것이 강간이며, "강간은 여성의 (불평등한) 사회적 조건에서 예외적인 것이 아니라 본원적인 것"이라고 말한 바 있습니다. 강간은 불운한 여자가 악마 같은 남자에게 당한 우연적이고 예외적인 사건이 아니라, 남성우월주의 사회에서 발생하는 보편적인 사건입니다. 그러므로 일본군 위안부 운동은 성폭력이라는 여성 보편의 경험으로 성차별 사회에 도전한 여성운동이었습니다.

여성은 하나가 아니고 다양한 맥락에서 규정되고 정의됩니다. 가난한 여성, 장애가 있는 여성, 성적 지향이 다른 여성, 국적이 다른 여성 등은 백인 중산층 이성애 여성과 다른 경험을 합니다. 무엇보다 여성이 처한 이 상황은 여성이 자연적으로 타고난 속성(nature) 때문에 결정된 것이 아닙니다. 젠더는 인종, 계급, 민족, 계층 등 다른 차별구조와 맞물려 있으며, 한 사회의 역사적 맥락, 지정학적 위치와 긴밀히 연관되어 있지요. 위안부의 주요 피해자는 '식민지의 가난한 여성'입니다. 식민지 사회의 민족, 젠더, 계급이 얽혀 있는데, 바로 이 세 가지가 '위안부'라는 존재를 만들어 냈고 피해를 발생시켰으며, 개인의 경험을 구성하는 주요 원인이 됩니다.

그러므로 위안부 운동은 일본 제국주의 식민주의에도 도전한 운동입니다. 출범 초기부터 활동가들과 당사자들은 식민지

지배 책임을 비롯해 일본 제국주의와 식민주의의 속성을 끊임없이 공격합니다. 일본에 첫 번째로 요구한 바는 사실을 인정하고 사과하라는 것입니다. 그런데 이 '사실'은 너무나 광범위하므로 철저히 조사하고 진실을 규명해야 합니다. 이를 기반으로 피해자들에게 법적으로 배상해야 합니다. 그리고 같은 일이 반복되지 않도록 교육하고 역사에 남겨야 합니다. 너무나 당연한 요구입니다. 사실 인정과 사과, 진상규명과 배상, 재발방지 약속은 개별적 성폭력 사건이 일어날 때 기본적으로 요구하는 사항이지요.

문제는 한국이 온전히 식민지배체제에서 탈피하지 못한 포스트식민사회라는 점입니다. 그러기에 한국 정부는 위안부 문제에 무관심했을 뿐 아니라 이중적인 태도를 보여 왔던 것이지요. 우리 사회에 공론화된 이후에도 외교 문제로 접근하면서 겉으로만 관리하고 실제로는 일본이나 미국의 눈치를 보아 왔습니다. 위안부 운동은 그 이유가 탈식민화되지 못한 한반도의 지정학적 상황과 한국에 잔존하는 식민성 때문임을 끊임없이 지적해 왔습니다.

또한 위안부 운동은 남성 중심적 민족주의에 도전한 운동입니다. 일본의 극우 민족주의, 한국의 보수 민족주의 남성들의 언설에 대한 저항은 물론, 반제국주의 민족민주운동 내부의

모두를 위한 성평등 공부

남성들에게도 문제를 제기합니다. 민족해방을 여성해방보다 우위에 두면서 위안부 문제를 민족 담론으로 포섭할 때 '위안부 문제는 여성의 문제'라고 대응해 왔습니다.

사실 초창기 한국 시민단체들은 위안부의 존재를 지속적으로 부인하고 역사를 왜곡하는 일본 정부의 대항 담론 구성에 골몰했지요. 가령, '매춘녀'라는 일본의 주장에 맞서 '정조를 잃은 순결한 처녀,' '자발적으로 간 여자들'이라는 주장에 대해서는 '강제로 끌려간 여성,' 증거자료가 없다고 할 때 '당사자가 증거이다' 등을 강조했던 것입니다.

일본 우익		한국 진보 시민단체
매춘녀	vs	정조를 잃은 순결한 처녀
자발	vs	강제
증거 없음	vs	당사자가 증거이다
(공식 문서)		(구술 자료)

그런데 남성들에게 민족이라는 개념은 여성과 이중적, 모순적 관계에 있습니다. 당시 한국의 진보 남성은 위안부 피해자를 '민족의 딸'이라고 했고, 보수 남성은 '민족의 수치'라고 했습니다. 이때 여성들은 그들이 말하는 민족은 누구인지, 여

성은 민족의 범주에 속하지 않는 것인지 묻습니다. 순결한 여성만 보호받을 가치가 있는 민족인지 되물었고, 한국과 일본, 진보와 보수 남성들의 대립 구도에서 여성이 어떻게 모순적으로 동원되는지 폭로한 것이지요.

이처럼 한반도의 지정학적 위치에서 다층적으로 얽히고 변동하는 권력구조, 권력의 다양한 위계질서를 직조하는 구조(권력의 매트릭스라 불리는)와 개인이 맞물려 만들어 내는 경험의 다양성에 주목해 왔던 위안부 운동은, 서구 페미니스트 교차성 이론의 핵심적 의미를 현장에서 이론화하고 실천하고 있었던 겁니다. 그러므로 위안부 운동은 여성운동에서 출발했을 뿐 아니라 시민운동과 페미니즘 이론 전반에 큰 영향을 끼쳤다고 볼 수 있습니다.

한국의 위안부 운동, 전 세계를 뒤흔들다

위안부 운동이 시작될 당시 한국에는 글로벌 여성운동이라는 개념이 없었습니다. 한국이 겨우 유엔에 가입하던 시기입니다. 한국 정부는 위안부 문제에 관심이 없고 일본 정부는 지속적으로 부인하고 있을 때죠. 그래서 당시 정대협 대표였던 이효재 선생님은 위안부 문제를 유엔에 가져가 유엔을 통해 한국과 일본 정부를 압박하는 방법밖에 없다고 생각하게 되지요. 1992년부터 유엔 인권위원회에 위안부 할머니들을 모시고 가기 시작했습니다. 1993년 빈 인권대회가 열리는데, 남한에서는 김복동 할머니가, 북한에서는 장수월 할머니가 가시지요. 이 대회는 페미니즘 운동사에서 큰 의미가 있습니다. 여성폭력이 보편적 인권문제로 인지되게 된 전환점이기 때문입니다. 우리의 위안부 문제가 그러한 인식전환에 큰 기여를 합니다. 결국 정대협과 피해 당사자들의 활동 덕분이지요.

마침내 1996년, 일명《쿠마라스와미 1996년 보고서》가 유엔 인권위원회에 제출됩니다. 정대협은 쿠마라스와미에게 위안부 문제를 알리기 위해 정말 피나는 노력을 했습니다. 스리랑카로 직접 찾아가 설명하기도 하고 한국에 초청해 당사자들과 만나게 하고 토론회도 개최합니다. 1998년에는 인권소위원회의《게이 맥두걸 보고서》가 나옵니다. 이 보고서는 군대위안소를 '강간센터(rape center)'로 규정하는 등 위안부 문제를 '전시(전시)의 조직적 강간과 성적노예' 문제로 간주해 집중적으로 다루고 있습니다.《게이 맥두걸 보고서》는 특히 일본 정부가 그동안 내세웠던 모든 방어논리를 반박합니다. 일본 정부는 그때까지 ① 한국 정부와의 협상으로 배상은 종결되었다, ② 전쟁 당시 한국민은 일본 국민이므로 전쟁법 적용대상이 아니다, ③ 노예제도가 당시에는 금지되지 않았다, ④ 현재 법률을 적용하는 것은 소급입법이다, ⑤ 당시 전쟁법은 강간을 금지하지 않았다는 주장을 펴왔습니다. 그러나 보고서는 ① 한일협정 당시 사실이 은폐되어 있었고 개인에 대한 배상은 이루어지지 않았다, ② 위안부 문제는 노예 문제로 다루어야 하며 노예제는 영토 관계와 무관하다, ③ 노예제도는 당시 국제법으로도 금지되었다, ④ 반인류적 범죄에 대해서는 뉘른베르크 재판 등에서 소급입법을 인정해 왔다고 반박했습니다. 이후 '군대에 의한 집단적 강간체계(military sexual slavery)'라는 개념이 국제적으로 확립됩니다.

활동가들의 헌신으로 피해 당사자들이 힘을 얻고, 용기를 내어 전 세계를 돌아다니면서 증언 활동을 한 결과, 국제사회에 보편적 인권으로서 여성인권 문제가 공명되고 '전시 성폭력'의 개념이 확립되며 실제로 인권규약이 바뀝니다.

동시에 가해국과 피해국 간의 연대활동도 진행되었습니다. 1992년에는 아시아연대회의가 시작됩니다. 피해국의 단체와 당사자들은 물론 가해국 일본의 시민들이 모여 매년 회의를 엽니다. 피해국에서 어떤 일이 일어났는지, 위안부 할머니들의 피해는 어떠한지, 가해국 일본은 물론 피해국 정부에 무엇을 요구할 것인지 등을 논의합니다. 일본 정부에 공식 사과를 요구하고 책임을 물을 뿐만 아니라 시민들이 움직여야 한다고 압력을 가합니다. 가해국 시민들이 피해국과 공동으로 대응하는 대표적인 초국적 여성연대 활동입니다. 회의가 끝나면 각국 대표들이 모여 밤샘토론을 한 뒤 공동 성명서를 냅니다.

그리고 일본군 '위안부' 문제 해결과 전범자 처벌을 위해 최초로 민간법정을 열기로 하고 2년간 준비합니다. 이게 바로 2000년 도쿄에서 열린 '일본군성노예전범 여성국제법정'입니다. 10여 년간 이루어진 여성들의 국제연대, 일본의 전쟁범죄에 대한 단죄 의지, 유엔의 관심 등이 접목되면서, '일본군성노예전범 여성국제법정'이라는 결과가 자연스럽게 만들어진 것입니다. 법정 준비과정에서 국제 시민단체들과 당사자들 간 의미 있는 연대를 이끌어 내고 북한과의 공동 기소라는 남북 간 화합의 중요한 결실을 만들어 냈을 뿐 아니라, 일본 정부가 공식 부인하는 상황에서도 일본 천왕에게 유죄 판결을 내리고 법적 책임을 물었다는 점에서 의미가 큰 시민법정입니다.

또 하나 우리가 기억해야 할 점은 위안부 운동이 남성 중심적인 공식 기록 위주의 거대 역사를 여성의 경험과 목소리로, 대항적 기억으로 다시 써왔다는 점입니다. 역사와 기록, 사료에 대한 사유를 전환시키고 당사자 증언의 중요성을 제기했습니다. 체험에서 유래한 여성의 관점에서 기존의 역사가 재고되어야 한다는 사실을 우리는 위안부 운동을 통해 알게 된 것입니다. 이 과정에서 당사자 또한 변화했습니다.

누군가 경청해 주고 이해해 주는 사람에게 그동안 묻어 두었던 경험을 나누게 되면 당사자는 스스로의 경험을 해석하는 힘을 가지게 됩니다. 자신의 경험을 해석하는 과정은 구조에 대한 이해를 동반합니다. 개인의 잘못이 아니라고 깨달은 당사자는 트라우마를 스스로 치유하고 임파워먼트를 경험하게 됩니다. 당사자뿐만 아니라 말하는 당사자와 만나는 사람들도 치유됩니다. 유사한 경험을 한 여성으로서 말 못했던 자신의 경험과도 만나게 되기 때문입니다. 그래서 구술 작업은 말하는 이와 듣는 이 모두에게 성장의 기회를 제공합니다. 말을 걸고 들어 주는 과정에서 경험을 공유하고 해석하게 되며, 이를 통해 개별적·집단적·문화적 트라우마가 치유되는 것입니다. 이는 정체성의 변화도 가져옵니다. 피해 당사자들이 보이지 않는 무명의 존재, 수치스러운 존재에서 피해자, 생존자로 다시 인권운동가로 성장하게 된 것입니다. 침묵하는 유령(보이지 않는 비체)에서 말하는 주체, 더 나아가 다른 피해자들에게 말을 건네는 주체로 변화한 것이지요. 이것이 한국의 일본군 '위안부'가 가져온 가장 놀라운 변화 중 하나가 아닌가 합니다.

이 힘은 시민기금인 '나비기금'으로 이어졌습니다. 처음에는 김복동, 길원옥 두 할머니의 기부로 시작됩니다. 우리와 비슷한 피해를 입고 있는 많은 사람들에게 희망이 되고 싶다는 의미를 강조하시며, 언젠가 받을지 모를 일본의 배상금을 전제로 미리 내는 거라고 하셨습니다. 2013년 3·8 여성의 날에 나비기금 선포식을 했고, 시민들이 이 뜻을 이어 나가게 되었지요. 나비기금은 콩고, 베트남, 팔레스타인, 우간다, 인도네시아 등 전시 성폭력 피해자들과 아이들을 돌보는 일에 사용되고 있습니다. 할머니들은 지금까지도 생활보조금을 모아 꾸준히 기부하고 계십니다. 김복동 할머니는 일본에서 큰 지진이 날 때도 앞장 서 기부하셨고, 재일조선학교에 5천만 원을 기부하기도 했습니다. 위안부 운동이 일본 시민 개개인과 싸우는 것이 아님을 몸소 보여 주셨지요. 2019년 1월, 소천하시기 직전 남아 있던 김복동 할머니의 통장 잔고는 고작 160만 원이었다고 합니다. 할머니는 병고 중에도 재일조선인 학생들과 베트남 전쟁의 피해자들을 위한 기부를 멈추지 않으셨습니다.

할머니는 어떻게 견디셨어요?
소녀상에서 힘을 얻는 아이들

당사자들의 정신을 계승하고자 하는 젊은 세대가 한국에서는 크게 성장하고 있습니다. 여러 가지 계기가 있었지만 대표적으로 전쟁과여성인권박물관과 평화비(일명 소녀상)를 들 수 있습니다. 전쟁과여성인권박물관은 2004년 건립위원회를 발족하고 2012년 5월에 개관하기까지 8년이 걸렸습니다. 애초에 서울시의 협조를 얻어 서대문 독립공원에 만들려고 했으나 광복회 등이 반대했죠. 순국선열들을 모신 곳에 어떻게 '수치스러운 여자'들이 같이 묻힐 수 있느냐고 매도하면서 서울시를 압박했습니다. 박물관 건립이 늦어지자 정대협은 그동안 모은 순수 시민모금으로 성미산 아래 개인 집을 매입해 작은 박물관으로 개조합니다. 자금이 부족해 국내외에서 추가 모금활동을 벌였고, 건축가를 비롯해 많은 분들이 재능기부를 했습니다. 기억이 계승되는 공간이자 역사교육의 현장이 만들어진 것이죠.

한편, 2011년 12월 14일, 1000차 수요시위를 기념해 평화비가 세워집니다. 처음에는 기림비 사업 중 하나로 비석 형태를 고려하고 있었다고 합니다. 그런데 기림비준비위원회와 조각가 김서경, 김운성의 논의 결과, 시민들이 '역사를 상상할 수 있도록', '사람들과 의사소통 가능한' 형태를 고민하게 되었고 마침내 소녀상 형태로 결정됩니다. 피해자들의 슬픔, 분노, 고통, 희망이 복합적으로 얽혀 있어야 한다, 좌절하는 상이어서는 안 된다 등 많은 사람들의 의견이 반영된 것이지요. 머리도 길었던 것을 짧게 하고 주먹도 쥐게 했습니다. 짧은 머리는 고향과의 단절을, 주먹은 문제해결을 향한 굳은 결의를 상징한다고 합니다. 또 소녀상에는 그림자가 있는데, 할머니가 되어서야 말할 수 있게 된 한국 사회를 이야기하기 위해서입니다. 수차례의 회의를 통한 집합적 지식의 결과물입니다.

세상에서 지워져야만 했던 여성들이 역사적 주체로서 형성화되자, 이에 공감하는 청중들이 확산됩니다. 최근의 수요시위는 10~20대 여성이 주도하는데 이들 중 많은 여성이 소녀상이 자기 자신이라고 느낍니다.

저는 남자들이 온라인에서 이야기하는 것만 봐도 치가 떨리고 너무 수치스럽고 분노하고 살아갈 힘이 없는데 할머니는 어떻게 견디셨어요? 어떻게 이렇게 당당하게 사셔서 저에게 말을 거세요?

　10~20대 여성들은 소녀 시절에 엄청난 고통을 겪고도 당당히 주체로 일어선 할머니들의 모습에 감동합니다. 10~20대 여성들은 가해 남성들이 사과는커녕 뻔뻔하게 사실을 부인하고 심지어 역사를 왜곡하고, 피해자들을 창녀라고 비난하는 현실이 너무나도 깊이 공감되는 겁니다. 이들은 자아를 통과해서 타자를 보고 타자를 통과해 나를 봅니다. 타자를 통과해야만 존재하는 자아에 대해 자각하는 것이지요. 소녀상이 여성으로서 공통된 경험과 동질감, 연결됨이 확장되는 계기가 되는 것이지요. 여전히 지속되고 있는, 시공간을 넘어선 젠더 부정의에 대한 여성들의 인지로 이어진 것이지요. 남성 중심적 민족주의 관점으로는 도저히 이해할 수 없는 것입니다. 이러한 과정은 2015년 '위안부 한일합의'에 대한 분노로 이어지고, 2018년 미투 운동과 스쿨미투 운동을 지나 한국을 흔들고 있는 페미니즘 열기와도 공명합니다.

　늙지도 죽지도 않는 역사의 산증인이 과거 일본의 범죄 행위뿐만 아니라, 우리 자신의 역사와 존재의 의미를 끊임없이 환기시키고 있습니다. 여성혐오, 젠더 폭력 등 한국 사회의 가부장성을 끊임없이 드러내며 우리 내부의 성찰도 요구하는 것

모두를 위한 성평등 공부

입니다.

앞에서도 조금 언급했지만, 정대협 활동가들은 수요시위를 30년이나 할 줄 알았다면 시작하지도 못했을 거라고 말합니다. 매주 집회를 한다는 것은 사실 여간 고통스러운 일이 아닙니다. 지금이야 한겨울에는 핫팩이라도 있고, 한여름에는 차양막도 설치해 주지만, 예전에는 아무것도 없었지요. 당사자와 시민단체 활동가들이 중심이 되어 30년을 지속해 온 겁니다.

이제 수요시위는 규모나 내용면에서 크게 확장되고 있습니다. 10~20대 여성들은 수요시위와 소녀상에서 힘을 얻는다고 고백합니다. 우울하거나 비장했던 집회는 이제 즐거운 페스티벌이 되고 있습니다. 젊은 사람들이 모여 노래하고 춤도 추고 감동적인 연극도 공연합니다. 그 속에서 서로 엄청난 힘을 얻습니다. 외국 사람들은 이러한 광경에 크게 놀라며 감탄합니다. 슬픔을 희망으로 승화시키는 한국 여성들의 힘이 부럽다고 말합니다. 이런 운동은 어디에도 없기 때문입니다. 추운 겨울이 되면 소녀상을 따뜻하게 입히고, 여름이 되면 선풍기를 갖다 놓습니다. 사람들이 소녀상 옆 의자에 앉아 말을 건네고 어루만집니다. 수요시위는 점점 침묵을 강요당한 수많은 사람들의 고통스러운 경험과 연결되고, 서로 힘을 얻고 주는 상호권한을 부여하는 장이 되고 있습니다.

한국에서 처음 나온 위안부 상업영화 〈귀향〉은 여러 가지 차원에서 중요성이 크지만, 성폭력 묘사 때문에 많은 비판을 받았습니다. 이후 발표된 다큐멘터리 〈어폴로지〉는 중국계 캐나디안 여성 감독이 5년간 중국, 필리핀, 한국의 피해 당사자들을 쫓아다니며 만든 영화입니다. 오랜 현장연구와 당사자들과의 교류, 공감대 형성에 바탕을 둔 아주 잘 만든 다큐멘터리입니다. 그다음에 나온 상업영화는 〈아이 캔 스피크〉(명필름 제작)입니다. 여성 제작자와 여성 작가가 만들었습니다. 원 각본이 서울시 공모전에 당선되었는데 박근혜 정권 시기라 영화화에 어려움을 겪다가 명필름 심재명 대표의 용기 있는 도전으로 세상에 빛을 보게 됩니다. 우리와 함께 살아가는 평범한 이웃의 모습으로 위안부 할머니의 삶을 다루고 있다는 점에서 의미가 큰 작품입니다. 홀로코스트에 관한 영화가 셀 수 없이 나오고 재현방식이 보다 세련되어지고 있는 사이 우리는 이제 겨우 몇 편의 상업영화가 나왔습니다. 앞으로 더 좋은 작품이 많이 나오길 기대합니다.

연구서 또한 다른 형식을 입기 시작했습니다. 대표적으로 서울대 정진성 연구팀이 2018년에 발간한 《끌려가다, 버려지

평화의 소녀상(평화비)에 놓인 물건들

일본대사관 앞 평화비
(평화의 소녀상)

일본대사관 앞에서 열린 1000차 수요시위를 맞이하여
현재도 세계 곳곳에서 발생하는 전시 성폭력이 중단되기를 바라는
마음을 담아 만든 조형물이다.

다, 우리 앞에 서다 – 사진과 자료로 보는 일본군 '위안부' 피해 여성 이야기》를 들 수 있습니다. 총 두 권인데, 학술서이지만 증언과 사료들을 교차해 정리하고 사진 등 많은 자료들이 보기 좋게 결합되어 있어 일반인도 이해하기 쉽게 만든 책입니다. 소설, 연극, 무용 등 다른 문화예술 분야에서도 다양한 방식으로 위안부 문제가 다루어지고 있습니다.

다른 형태의 기림비들도 등장하기 시작했습니다. 대표적으로 샌프란시스코에 설치된 소녀상과 정동극장 옆 성프란체스코 앞에 있는 소녀상, 경남 지역의 소녀상 등을 들 수 있습니다. 시민의식이 성장함에 따라 앞으로 더 다양한 재현물이 등장하리라 믿습니다.

포스트당사자의 시대, 우리에게 남겨진 책임

마지막으로 운동사를 마무리하며 우리의 책임을 상기해 봅니다. 2019년 1월 28일. 일본군 성노예제 피해자이자 생존자, 여성인권운동가, 식민지 조선과 분단 대한민국을 한 여성으로 살아냈던 김복동 할머니는 한 마리 나비가 되어 훨훨 날아 가셨습니다. 2019년 8월 현재, 일본군 '위안부' 피해 생존자들은

모두를 위한 성평등 공부

스무 분입니다. 일본의 아베 정권이 지속적으로 법적 책임을 부인하고 역사를 왜곡하는 사이, 포스트 당사자의 시대는 곧 도래할 것입니다. 그렇다면 평화를 지향하는 시민으로서 피해 당사자들의 정신을 계승할 수 있는 방법은 무엇일까요?

지금까지 강조해 왔듯, 일본군 '위안부' 문제해결 운동은 대한민국 여성운동의 가장 중요한 축입니다. 페미니즘은 '여성(들)을 위한 여성(들)에 의한 정치적 행동'입니다. 여성 억압의 현실을 인지하고, 여성이 처한 부당한 경제적·문화적·정치적 조건을 변화시키고자 하는 운동이자 정치학입니다. 식민지를 겪고 전쟁과 가난, 군사독재체제에서 억압되어 왔던 한국의 여성들은 1980년대 민주화투쟁 과정에서 대규모 운동단체로 조직화되기 시작했지요. 이들은 가부장적인 대한민국 사회에서 여성 폭력에 관한 언어를 바꾸고, 인권 개념을 젠더 관점으로 재구성하며, 관습으로 혹은 문화로 당연시되던 남성 중심적 실천들에 근본적인 질문을 던져 왔습니다. 이 여정의 핵심에는 1990년에 결성된 정신대문제대책협의회(현재 일본군성노예제 문제해결을 위한 정의기억연대)를 중심으로 한 일본군 '위안부' 문제해결 운동과 1991년 김학순 할머니의 커밍아웃이 있었습니다. 가해자의 지속적인 부인에 분통을 터뜨리며 세상에 나왔다고 했던 할머니의 공식적인 증언은 반세기 가까이 봉인되었던 끔찍한 일본군 성노예제의 실상을 폭로하며 전 세계 시민들을 무지의 늪에서 일깨웠습니다. 덕분에 국내는 물론 다른 나라의 피해자들 또한 앞 다투어 세상에 나올 수 있었습니다. 명실 공히 세계를 흔든 '미투 운동'의 원조라 할 수 있습니다. 더군다나 이들은 무력한 피해자로만 남아 있지 않았습니다. 가부장제와 식민주의 지배체제하에서 여성들에게 가해진 중층적 부정의와 싸우며 피해자에서 생존자로, 다시 활동가로 변화해 왔으니까요. 이런 모습 덕분에 우리 시민의식은 함께 성장할 수 있었던 것입니다.

필자가 진행한 강연회에서 한 여고생이 다음과 같이 고백한 바 있습니다.

미투 운동이 진행되는 것을 보면서 사실 나는 '위안부'에 대한 생각이 많이 났다. 요즘 시대에는 'with you'를 외치며 함께해 줄 수 있는데 할머님들 시대에는 그럴 분위기도 아니었고 그렇게 생각하는 사람도 없었다. 위로해 주고 품어 주기보다 모두 창피해했고, 일부러 그런 것 아니냐, 돈 벌러 자진해서 간 것 아니냐라는 말들만이 할머님들께 돌아왔다. 너무도 안타까웠다. 이렇게 안타까운 만큼 우리가 더 열심히 움직여야 한다는 생각이 든다. 할머님들께서 한 분이라도 더 살아계실 때 일본 정부가 공식적으로 진심을 담아 사과를 해야 한다.

미래 세대에게 일본군 '위안부' 문제는 더 이상 보이지 않는 역사적 과거가 아닙니다. 생존자의 용기를 통해 가해자의 범죄 사실을 환기시킬 뿐 아니라 한국 남성들에 의한 가해의 역사 및 끊임없이 발생하는 여성 폭력의 현실을 직시하며, 변화를 위해 노력할 것을 다짐하고 있습니다.

그러므로 우리는 위안부 문제가 젠더 이슈일 뿐만 아니라, 자유민주주의, 평화, 인권과 어떻게 관계 맺는지 연결지어 생각해야 합니다. 한국의 가부장제 문화가 결국 식민주의 문화와 연결되어 있다는 것도 잊어서는 안 됩니다. 아직도 여전한 동아시아 냉전체제와 한반도의 분단현실을 잊어서는 안 됩니다. 분명한 사실은 가해자는 아직 진실 규명은커녕 법적 책임을 지지도 진정한 사죄도 하지 않았다는 점입니다. 고 김복동 인권운동가의 말을 다시금 되새기며 이 글을 닫습니다.

우리나라도 서로가 화합하여, 서로가 한발씩 물러나서 남북통일이 되어서, 다시는 우리들과 같은 이런 비극이 안 생기도록 전쟁 없는 나라가 되어서 후손들이 마음 놓고 살아가는 것이 나의 소원입니다.

― 2016년 10월 5일, 수요시위에서

성적 자기결정권은 대한민국 헌법 제10조에 명시된 행복추구권에 속하는 국민의 기본권입니다. 성적 자기결정권을 '성행위를 마음대로 할 권리'로 오해하여 청소년에게 권리를 유보시키고, 성폭력 사건에서 가해자에게 유리한 개념으로 사용하는 경우도 종종 있습니다. 이런 실수를 저지르지 않기 위해 성적 자기결정권의 개념을 정확히 파악하고 자신과 타인의 권리를 존중하는 성교육을 모색합니다.

5

성적 자기결정권은
왜 필요한가

●

한채윤
(교육플랫폼 이탈 기획위원)

'행복을 추구할 권리'란 말이 어떻게 들리시나요? '행복은 추상적인 개념인데 어떻게 권리를 붙일 수 있지?'라고 생각할 수 있고, '그런 권리가 있다고 해서 이 세상 모든 사람이 똑같이 행복해질 리가 없잖아'라고 투덜거릴 수도 있습니다. 하지만 다시 한 번 찬찬히 들여다볼까요. '행복할' 권리가 아니라 '행복을 추구할' 권리라는 점에 주목해야 합니다. 무조건 행복해야 한다거나, 모든 사람이 같은 행복을 누려야 한다는 의미가 아닙니다. 행복을 느끼는 것은 사람마다 다르겠지만, 그 누구든 행복해지기 위해 노력할 기회는 평등하게 가질 수 있어야 하며 그 기회를 방해받거나 박탈당하지 않아야 한다는 뜻입니다.

　국가는 공공의 이익을 해치지 않는 한 국민 개개인이 자신의 행복을 추구하는 일에 부당하게 개입하거나 억압하고 차별해서는 안 됩니다. 각자가 자기 삶을 자유롭게 영위해 나가고 자신이 행복해지는 방향으로 도모할 수 있도록 보호해 줘야 합니다.

　　　　　　　　　　　　　　　　　모두를 위한 성평등 공부

모든 사람에겐 행복을 '추구할' 권리가 있다

행복추구권이 인권으로 등장하는 것은 18세기로 거슬러 올라갑니다. 1776년 7월 4일, 미국은 더 이상 영국의 식민지가 아니라 독립된 국가임을 천명합니다. 그 역사적인 〈미국 독립선언문〉의 서두는 이렇게 시작합니다.

우리는 다음의 진리들을 자명하다고 여긴다. 모든 인간은 평등하게 창조되었으며, 신은 인간에게 양도할 수 없는 권리를 부여했다. 그 권리에는 생명과 자유 그리고 행복추구가 있다.

〈미국 독립선언문〉의 초안을 쓴 토머스 제퍼슨은 의도적으로 '행복을 추구할 권리'라고 썼습니다. 자유로운 인간으로 살아가는 데 생명, 자유와 함께 가장 중요한 권리라고 생각한 것이죠. 당시 시대의 흐름을 떠올려 보면 행복을 추구할 권리가 무엇을 의미하는지 더 쉽게 이해할 수 있습니다. 18세기 전까지는 강력한 신분제 사회였습니다. 왕과 성직자, 넓은 토지를 가진 귀족이 사회를 지배하는 봉건제 사회였죠. 법을 만들고, 세금을 걷고, 사람을 죽이고 살리는 것까지도 지배계급이 마음대로 했습니다. 자신들이 신에게 그런 권한을 위임받았다며 특권을 휘둘렀습니다.

하지만 17세기부터 변화가 생겼습니다. 신 앞에 모든 인간은 평등하고 존엄하며 각자 자기 나름의 삶을 살아가는 권리를 갖고 태어났다는 사상이 싹트기 시작했고, 18세기에 이르러 신권이 아닌 인간의 권리, 인간 사이에 인간들끼리 지켜야 할 권리로서 '인권'이란 단어가 생겨납니다. 〈미국 독립선언문〉은 바로 인권의 핵심이 생명권, 자유권, 행복추구권임을 천명한 것입니다.

우리나라는 1980년에 제8차 헌법 개정을 할 때 행복추구권을 헌법에 명시합니다. 헌법 제10조는 다음과 같습니다.

대한민국 헌법 제10조

모든 국민은 인간으로서의 존엄과 가치를 가지며, 행복을 추구할 권리를 가진다. 국가는 개인이 가지는 불가침의 기본적 인권을 확인하고 이를 보장할 의무를 진다.

헌법의 행복을 추구할 권리의 의미는 헌법재판소가 1995년에 좀 더 명확하게 밝혔습니다.

헌법 제10조의 행복추구권은 국민이 행복을 추구하기 위하여 필요한 급부를 국가에게 적극적으로 요구할 수 있는 것을 내용으로 하는 것이 아니라, 국민의 행복을 추구하기 위한 활동을 국가 권력의 간섭 없이 자유롭게 할 수 있다는 포괄적인 의미의 자유권으로서의 성격을 가진다.

– 헌재 1995.7.21. 93헌가14

즉, 나를 행복하게 만들라고 국가에 요구하는 권리가 아니라, 국민 누구나 자기 나름의 행복을 추구하는 데 있어 타인의 간섭 없이 스스로 판단하고 선택하고 결정할 수 있으며, 국가도 이를 방해해서는 안 되고 더욱 보장하려 노력해야 한다는 의미라는 것이죠.

내 운명은 내가 결정해

헌법은 모든 법의 기본입니다. 헌법에 명시된 기본권에 기초해 더 많은 권리들이 피어나게 됩니다. 행복추구권에서 파생되는 권리 가운데 핵심은 바로 '자기결정권'입니다. 자기결정권이란 인간은 누구나 자기 생각대로 자신의 삶을 살아갈 권리가 있다는 뜻이죠. 다른 사람의 권리를 침해하지 않는 한 국가의 간섭을 받지 않을 권리이기도 합니다. 이렇듯 자기 운명을 스스로 결정할 권리라고 하여 '자기운명결정권'이라고도 합니다.

자기운명결정권에는 여러 가지 세부적인 권리가 포함됩니다. 예를 들어, 몇 년 전에 어느 국회의원이 전국교직원노동조합 소속 교사들의 실명이 적힌 자료를 임의로 공개한 적이 있습니다. 법원은 이 국회의원이 교사들의 '개인정보자기결정권'을 침해했다고 판결했습니다.[1] 개인정보자기결정권이란 자신에 관한 정보가 언제 누구에게 어느 범위까지 알려지고 또 이용되도록 할 것인지를 정보 주체가 스스로 결정할 수 있는 권리를 말합니다.

또 이런 경우도 있습니다. 2015년 헌법재판소는 무연고 시신을 해부용으로 제공하는 것은 위헌이라고 판결했습니다.[2] 1962년에 생긴 〈시체 해부 및 보존에 관한 법률〉은 인수자가 없는 시신은 교육과 연구의 목적이라면 해부용으로 제공하도록 정해 놓았기 때문입니다. 헌법재판소는 이 조항이 비록 공익을 추구한다고 하더라도 고인의 의사와 무관하다는 점에서, 또 인간이라면 누구나 자신의 시신이 사후에 어떻게 될지 정할 수 있어야 하는데 국가가 시신을 마음대로 처리한다는 점에서 국민의 자기결정권을 침해한다고 보았죠. 특히, 주로 너무 가난해서 시신 인수자가 없는 경우가 많다는 점을 감안하면, 부자든 빈자든 상관없이 인간으로서 누려야 할 존엄성이 있음을

모두를 위한 성평등 공부

확인하는 차원에서도 중요한 결정입니다. 근래에는 생명연장 치료 거부, 존엄사도 자기결정권의 차원에서 허용되어야 한다는 논의가 진행 중입니다.

좀 더 쉬운 사례로는 1970년대 장발 단속을 떠올려 보면 됩니다. 남자의 머리카락 길이가 옷깃을 덮을 정도로 길면, 경찰이 길거리에서 사람들을 공공연하게 잡아가고 머리카락을 강제로 자르기도 했습니다. 머리 모양을 자기 마음대로 정할 수도 없었다니 놀랍지 않나요? 모두 국가가 국민의 자기결정권을 침해한 사례입니다. 당시엔 서슬이 퍼런 정부였던지라 국민들이 감히 항의할 수도 없었습니다. 장발 단속은 1980년에야 없어집니다.

앞서 나열한 여러 자기결정권 외에 또 한 가지 주요한 권리가 바로 '성적 자기결정권'입니다. 모든 인간은 자신의 자유로운 의지로 삶을 꾸려 나가는 자율적인 존재입니다. 그러므로 사랑, 연애, 결혼, 임신, 출산, 성행동, 성정체성 등에 관해 스스로 판단하고 나는 누구이며 무엇을 언제 어떻게 할지, 또는 하지 않을지를 스스로 결정해야 합니다. 간단히 요약하자면 '자율적 주체로서 성과 관련된 것을 타인의 간섭 없이 스스로 결정할 권리'가 바로 성적 자기결정권입니다.

성적 자기결정권은 행복추구권에 속하고, 헌법이 보장하는 국민의 기본권입니다. 하지만 이를 법이 인식하고 실제 법 해석에 적용하기 시작한 것은 생각보다 오래되지 않았습니다. 우리나라 헌법재판소가 성적 자기결정권을 공식적으로 처음 언급한 때는 1990년 9월 10일입니다. 국가가 간통을 범죄로 규정한 것이 합헌인지 위헌인지를 다루는 재판에서였습니다. 판결문을 보면 앞서 설명한 대로 행복추구권에서 자기운명결정권, 성적 자기결정권이 도출되지요.

헌법 제10조는 '모든 국민은 인간으로서의 존엄과 가치를 가지며, 행복을 추구할 권리를 가진다. 국가는 개인이 가지는 불가침의 기본적 인권을 확인하고 이를 보장할 의무를 진다'고 규정하여 모든 기본권 보장의 궁극적 목적이라고 할 수 있는, 인간의 본질이며 고유한 가치인 개인의 인격권과 행복추구권을 보장하고 있다. 그리고 개인의 인격권과 행복추구권에는 개인의 자기운명결정권이 전제되는 것이고, 이 자기운명결정권에는 성행위 여부 및 그 상대방을 결정할 수 있는 성적 자기결정권이 포함되는 것이 틀림없다.

— 헌재 1990.9.10. 89헌마82

당시에 헌법재판소는 국가가 국민의 사생활에 개입하는 것은 성적 자기결정권을 침해할 우려가 있긴 하지만 공익을 위해서, 즉 선량한 성도덕과 혼인제도의 유지 및 가족생활의 보장, 부부간의 성적 성실의무의 수호를 위하여 간통 행위를 규제하고 처벌하는 것이 성적 자기결정권을 침해한다고 볼 수 없다며 합헌 판결을 내렸습니다. 하지만 간통이 도덕적으로 비난받을 수 있을지언정, 국가가 공권력을 투입하여 범죄로 규정해 체포하고 구금하고 징역을 살게 하고 무조건 이혼시키는 것이 과연 맞는 일이냐는 반론은 계속 제기되었죠. 세계적으로도 국가가 간통을 직접 처벌하는 유례는 거의 없거든요. 오랜 논의의 끝에 2015년 2월 26일, 헌법재판소는 간통죄가 국가가 국민의 성적 자기결정권을 침해한다는 이유로 위헌 판결을 내렸고, 간통을 처벌하는 법은 폐지되어 역사 속으로 사라집니다.

성적 자기결정권에 대한 논의는 1997년 동성동본 간의 혼인을 금지한 법이 헌법에 위배된다는 헌법재판소의 판결에 의해 더욱 넓어집니다. 성적 자기결정권에는 혼인을 할지 말지를 결정하는 것, 혼인한다면 누구와 할지를 결정하는 것도 포함됩니다. 친척이라고 말하기에는 너무 먼 사이임에도 불구하고 단지 같은 성씨와 본관을 가졌다는 이유만으로 사랑하는 두 사람의 결혼을 금지했던 민법 제809조의 '동성동본금혼조항'의 법적 효력이 마침내 상실되었습니다.

> 개인의 인격권·행복추구권은 개인의 자기운명결정권을 그 전제로 하
> 고 있으며, 이 자기운명결정권에는 성적(性的) 자기결정권, 특히 혼인
> 의 자유와 혼인에 있어서 상대방을 결정할 수 있는 자유가 포함되어
> 있다.
> — 헌재 1997.7.16. 선고 95헌가6

국가가 국민의 성적 자기결정권을 침해한다는 이유로 폐지
된 또 다른 법으로는 혼인빙자간음죄가 있습니다. 형법 제304
조에 규정되어 있던 혼인빙자간음죄는 '혼인을 빙자하거나 기
타 위계로써 음행의 상습 없는 부녀를 기망하여 간음한 자에
대해 처벌하는 죄'를 말합니다. 여기서 위계(僞計)란 상대방을
속이는 것을 뜻합니다. 일부러 상대를 착각하고 오인하게 만들
어 성관계를 가지면 처벌하겠다는 것입니다.

이 법은 가해자를 남성으로, 피해자는 여성으로 규정합니
다. 또 피해자가 될 수 있는 여성의 자격을 '음행의 상습 없는
부녀'로 한정합니다. 참 이상한 일이죠. 성인이라면 누구나 서
로 합의하여 성관계를 가질 수 있습니다. 이 과정에서 한쪽이
상대를 계획적으로 속이는 일이 있었다면 그 사기 행위를 처벌
하면 됩니다. 그런데 혼인빙자간음죄는 결혼한다고 성행위를

한 뒤 결혼을 하지 않으면 처벌하는 것입니다. 결국 여성이 결혼 전에 성관계를 맺는 것을 염려하면서, 오히려 국가가 고전적 정조 관념에 기초한 도덕주의적 성 이데올로기를 강요한 셈입니다. 1953년에 제정된 이 법은 2009년 헌법재판소의 위헌 판결을 받아 폐지됩니다.

국가가 정조를 보호하겠다고?

성적 자기결정권은 특히 성폭력에 대한 인식을 넓히는 데 중요한 키워드입니다. 법이 성적 자기결정권을 인식하기 전까지 성폭력은 남성이 여성의 정조를 강제로 빼앗는 범죄로만 다루어졌습니다. 강간죄를 규정하는 형법 제32장의 명칭도 '정조에 관한 죄'였으니까요. 형법에는 '명예에 관한 죄'라든지 '공무원의 직무에 관한 죄'처럼 무엇에 관한 죄라고 이름 붙여진 목록이 있습니다. 이 부분과 정조에 관한 죄를 비교해 보세요.

성폭력을 다루는 형법의 명칭에 '정조'가 들어가다니 얼마나 이상한가요? 명예나 공무원의 직무처럼 법이 중요하게 지키고자 하는 기준을 국민 모두에게 적용하지 않고, 정조라고 하여 여성에게만 해당되는 좁은 의미를 썼습니다. 성폭력 피해는 광범위하게 일어남에도 불구하고 정조의 침해 여부만을 기준으로 범죄 성립을 따지겠다는 것입니다. 국민으로서, 인간으로서 여성에게 가장 중요한 것은 정조이며, 모든 여성은 정조를 지키려 노력해야 한다고 형법이 전제하고 있는 것이죠.

정조 관념이 강한 여성은 죽음까지 불사한 채 정조를 지키려 노력할 것이고, 정조 관념이 희박한 여성은 억지로 뺏지 않아도 스스로 순결을 버릴 것이라고 생각했습니다. 그러므로 법은 강간을 판단할 때 여성이 얼마나 저항했는지를 기준으로 삼았습니다. 또한 남자는 원래 늘 기회만 닿는다면 본능적으로 성적 접근을 하려고 하는지라 여성이 먼저 조심하는 것이 필요하다고 봤습니다. 그래서 강간이 범죄로 성립하려면 반드시 가해자의 폭행이나 협박이 너무 강해서 피해자가 저항하기 곤란한 정도에 이르러야 한다고 정한 것이죠. 결국 피해자가 죽을 각오로 끝까지 저항했음이 증명되지 않으면, 법은 강간이 아니라 합의한 섹스로 간주하여 무죄 판결을 내렸습니다. 강간 사건을 다룰 때 경찰과 검찰 그리고 판사까지 모두 가해자에게 왜 그런 짓을 했느냐고 물어보지 않고 피해 여성에게만 질문했습니다. 얼마나 크게 싫다고 외쳤는지, 발버둥치고 상대를 밀치고 강하게 거부 의사를 표시했는지를 말이죠.

형법이 보호하고자 한 여성의 '정조'가 과연 무엇이었을까요? 쉽게 말하자면, 정조란 여성이 평생 남편이라는 한 남성과만 성관계를 맺는 것을 의미합니다. 그래서 남편 외의 남성과 성관계를 맺으면 여성에게 순결을 잃었다고 말했습니다. 결혼하기 전에는 미래의 남편에게 줄 정조를 미리 잘 지키고 있어야 하고, 결혼을 하면 남편에게 준 정조를 지켜야 하고, 혹여 남편과 사별하면 남편에게 줬던 정조를 지키며 평생 수절해야 하는데 그걸 지키지 못했다고 본 것입니다.

남자에게는 정조란 개념이 적용되지 않습니다. 남자는 혼자 살기 힘들다고 생각하기에, 남성의 재혼은 당연하게 여깁니다. 하지만 여성은 이혼을 해도, 재혼을 해도 모두 비난받곤 했습니다. 우리 사회의 성윤리는 남성과 여성에게 차별적으로 적용되었습니다. 상황이 이렇다 보니 성폭력이 일어나도 가해자는 오히려 피해자에게 '고발하면 정조를 잃어버린 여자라고 소문내겠다'고 협박했고, 피해 여성은 성폭력 사건을 신고하기가 어려웠습니다. 가해자보다 오히려 피해자에게 정조를 지키지 못했다며 사회적으로 비난하고 낙인을 더 심하게 찍었으니까요.

이뿐만이 아닙니다. 정조를 중심으로 범죄 여부를 따졌기에 아주 오랫동안 감추어진 성폭력이 바로 '아내 강간'입니다. 정조는 애당초 남편의 것이므로 남편이 정조를 침해한다는 개념 자체가 성립하지 않았기 때문이죠. 실제로 1970년에 대법원은 "설령 남편이 폭행으로 강제로 처를 간음하였더라도 강간죄는 성립하지 않는다"고 판결했습니다. 법은 여성의 생명이나 안전, 인권보다는 정조를 더 중요하게 여기고 사람보다는 사회가 정해 놓은 정조를 더 보호하려 한 것입니다.

법에서 정조라는 단어가 사라진 순간

1953년에 만들어져 그대로 유지되던 형법 제32장 '정조에 관한 죄'가 1995년 12월, 드디어 개정되었습니다. 명칭이 '강간과 추행의 죄'로 바뀌었지요. 정조라는 단어가 법률에서 사라진 것입니다. 어떻게 이런 변화가 가능했을까요?

여기에는 사연이 있습니다. 1980년대 말부터 한국 사회에 충격을 주는 여러 사건이 일어났습니다. 한국 사회에서 성폭력 사건은 계속 숱하게 있었지만, 이를 해결하려는 사회적 관심은 높지 않았습니다. 남자는 본능적으로 성욕이 강하기 때문에 어쩔 수 없이 일어나는 일상다반사로 받아들인 것이죠. 여성들이 스스로 더욱 정숙하게 행동하는 것으로 예방해야 한다고 생각했죠. 그러다가 성폭력에 관심을 갖고 대처해야 한다는 것을 일깨워 주는 사건들이 연이어 터집니다.

모두를 위한 성평등 공부

〈단지 그대가 여자라는 이유만으로〉라는 영화를 아시는지요? 1988년에 있었던 실화를 바탕으로 1990년에 제작해 상영한 영화입니다. 30대 여성이 늦은 밤에 귀가하다가 20대 남성두 명에게 성폭력을 당할 위험에 처합니다. 저항하는 과정에서강제로 키스하려는 남성의 혀 일부를 깨뭅니다. 그런데 혀가절단된 가해 남성이 오히려 피해 여성을 상해 혐의로 고소합니다. 검찰은 한술 더 떠서 과잉방어를 했다며 피해 여성에게 징역 1년을 구형합니다. 가정주부가 맥주를 마시고 밤늦게 귀가하는 행실이 문제라는 거였지요. 법원도 이를 받아들여 유죄를선고합니다.

이 어처구니없는 판결을 두고 당시 모 신문 사설에서는 "법은 보호할 가치가 있는 혀만 보호하라"고 항의합니다. 이 항의는 어느 유명한 판결문의 문구를 따와서 비꼰 것입니다. 1955년의 일입니다. 박인수라는 남성이 70여 명의 여성을 속여서 간음한 혐의로 구속되었는데, 박인수는 재판정에서 상대 여성 중처녀는 단 한 명뿐이었다고 주장하죠. 이에 1심 재판부는 "법은 보호할 가치가 있는 정조만 보호한다"는 유명한 문장을 남기고 박인수에게 무죄 판결을 내립니다. 법이 평소 여성의 행실을 두고 가치를 판단해서 보호해 줄지 말지를 결정하겠다는1950년대의 낡은 성관념이 1990년대까지 그대로 이어진 셈입니다. 가해 남성이 강간을 시도하지 않았다면 벌어지지 않았을 일인데도 불구하고, 스스로를 보호하기 위한 정당방위가 아니라 앞날이 창창한 젊은 남성의 혀를 절단한 죄가 더 크다고 본 것입니다.

그렇다면 피해 여성의 인권은 어디서 찾아야 할까요? 정조는 남성에게 적용되지 않는 개념이니, 보호할 가치가 있는 남성만 보호한다는 말은 아예 나올 일이 없습니다. 이런 식의 평가는 여성만 받는다는 점에서 법 자체가 이미 성차별적임을 알 수 있습니다.

한국을 뒤흔든 두 번째 사건은 1991년에 일어났습니다. "나는 사람이 아니라 짐승을 죽였다"라는 유명한 말을 들어본 적이 있나요? 아홉 살 때 이웃집 남성에게 성폭행을 당한 여성이 20년 뒤에 가해자를 찾아가 칼로 살해한 사건입니다. 아홉 살 때이니 성폭력 사건을 신고하기가 어려웠을 겁니다. 당시 법은 공소시효가 6개월로 극히 짧았을 뿐만 아니라, 친고죄라고 하여 피해자가 직접 고소해야만 수사를 시작한다는 원칙이 있었습니다. 이 사건으로 우리 사회는 아동성폭력의 후유증이 얼마나 큰지 알게 되었습니다. 어릴 때 일어난 사건이라고 해서 금세 잊고 지나가는 것이 아니라는 사실도 알게 되었죠. 공적 시스템으로 보호받지 못해서 사적 복수를 할 수밖에 없었다는 법의 허점도 깨닫게 되었습니다. 이를 적극적으로 해결하기 위해 여성단체를 중심으로 1991년 8월, '성폭력특별법 제정추진위원회'가 생깁니다.

이어 1992년에 또 하나의 사건이 터집니다. 12년 동안 계부에게 성폭행을 당한 여성이 남자친구와 함께 계부를 살해한 사건입니다. 계부는 검찰청에서 일하던 사람이었기에 여성과 남자친구가 성폭행을 그만하라고 요청해도 오히려 '너희를 잡아넣겠다', '죽여 버리겠다'는 폭언을 했습니다. 결국 두 사람은 강도로 위장해서 계부를 살해하기에 이릅니다. 이 사건은 근친 성폭력의 심각성을 드러냈습니다.

연이어 일어난 이 사건들은 그동안 법이 여성이 당하는 폭력을 얼마나 외면했는지를 그대로 드러내는 거울이었습니다. 그제야 우리 사회의 어딘가가 잘못되었고, 법에 모순이 있으며, 피해자를 보호하지 못했음을 깨닫게 된 거죠. 이런 현실을 비판하며 여성단체를 중심으로 대책위가 꾸려졌고, 치열한 노력 끝에 드디어 1994년 〈성폭력 범죄의 처벌 및 피해자 보호 등에 관한 법률〉이 제정됩니다. 그리고 1년 뒤 형법도 마침내 개정된 것입니다.

'부녀'에서 '사람'으로

정조라는 단어가 법률에서 사라졌다고 해서 법조계나 사회 일반인의 인식이 바로 바뀌지는 않습니다. 형법 제32장의 제목만 바뀌었을 뿐, 세부 법 조항의 내용은 그대로였던지라 머릿속으로는 계속 정조를 떠올렸습니다. 그도 그럴 것이 강간죄의 객체, 즉 피해를 입는 대상을 '부녀'라고 명시하여 피해자를 여성으로만 한정해 놓았기 때문입니다. 남성이 강간 피해자가 되거나 동성 간 성폭력이 일어날 가능성은 염두에 두지 않았습니다. 가해자가 피해자에게 어떤 폭력과 협박을 가했는지 여부가 아니라 오로지 남성의 페니스가 여성의 질에 강제 삽입되는 경우만을 강간죄로 처벌했습니다. 남성이 남성에게, 여성이 남성에게 저지르는 폭력은 강간이 아니라 '추행'이라고 했습니다. 설사 가해자가 남성이고 피해자가 여성이라고 해도 피해자의 질에 페니스 외의 신체기관이나 도구가 삽입된 경우와 가해자의 페니스가 질이 아닌 피해자의 항문이나 구강에 삽입된 경우도 강제추행으로 분류했습니다. 피해자의 입장에서는 다를 바 없는 폭력임에도 불구하고 굳이 성폭력을 강간과 추행으로 나눈 뒤 처벌의 강도를 달리한 것입니다.

성폭력을 페니스가 질에 삽입되었는지를 기준으로 강간과

그외의 추행으로 나누는 것은 어떤 의미일까요? 페니스 삽입이 일어난 사건인데도 왜 굳이 강간은 아니라고 한 것일까요? 앞서 지적한 대로 같은 상황인데도 남편이 아내에게 저지른 성폭력은 왜 강간죄가 적용되지 않을까요? 이 세 가지를 종합했을 때 나오는 답은, 법은 '임신 가능성'을 중심으로 범죄를 판단한다는 사실입니다. 남편이 아닌 남성의 아기를 갖게 될 가능성이 있는 행위인지를 걱정하는 것이죠. 법이 여성의 정조를 보호하는 데 관심이 있다는 것은, 법이 매우 남성 중심적인 시각을 갖고 있음을 의미합니다. 여자는 남자의 후손을 낳아 가문의 대를 이어 주는 역할을 맡았다고 생각하는 것입니다.

1996년에 나온 유명한 판결문[3] 하나를 살펴보겠습니다. 당시 어느 트랜스젠더 여성이 세 명의 남성에게 윤간당한 사건이 있었습니다. 법원은 명백한 강간 사건임에도 피해자의 염색체가 XX가 아니라 XY라는 이유를 대며, 피해자의 성별이 여성이 아니므로 강간죄를 적용할 수 없다고 합니다. 가해자들은 피해자를 여성으로 인식하고 범죄를 저질렀는데도 말입니다. 강간죄를 규정하는 법률에 '부녀'라는 피해자의 자격을 정해놓았기 때문에 법은 아무리 성폭력이 일어나도 폭력에 주목하지 않고 피해자가 피해자다운지, 피해자가 될 자격이 충분한지에만 관심을 가집니다. 이쯤 되니 법률의 해석과 적용에 문제가 있다는 생각이 들지 않으세요?

바로 이 지점에서 필요한 것이 '성적 자기결정권'입니다. 형법에서 보호하고자 하는 가치나 권리를 전문용어로 '보호법익'이라고 합니다. 가령 절도죄의 보호법익은 재산권입니다. 타인의 재산권을 침해하는 행위가 일어나면 형법에서는 범죄로 다스립니다. 강간죄의 보호법익은 '정조를 지킬 권리'였습니다. 하지만 1995년에 형법이 개정되어 '강간과 추행의 죄'로 바뀌었다고 앞서 살펴보았지요. 이 명칭의 변경은 강간죄의 보호법익이 바뀐다는 것을 의미합니다. 비록 법조문에 바로 명시되지는 않았지만, 법무부가 작성한 '형법개정안 제안이유서'에 강간죄의 보호법익을 '성적 자기결정권'으로 바꾸기 위해 개정한다는 것이 명시되어 있습니다. 이후 조금씩 변화가 생기기 시작했습니다. 2009년에 대법원은 트랜스젠더 여성이 입은 성폭력 피해에 강간죄를 적용하는 판결을 냈습니다.[4] 1996년과 달리 트랜스젠더 여성을 여성으로 인정한 것입니다.

또 하나의 큰 변화는 아내 강간을 인정한 것입니다. 1970년만 해도 남편이 아내를 강간했음에도 대법원은 부부 사이에는 '정교 승낙이 철회될 수 없다'는 이유로 무죄 판결을 내렸습니다. 부부란 성교를 하기로 약속한 사이이므로 거부와 동의 절차 자체가 필요 없다고 본 것입니다. 그리고 강압적인 행위가

모두를 위한 성평등 공부

다소 있었다고 하더라도 부부간의 사생활에까지 법이 개입하는 것은 옳지 않다고 생각했습니다. 하지만 2013년에는 바뀝니다. 43년 만에 대법원은 흉기로 아내를 위협한 남편의 강제적 성행위를 강간으로 인정했습니다. 대법원 판결문에서 다음과 같이 밝혔죠.

헌법 인간 존엄과 가치, 행복추구권 보장을 선언하면서(제10조), 혼인과 가족생활이 개인의 존엄과 양성의 평등을 기초로 성립되어야 함과 아울러 국가는 이를 적극적으로 보장하여야 하는 의무를 부담함을 천명하고 있다(제36조). 개인의 성적 자기결정권은 위 헌법 규정이 개인의 존엄과 가치, 양성의 평등, 행복추구권에 기초하고 있으므로, 혼인한 부부 사이의 성생활에서도 개인의 성적 자기결정권은 보장되고 보호되어야 한다. 비록 부부 사이에 은밀히 이루어지는 성생활이 국가의 개입을 극도로 자제해야 하는 영역에 속한다고 하더라도 위 헌법 규정의 적용이 배제되는 성역일 수는 없다.

– 대판 2013.5.16. 2012도14788 – 전원합의체

2013년 6월, 형법은 한 번 더 개정됩니다. 형법 제297조 "(강간) 폭행 또는 협박으로 부녀를 강간한 자는 3년 이상의 유기징역에 처한다"는 문장에서 '부녀'라는 단어가 '사람'으로 바

뀝니다. 이 변화는 매우 중요합니다. 이전까지 법은 강간 피해자를 오로지 여성으로만 한정했던 것이니까요. 그런 탓에 동성 간 성폭력은 강간으로 인정하지 않았습니다. 법이 남성 피해자를 제대로 보호하지 않은 셈입니다. 앞서 설명했던 페니스가 질 내 삽입되는 행위 외에는 모두 강제 추행으로 규정했던 것도 '유사강간'으로 단어가 바뀝니다. 여전히 임신 가능성을 기준으로 강간과 유사강간으로 나눈 것은 아쉽지만 그래도 한 단계 나아간 것이라 할 수 있죠.

또 하나, 친고죄 규정이 폐지됩니다. 다시 말해 예전에는 반드시 피해자가 6개월 이내에 직접 신고해야만 경찰이 수사를 시작했습니다. 하지만 이제는 제3자가 신고할 수도 있고, 범죄행위가 인지되면 경찰이 바로 조사를 시작할 수 있습니다. 성폭력을 성적 자기결정권을 침해하는 범죄로 해석한다는 것은 바로 이런 변화를 가져옵니다.

춘향이가 변학도의 수청을 거절한 이유

'정조권'에서 '성적 자기결정권'으로의 변화가 얼마나 중요한지 이번에는 《춘향전》을 통해 살펴보겠습니다.[5] 예를 들

모두를 위한 성평등 공부

어, 정조권적으로 해석하면 춘향이가 변학도의 수청을 거부한 이유는 이몽룡과의 정절을 지키기 위해서가 됩니다. 반면 성적 자기결정권적으로 해석하면 춘향이는 변학도의 요구에 응할 마음이 없어서입니다. 정절을 지키기 위해서 거절하는 것이나 변학도의 요구에 응할 마음이 없는 것이나 같은 말이지 않냐 싶겠지만, 춘향이가 변학도의 폭력에서 벗어나 자신의 생명을 어떻게 지킬 수 있는지는 두 해석에 따라 결론이 완전히 달라집니다.

왜냐하면, 정조를 중심으로 해석할 때는 춘향이에게 과연 지킬 정조란 것이 정말 있는지 여부가 핵심이 됩니다. 변학도는 춘향이는 기생이므로 지킬 정조란 없으며 상관인 사또의 명령을 들어야만 한다고 주장합니다. 이에 비해 춘향이는 자신이 이몽룡과 백년가약을 맺었기에 지킬 정조가 있다고 맞서는 중입니다. 이런 상황에서 탐관오리를 잡기 위해 암행어사가 출두한다고 해도, 이몽룡이 아니라 춘향이를 전혀 모르는 암행어사라면 기생의 딸이라는 이유로 춘향이도 당연히 기생이라고 생각할 것입니다. 조선시대의 제도가 그러했으니까요. 기생은 모두 관에 소속된 관기였고, 기생의 딸은 기생이 되는 시스템이었습니다. 그러니 암행어사도 변학도와 마찬가지로 춘향이에게 명령불복종의 죄를 물을 수 있습니다. 즉, 지킬 정조가 있음을 증명해 줄 남편이 변학도보다 더 힘이 센 사람이 되어 나타나지 않는 한 춘향이는 목숨을 지킬 방법이 없습니다.

하지만 아무리 조선시대라고 해도 성적 자기결정권이란 개념이 있다면 춘향이는 살 수 있습니다. 춘향이의 어머니가 기생이든 춘향이가 기생이든 상관없습니다. 이몽룡과 백년가약을 맺은 것이 사실이든 아니든 상관없습니다. 이몽룡이 굳이 암행어사가 되지 않아도 됩니다. 그 누가 암행어사가 되어서 온다고 해도 단 한 가지만 살펴보면 됩니다. 춘향이가 거부했음에도 불구하고 변학도가 계속 강요를 했는지 여부입니다. 동의하게 하려고 협박하고 때렸는지, 변학도가 자기 지위를 이용해 춘향이를 억지로 관아에 오게 한 뒤, 부당한 요구를 하고 괴롭혔는지 여부만을 조사하고 판단하면 됩니다. 춘향이에겐 인간으로서의 기본적인 인권인 성적 자기결정권이 있으니까요. 암행어사는 변학도가 춘향이의 성적 자기결정권을 침해했는지만 살펴보면 되는 것이죠. 사실 정조가 아니라 성적 자기결정권을 존중하는 마음만 있었다면 변학도도 감히 춘향이를 처음부터 자기 맘대로 오라가라 하지도 못했을 것입니다.

지금은 조선시대가 아닙니다. 더 이상 정조에 대한 침해로 성폭력 사건을 다루어서는 안 됩니다.

성폭력은 인간의 존엄성을 해치는 폭력의 문제로 다루어야

모두를 위한 성평등 공부

합니다. 정조권 관점에서는 가해자는 오로지 남성, 피해자는 여성입니다. 남성이 피해자가 될 수 있는 상황을 고려하지 못하게 하며, 동성 간 성폭력 자체를 인정하지 않습니다. 여성이 목숨을 걸고 강력하게 저항하면서 맞거나 다친 흔적이 남아 있어야 거부했다는 것이 인정되고 가해자가 처벌을 받습니다. 그렇다면 피해자는 가해자를 처벌하기 위해 증거를 남겨야 하니까 저항을 해야 한다는 의미가 됩니다. 자신의 목숨과 안전을 위한 선택은 할 수 없게 하죠. 다시 말해, 편견과 폭력이 재생산되는 사회구조를 비판하기 위해 성적 자기결정권의 관점으로 볼 필요가 있습니다.

동의했는가 거부했는가를 넘어서

성폭력을 동의와 거부를 중심으로 판단하는 경우도 많습니다. 상대의 성적 제안에 동의했다면 두 사람의 합의에 의한 관계므로 범죄가 성립되지 않습니다. 하지만 제안을 거부했음에도 강제로 했다면 성폭력이 되는 것이죠. 성적 자기결정권을 성교육에서 다룰 때, 이렇게 동의와 거부의 개념으로 다루는 경우가 종종 있습니다. 동의할지 거부할지를 스스로 선택할 권리가 누구에게나 있지만, 잘못 선택하면 인생을 망칠 수도 있으니 신중하게 판단하라는 의미로 성적 자기결정권을 가르치는 경우도 있습니다. 하지만 성적 자기결정권은 동의할지 거부할지를 선택할 권리가 있다는 의미가 아닙니다. 다시 한 번 춘향이의 입장에서 볼까요.

춘향이가 변학도를 원하지 않아서 수청을 거부했다면 이것은 '자발적 거부'에 해당합니다. 반면 변학도가 무섭긴 하지만 혼인서약을 배신했다고 비난받을까 봐 부담이 되어 거부했다면 '강제적 거부'라고 하겠죠. 춘향이가 동의했을 상황도 살펴볼까요. 변학도가 수청을 들라고 할 때 춘향이가 순순히 요구를 받아들였다면 '자발적 동의'라고 할 것이고, 처음엔 거부했으나 매질을 당할 것이 겁나고 어머니도 위험해질까 봐 걱정이 되어서 어쩔 수 없이 동의했다면 이는 '강제적 동의'라고 하겠지요.

앞의 네 가지 경우에서 거부는 춘향이가 목숨을 잃을 수 있지만 확실히 열녀로 칭찬받습니다. 동의의 경우엔 춘향이 개인에게 매우 복잡한 맥락이 있고 어쩔 수 없었지만 결국 변학도의 요구를 스스로 받아들였으므로 정조 관념이 없는 여성으로 비난받습니다. 춘향이의 입장에서는 강제적이든 자발적이든, 거부든 동의든 차이가 없습니다. 어떤 선택을 해도 목숨을 잃

모두를 위한 성평등 공부

든 평판을 잃든 무언가를 잃어야 하니까요.

　여기서 우리가 놓치는 것이 있습니다. 애당초 춘향이는 네가지 중 하나를 선택해야 할 이유조차 없는 사람이었다는 사실 말입니다. 동의와 거부에만 초점을 맞추면 변학도가 춘향이를 억지로 끌고 왔다는 사실을 깜박 놓쳐 버리게 됩니다. 사또의 명령이라니 어쩔 수 없이 왔는데, 사람들은 여성으로서 얼마나 순결을 지키려고 했는지에만 관심을 갖습니다. 성적 자기결정권을 춘향이에게 변학도의 수청을 거절할 권리가 있다는 의미로 쓰면 안 됩니다. 그렇게 되면 춘향이에게 왜 그 자기결정권을 충분히 행사하지 않았냐고, 당당하게 싫다고 거부의사를 명확하게 밝혀야지 우물쭈물하면서 가만히 있었다면 그것은 동의한 것이 아니냐고 따지게 됩니다.

　이런 경우를 한 번 떠올려 볼까요. 소리를 질러도 아무도 듣지 못할 만큼 외딴 곳에서 어느 남성에게 강간당할 위험에 처한 여성이 처음엔 발버둥을 쳐 보지만 빠져나가기 어렵다고 생각합니다. 그런데 그냥 강간을 당했다가 임신이라도 하게 되면 더 큰일이라는 생각이 들어 이렇게 말합니다. 차라리 콘돔이라도 사용하자고. 가해자는 콘돔을 가져와서 성관계를 가집니다. 이후에 여성이 성폭력으로 신고를 합니다. 이런 경우는 강간일까요, 아닐까요? 콘돔을 쓰자고 먼저 말했으니 성관계에 동의

한 셈이 됩니다. 동의 여부로만 따진다면 재판에서 가해자는 무죄 판결을 받을 것입니다. 하지만 여성은 성관계를 원하지 않았고, 애당초 여성을 외딴 곳으로 끌고 간 것은 가해자입니다. 이 정도라면 성폭력이 성립되어야 하지 않을까요?

우리가 원하는 사회는 자신의 지위나 물리적 힘을 이용하여 타인에게 성적 요구를 할 수 없는 사회가 아닌가요. 우리는 성적 자기결정권이 가해자에게 면죄부가 되지 않도록 권리 개념을 정확하게 써야 합니다. 가해자들은 늘 범죄를 저지르기 전에 피해자가 억지로라도 동의할 수밖에 없도록 만들게 마련입니다. 그러므로 끝까지 거부하지 않은 것이 곧 동의일 수는 없습니다. 어떤 상황에서든 거부와 동의 중에서 선택하는 것이 성적 자기결정권이 아닙니다. 성적 자기결정권을 존중하는 환경 내에서 거부와 동의를 자유롭게 결정할 수 있어야 합니다.

이와 연결하여 또 성교육자는 청소년의 성적 자기결정권과 관련하여 미성년자의제강간죄에 대해서도 알아야 합니다.[6] 의제강간이란 실제로는 강제적으로 이루어진 성관계가 아니라고 하더라도 무조건 강간으로 간주한다는 뜻입니다. 우리나라의 미성년자의제강간의 기준은 만 13세입니다. 13세 이하의 청소년과는 합의를 했다고 해도 성관계를 하는 성인은 처벌받습니다. 이는 형법에서 범죄를 규정하는 데 있어 필요한 기준으로

모두를 위한 성평등 공부

서 성적 자기결정권의 제한을 의미하는 것이지, 13세 이하에게는 성적 자기결정권이 아예 없다는 의미는 아닙니다. 인간으로서의 기본 인권이므로 연령에 따라 있다가 없다가 할 수는 없습니다.

미성년자의제강간죄의 핵심은 청소년을 존중하지 않은 성인의 잘못을 처벌하는 데 있습니다. 말로는 합의고 사랑이라고 하지만 사실은 성적 착취일 가능성이 높기 때문입니다. 예를 들어, 우리나라 〈아동복지법〉에서 아동의 정의는 만 18세 미만입니다. 투표권은 만 19세부터 있죠. 15세 이하는 아예 아르바이트도 못 하고 18세까지는 부모의 동의가 있어야 합니다. 만약 부모에게 학대받는 청소년이라면 차라리 부모로부터 독립하는 것이 낫지만, 경제적 자립을 하기가 매우 어렵다는 것을 알 수 있죠. 이런 취약성은 청소년을 성적 착취와 폭력을 당하는 상황으로 몰아넣기 쉽습니다.

성인들이 채팅앱에서 청소년에게 조건만남을 요구합니다. 그러다 경찰에 잡히면 13세 이하인 줄 몰랐다, 14세인 줄 알았다고 변명하며 피해 가죠. 그루밍 범죄도 많습니다. 처음엔 친절하게 도움을 줄 것처럼 하다가 나중에 자기 말을 듣지 않으면 가만 두지 않겠다고 위협하며 성매매까지 강요하기도 합니다. 만 13세 생일에서 한 달만 지나도 법의 적용이 되지 않고,

13세 이하인 것을 몰랐다고 하면 또 적용이 되지 않습니다. 만 13세 기준은 외국과 비교했을 때 이례적이라고 할 만큼 낮은 편입니다.

이런 미성년자의제강간죄의 허점을 보완하고자 개정된 〈아동청소년의 성보호에 관한 법률〉이 2019년 6월부터 시행되었습니다. 19세 이상의 성인이 13~16세 청년의 '궁박한 상태'를 이용해 간음하면 3년 이상의 징역을 받게 됩니다. 이런 범죄를 신고하는 사람에게도 포상금을 지급하고, '위계 또는 위력'을 앞세워 13세 미만 아동청소년을 대상으로 이루어지는 간음추행은 공소시효가 없어졌습니다. 하지만 '궁박한 상태'라는 조건을 둔 것과 16세까지로 연령 제한을 둔 것 등은 여전히 아쉬움이 남는 부족한 법 개정이 아닐 수 없습니다.

청소년은 성(性), 알아도 안 되고 몰라도 안 된다고요?

흔히 청소년기를 2차 성징이 발달하고 성욕이 왕성해지는 시기라고 가르칩니다. 하지만 어리다는 이유로 섹스를 해서는 안 된다고 말합니다. 혹여 임신을 하더라도 낙태를 해서도 안 되고, 동시에 임신을 한 10대가 학교를 잘 다닐 수 있도록 돕지

모두를 위한 성평등 공부

도 않습니다. 성에 눈을 뜨는 시기라고 하면서 동시에 성의 즐거움은 몰라야 한다고 말하는 것은 모순이지 않을까요?

청소년은 신체 발달과정에서 이미 성적으로 성숙이 완료된 상태입니다. 우리가 청소년을 미성숙한 존재라고 할 때는 성적으로 미성숙하다는 의미가 아니죠. 경제적으로 정서적으로 아직 자립하기 어려운 상태라는 점에서 돌봄과 지지가 필요하다는 의미입니다. 청소년에게 성교육을 한다는 것은 곧 자신이 자신의 삶을 책임지는 독립적 존재이며, 그에 따른 책임을 회피하지 않아야 함을 가르쳐 주는 것이 아닐까요?

우리는 청소년 시기를 성적 주체가 되는 과정으로 볼 필요가 있습니다. 성적 주체란 무엇일까요? 주체가 된다는 것은 자기 자신을 알고 자신이 아닌 타인과의 관계를 잘 이끌어 간다는 의미입니다. 이를 위해서는 자신의 신체 변화, 성적 욕구, 성별 정체성, 성적 지향 등을 알아야 합니다. 자기가 원하는 친밀감이 무엇인지, 꿈꾸는 연애와 사랑이 무엇인지 알고 자신이 원하는 바를 상대에게 잘 전달할 수 있어야 합니다. 즐겁고 건강하게 상호존중을 기반으로 한 평등한 관계를 맺는 사람이 되는 것입니다.

청소년이 콘돔을 구입할 수도 없고 콘돔을 사용하는 방법도 배운 적이 없다면, 그 결과로 벌어지는 일은 성행위를 아예 하지 않는 것이 아니라 피임을 하지 않은(못한) 성행위를 하게 될 뿐입니다. 연구에 따르면, 성경험 나이가 빠를수록 피임을 제대로 하기 어렵다고 합니다. 청소년은 피임 정보를 충분히 제공받지 못하며 콘돔도 구할 수 없습니다. 청소년의 임신은 도덕적으로 비난받을 일이 아니고 사회적으로 배제당할 일도 아니지만, 양육을 책임진다는 것은 본인에게 경제적·정서적으로 매우 부담이 되고 힘든 일입니다. 저임금의 아르바이트 외에 청소년이 돈을 벌 수 있는 자리가 거의 없기 때문입니다. 청소년이 미숙하고 판단력도 떨어져서 임신을 하게 되는 것이 아닙니다. 원하지 않는 임신은 성인 사이에서도 종종 일어납니다. 문제는 나이가 아닙니다. 성적 주체로서 자신이 언제 어떻게 성적 행동을 해야 하는지 자기 자신을 위해 판단할 수 있는가입니다. 성교육은 이런 판단을 하는 데 필요한 정보와 지식을 알려 줘야 합니다.

그렇다면 성교육에서 성적 자기결정권을 어떻게 가르쳐야 할까요? 성교육과 성폭력예방교육에서 순결의 대체용어로 성적 자기결정권을 쓰지 않도록 조심해야 합니다. 성폭력예방교육에서 "너에겐 성적 자기결정권이 있으니까 원하지 않는 섹스는 거부할 수 있어. 그러니 너의 권리를 잘 행사해서 원하지 않는 섹스나 임신이 되지 않도록 조심해야 해"라는 식으로 설

모두를 위한 성평등 공부

명하는 것은 청소년의 임신이나 성폭력을 예방하는 효과도 없습니다.

원치 않는 임신은 어떻게 되는 걸까요? 섹스를 했기 때문이 아니라 피임을 하지 못했기 때문입니다. 모든 섹스가 다 임신이 되는 건 아니니까요. 그럼 피임은 왜 할 수 없었던 걸까요? 피임하는 방법을 정확하게 몰랐거나, 피임 도구를 구할 수 없었거나, 있어도 상대가 거부해서 사용하지 못했을 것입니다. 즉, 원치 않는 임신을 예방하려면 피임 도구를 구할 수 있어야 하고, 사용 방법을 정확하게 알아야 합니다.

나는 콘돔 사용을 원하지 않지만 상대가 원한다면 상대를 존중해서 콘돔을 써야 합니다. 상대는 혹시나 있을지 모를 임신과 성병 감염을 예방하기 위해 콘돔 사용을 원할 수 있으며, 만약 콘돔이 없거나 내가 콘돔 사용을 원하지 않는다면 상대에게 조르는 것이 아니라 성관계 자체를 포기해야 합니다. 이런 결정을 내릴 수 있어야 합니다. 타인의 성적 자기결정권을 존중하기 위해서, 나의 성적 자기결정권을 존중받기 위해서 말입니다.

타인의 성적 자기결정권을 존중한다면 자신이 동성애자인지 이성애자인지를 고민할 때 그 고민 자체를 비난하고 억압하지 않아야 합니다. 각각의 선택지에 대한 정보와 어떤 것이 자신에게 가장 잘 맞는지를 고민해 볼 시간적 여유도 필요합니다. "혹시 제가 동성애자일까요?"라는 질문조차 편하게 할 수 없다면, 자기결정의 기회 자체를 뺏기는 것입니다.

혹시 '내가 이성애자면 어떡하지?'라고 걱정하고 불안해하며, 누군가 내가 이성애자인 것을 알게 될까 봐 두려워해 본 적이 있나요? 나는 어쩌다가 이성애자가 되었을까를 고민하는 청소년은 없습니다. 하지만 반대로 자신이 동성애자일까 봐 걱정하는 경우는 흔합니다. 이건 왜일까요? 동성애에 대한 편견과 혐오, 차별이 우리 사회에 있기 때문이죠. 동성애자인지 아닌지 스스로 헷갈리고 혼란에 빠져 있어서가 아니라, 있는 그대로의 자신을 긍정할 수 없게 하기 때문입니다. 다시 말해, 청소년들에게 성적 자기결정권이 있기 때문에 자기 마음대로 동성애자가 되었다가 이성애자가 되었다가 하는 것이 아닙니다. 성적 자기결정권을 가진 인간으로서 청소년도 존중받아야 하고 괴롭힘을 당하지 않아야 합니다. 누구나 가장 자기답게 살 수 있어야 합니다. 이것이 행복이고 행복을 추구할 권리로서의 성적 자기결정권입니다.

성교육은 성적 자기결정능력을 키우는 것

성교육 현장에서 중요하게 다루어야 할 것이 있습니다. 바로 '성적 자기결정권'과 '성적 자기결정능력'의 구분입니다. 성적 자기결정권은 인간이라면 누구나 동등하게 가진 것이고 천부인권에 속하므로 태어날 때부터 지니고 있는 권리입니다. 이에 비해 성적 자기결정능력은 태어난 후에 살면서 배우고 익히고 향상해 나가야 하는 것이므로 사람마다 다를 수밖에 없습니다.

간혹 '성교육을 통해 성적 자기결정권을 함양한다'는 표현을 쓰기도 하는데 이는 어색한 문장입니다. 성적 자기결정권은 인간이라면 누구나 갖는 기본적 권리므로, 이를 특별히 더 키우거나 줄일 수 없습니다. 성적 자기결정능력은 성인이라고 해서 반드시 청소년보다 뛰어나다고 할 수도 없습니다. 성적 주체가 된다는 것은 자신의 성적 관심이나 욕구가 무엇인지 정확하게 알고 자기존엄성과 건강을 지키는 힘을 갖는 것입니다. 저는 그 힘을 '성적 자기결정능력'이라고 부르자고 제안합니다.

자기결정능력은 혼자서 모든 것을 알아서 하는 것만을 의미하는 것이 아닙니다. 정확한 피임 방법을 아는 것, 강압적으로 성적 요구를 받았을 때 어떻게 대처해야 하고, 어디에 도움을 요청해야 보호를 받을 수 있는지 아는 것, 성적 고민이 생겼을 때 누구에게 상담을 요청해야 하는지 아는 것, 정확한 성적 지식을 습득하는 경로와 방법을 아는 것 등이 모두 중요한 능력입니다. 성교육은 바로 성적 자기결정능력의 함양에 도움이 되고자 하는 것이죠.

- 자기 자신이 누구인지, 자신이 좋아하고 싫어하는 것이 무엇인지 생각하기
- 어떤 결정을 하기 전에 그 결정으로 발생할 여러 결과에 대해 상상해 보고, 결과를 내 힘으로 책임질 수 있는지 검토하기
- 자신이 원하는 것을 타인에게 제안할 때 상대가 거절할 수 있음을 충분히 인지하고 거절을 받아들일 준비하기

성적 자기결정능력을 더 높이기 위해서는 무엇을 하면 좋을까요? 첫째, 정확하고 바른 성지식을 갖는 것이 필요합니다. 청소년이든 성인이든 똑같습니다. 성에 대한 지식을 주변 친구나 인터넷에 떠도는 영상, 조각글을 통해 얻는다면 왜곡되고 부정확한 정보를 얻기 쉽습니다.

무엇보다 먼저 자신이 그동안 성지식을 어떤 경로를 통해 얻었는지를 검토해 보아야 합니다. '~하다더라'라는 출처가 명

확하지 않은 이야기를 주변 친구들이나 인터넷을 통해 얻는 것은 위험합니다. 특히 유튜브를 비롯해 각종 영상물이나 네이버 지식인 등 인터넷에서 제공되는 정보는 균형 잡힌 정확한 지식을 전달하는 경우도 없지 않지만, 편견과 혐오를 바탕으로 제작된 것이 너무 많습니다. 가장 좋은 것은 관련된 전문 도서를 읽거나 성교육 전문가에게 직접 물어보고 배우는 것입니다.

둘째, 결과를 예측하고 어떻게 책임질 것인지를 미리 상상하는 버릇을 들이면 좋습니다. 어떤 행동을 하기 전에 여러 가지 경우의 수를 상상해 보고, 그 결과에 따라 자신이 어디까지 책임질 수 있는지 미리 생각해 보는 훈련을 하는 것이죠. 성교육은 이 훈련과정을 돕는 것입니다. 성적 주체의 정의에서 상호 존중하는 사람이란, 책임질 일은 즐거운 일이든 괴로운 일이든 모두 회피하지 않겠다는 것을 전제하고 행동한다는 뜻입니다. 그러므로 책임질 수 없는 일을 처음부터 하지 않는 것 역시 중요한 능력이죠.

셋째, 혼자 감당할 수 없는 갈등이나 책임이 생겼을 때 조언을 구하거나 도움을 요청하는 것입니다. 진정한 결정능력이란, 처음부터 끝까지 혼자 결정하는 것이 아니라 더 좋은 결정을 내리기 위해 끝까지 애쓰는 것입니다. 연애를 하면서 상대와 갈등이 생기거나 신체에 알 수 없는 변화가 생겼을 때, 혼자

고민하면서 시간을 허비하기보다는 원인과 해결방법을 알아내기 위해 노력하는 것이 낫습니다. 또 누군가 원하지 않는 성적 행동을 강요하거나 성적인 폭력이 일어날 가능성이 있다고 예상될 때는 바로 주변 사람들에게 도움을 요청할 줄 알아야 합니다.

넷째, 우리 모두가 항상 자신의 요구를 잘 알고 있고, 그래서 거부할 것인지 동의할 것인지를 늘 즉각적으로 판단할 수 있는 것은 아님을 이해하는 것입니다. 모든 선택과 결정에는 충분한 시간적 여유가 필요하고, 그러므로 강요당하지 않아야 합니다. 선택과 결정은 늘 번복이 가능하며, 번복되어도 존중받아야 합니다. 이렇듯 자신에게 자율성과 성적 자기결정능력이 있음을 스스로 인식하는 것을 통해 판단력도 향상될 것입니다.

'청소년의 성적 자기결정권을 인정할 것인가'라는 질문

이런 상상을 한번 해볼까요. 만약 내가 누구와 결혼할지를 가문 어른들이, 부모가, 심지어 영주나 왕이 결정해서 통보하면 그대로 따라야만 하는 시대에 살고 있다고 합시다. 내가 전혀 원하지 않는 일을 억지로 해야 한다면, 바로 그때 '나는 성적 자기결정권이 있고 누구와 결혼할지 성행위를 할지 결정할 권리가 있으니, 당신들 마음대로 내 인생을 결정하지 마라. 내가 나의 인생을 살도록 존중해 달라'고 말하고 싶지 않을까요. 바로 이것입니다. 성적 자기결정권의 핵심은 '내게는 존중받을 권리가 있다'는 것입니다. 사회 구성원으로서, 공동체의 일원으로서, 같은 인간으로서 우리는 서로의 권리를 존중해야 합니다.

그런데도, 교육현장에서는 아직 미성숙한 청소년에겐 성적 자기결정권은 인정할 수 없으며, 성적 자기결정권에 대해 가르치는 건 위험한 교육이라고 생각하는 경우가 많습니다. 청소년에게 성적 자기결정권을 알려 주면 갑자기 청소년들이 "나에게도 권리가 있으니 참견하지 마!"라고 외치며 성적 방종에 빠질 우려가 있다는 것입니다. 하지만 이런 논리는 성적 자기결정권에 대한 오해와 무지에서 비롯된 것입니다.

앞에서 누누이 강조드렸다시피 성적 자기결정권은 누구나 태어날 때부터 갖는 인권입니다. 대한민국 헌법 제10조의 인간의 존엄 및 가치와 행복을 추구할 권리와 제17조에 명시된 사생활의 비밀과 자유에 근거한 국민의 기본권이므로, 성인이든 청소년이든 연령과 상관없이 모든 인간에겐 이미 성적 자기결정권이 있습니다. 즉, 인정을 할 것이냐 말 것이냐를 따질 수 없는 기본권입니다.

성적 자기결정권이 그 자체로 성관계를 갖게 하는 건 아닙니다. 한번 이렇게 생각해 볼까요? 예를 들어, 근래 '숨 쉴 권리'를 언급하는 일이 많습니다. 그런데 숨 쉴 권리를 말하기 전까지 우리는 숨을 못 쉬고 있진 않았습니다. 권리를 주장하면서 갑자기 두세 배로 숨을 더 쉬게 되는 것도 아닙니다. 미세먼지와 관련하여 언급되는 '숨 쉴 권리'란 누구나 맑은 공기를 마시고 건강을 지킬 기본권을 의미합니다. 그래서 국민들은 정부에 누구나 맑은 공기 속에서 '숨 쉴 권리'가 있음을 강조하며 제대로 된 정책을 펼치라고 요구합니다. 성적 자기결정권도 마찬가지입니다. 권리의 개념을 알게 되면서 갑자기 성욕이 늘어나고 성행위를 마구 하게 되는 것이 아닙니다. 권리의 개념을 모른다고 하여 성행위를 안 하거나 못하는 건 아니듯이 말입니다.

권리를 통해 우리가 인식하게 되는 것은 바로 '부당한 일을 당하고도 참아야 할 이유가 없는 인간으로서의 존엄성'을 인식하게 됩니다. 다시 말해, 성적 자기결정권을 알게 되면, 인정받게 되면 성행위를 하게 되는 것이 아니라, 성폭력 피해를 입었을 때 신고를 하고 보호를 요청할 수 있게 됩니다. 성적 자기결정권에 대해 알게 되면 성행위를 하는 데 노력을 기울이는 것이 아니라 상대방의 동의를 구하고 서로 합의된 성관계를 갖는 것이 얼마나 중요한지를 알게 됩니다.

모두를 위한 성평등 공부

자기결정권에서의 결정이란, 결코 강요당하거나 불리한 거래조건이 되지 않는 것을 의미합니다. 자유로운 결정이란 내가 원하는 시점까지 결정 자체를 유보할 수 있어야 하고, 당연히 언제든 번복하고 취소할 수 있어야 합니다. 이런 권리를 이 세상의 모든 사람이 가지고 있다는 것을 알려 주는 것이 교육입니다.

우리는 청소년의 성적 자기결정권을 인정할 것이냐는 헛된 질문 대신 청소년의 성적 자기결정권이 존중받는 사회를 어떻게 만들 것인가에 대해 질문하고 고민해야 합니다. 교육자들은 성적 자기결정권에 대해 가르칠 때 너의 '성적 자기결정권을 행사하라'가 아니라 나와 타인의 '성적 자기결정권을 존중하라'고 해야 합니다. 이 가치를 분명히 전달하는 것이 지금 우리에게 정말 필요한 성평등 교육입니다.

주 ───

1   대법원 2014.7.24. 선고 2012다 49933 판결
2   2015년 11월 26일, 헌법재판소는 '시체 해부 및 보존에 관한 법률'의 제12조 1항에 대해 재판관 전원일치 의견으로 위헌 결정을 했다.
3   대법원 1996.6.11. 선고 96도791 판결
4   대법원 2009.09.10. 선고 2009도3580 판결
5   춘향전을 통해 성적 자기결정권에 대해 더 자세히 알려면《미투의 정치학》(2019)에 한채윤이 쓴 "춘향에겐 성적 자기결정권이 필요했다"를 추천한다.
6   미성년자의제강간죄를 둘러싼 논의에 대해 알고 싶다면《양성평등에 반대한다》(2017)에 권김현영이 쓴 "미성년자의제강간, 무엇을 보호하는가"를 추천한다.

이 장에서는 불법촬영물을 공유하며 여성을 함께 모욕하는 남성들의 놀이문화, 그리고 여성의 몸을 착취해 돈을 버는 산업을 우리 사회가 방관한 결과 디지털 성폭력이 만연하게 되었음을 보여 줍니다. 그 같은 현실을 인지하고 커다란 변화를 이끌어 낸 것은 바로 여성들이었습니다.

6

디지털 성폭력은 어떻게 남성들의 놀이이자 거대한 산업이 되었나

●

김소라

(동국대 강사)

2018년 5월, 수많은 여성들이 불법촬영 범죄에서 성별에 따른 편파 수사와 재판이 이루어진다고 규탄하며 거리로 쏟아져 나왔습니다. 한 대학의 누드 크로키 수업 중 남성 모델을 불법촬영한 여성에 대한 경찰의 수사에 항의하며 혜화역 일대에서 처음 시작된 이 집회는 일명 '혜화역 시위'로 불립니다. 2018년 12월 22일, 광화문에서 열린 6차 집회에는 주최 측 추산 11만여 명이 참여할 정도로 회를 거듭할수록 여기에 참여하는 여성들이 늘어났습니다. 여성 단일 의제로 열린 시위 사상 최대 규모라는 기록을 세우기도 했죠. 여성들의 이러한 문제제기로 불법촬영과 그것의 공유뿐만 아니라, 이에 대한 수사와 처벌이라는 문제 역시 공론화되었습니다.

　　그런데 불법촬영 문제는 완전히 새로운 현상도, 신종범죄도 아닙니다. 여성을 남성의 쾌락을 충족시키기 위한 성적 이미지로 재현해 온 역사는 매우 유구합니다. 캠코더 등 디지털 기기를 이용해 동의 없이 누군가의 몸과 성행위를 촬영하고 이를 온라인 네트워크를 통해 유포, 소비하는 것에 한정하더라도 그 역사는 1990년대 후반으로 거슬러 올라갑니다. 그렇다면 오늘날 이토록 많은 여성들이 불법촬영 그리고 디지털 성폭력이라는 문제에 분노한 까닭은 무엇일까요? 과거의 디지털 성폭력과 오늘날의 디지털 성폭력은 무엇이 다를까요? 여기에서는 오늘날 한국 사회에서 광범위하게 나타나고 있는 디지털 성폭력의 실태와 문제점에 대해 살펴보겠습니다.

단지 야하고 선정적이어서 문제일까

앞서 말했듯 여성의 몸을 성적 이미지로 고착하고 대상화하는 것은 새로운 현상이 아닙니다. 물론 시기별로 여성의 섹슈얼리티를 대상화하는 방식이 다르기는 합니다. 하지만 여성의 몸과 섹슈얼리티를 그림, 사진, 영상 등을 이용해 다양한 이미지로 재현하고 이를 남성의 쾌락을 위한 도구로 활용한 역사는 매우 깁니다. 신문 같은 대중적 인쇄매체가 막 자리 잡았던 1920~1930년대 식민지 조선에서도 예외는 아니었습니다.

243쪽 사진은 1924년 5월 8일과 11월 7일자 동아일보에 실린 사진집 광고입니다. 광고에는 "이것이다! 이것이다 하고 젊은 남녀가 깁버합니다! 비밀사진"이라는 제목하에 "두(頭, 머리)로부터 족(足, 발)까지 대담노골의 나체미인의 진화를 한번 보면 무상한 취미와 무한히 보고십흠을 마지않는 10원 지폐 크기만 한 사진 1조를 비장하시오"와 같은 설명이 붙어 있습니다. 이처럼 여성의 벗은 몸은 지금으로부터 100여 년 전에도 남성들의 즐거움을 위한 도구로 활용되었습니다.

이 같은 경향은 영화에서도 계속됩니다. 특히 1970년대 후반에는 아예 여성의 노출을 특징이자 흥행전략으로 삼는 '호스티스 멜로드라마'라는 장르가 생기기도 했습니다. 이 영화들은 매년 흥행 1위를 차지할 만큼 인기였습니다. 일례로 개봉 전부터 키스 장면으로 화제가 되었던 이장호 감독의 〈별들의 고향〉(1974)은 관객 46만 명을 동원해 한국영화 흥행 기록을 갈아치웠습니다.

'호스티스 멜로드라마'는 주로 서울로 상경한 시골 여성이 도시에서 순결을 잃고 호스티스라 불리던 유흥업소 종업원으로 전전하는 모습을 그렸습니다. 순진한 시골 여성이자 호스티스라는 영화 속 여성 인물의 처지와 직업은 여성들이 자신의 섹슈얼리티로 인해 파멸하는 과정을 보여 주고, 여성의 몸과

모두를 위한 성평등 공부

1924년 5월 8일과 11월 7일자 동아일보에 실린 '비밀사진' 광고

각각 동양사(東洋社)(위)와 홍문당(弘文堂)(아래)에서 발간된 '비밀사진(나체사진)' 광고이다. 앞서 언급한 위의 광고처럼 아래 광고에서도 "젊은 남녀가 김버하는 진화(珍畵)와 진서(珍書)"라는 제목 아래 "가장 대담노골히 두골(頭骨)로부터 족부(足部)까지 그린 미인밀화이외다 일견 홀연히 그 전신에 숨은 육의 향기에 취할 것이오"라는 문구가 이어진다.

두 광고 모두 여성의 상반신을 그림으로 묘사하고 있기도 한데, 이처럼 성적 표현과 일러스트를 활용한 신문광고는 1920년대 초중반 등장하기 시작했다. 남녀가 포옹·키스하고 있는 사진 등도 존재했지만 당시 나체사진집의 절대 다수는 여성의 벗은 몸을 재현한 것으로, 식민지 조선에서도 성적 이미지로 대상화된 것은 여성의 몸이었다.

성행위를 관음증적으로 훔쳐보고자 하는 남성적 욕망을 쉽게 충족시키기 위한 장치였습니다.

1980년대 초반에는 순진하지만 성적으로 과잉된 욕구로 고통받는 중산층 주부를 앞세운 영화들이 '성애 영화'라는 이름으로 인기를 끌었습니다. '성애 영화'의 붐을 이끈 것은 첫 심야상영 영화이기도 했던 〈애마부인〉(1982)입니다. 당시 여주인공이 전라로 말을 타고 달리는 장면과 성관계 장면이 검열을 통과할지 여부에 사회적 관심이 집중되기도 했습니다. 결국 여성의 노출과 성관계 장면의 초점을 흐릿하게 하고, 해당 장면을 단축하는 것을 조건으로 삭제 없이 '연소자 관람 불가' 등급으로 검열을 통과했죠. 〈애마부인〉은 개봉 첫날 밀려드는 인파 때문에 극장 유리창이 깨질 정도로 인기를 끌며 관객 31만 명을 동원해 1982년 최대 흥행작이 되었습니다.

1990년대에는 보다 노골적으로 성을 표현한 '에로 비디오'가 인기를 끌었습니다. 극장개봉을 목적으로 하지 않고 곧바로 비디오 전용으로 출시된 것으로, 다수가 극장이라는 한정된 시공간에서 함께 보는 것이 아니었기에 더 높은 수위의 노출과 성적 표현이 허용되었습니다. 특히 1995년 말에 출시된 〈젖소부인 바람났네〉는 2004년까지 무려 12편의 시리즈물이 제작되었고, 이를 패러디한 작품만도 60여 편에 이를 정도로 엄청

모두를 위한 성평등 공부

난 성공을 거두면서 에로 비디오 산업의 확대를 이끌었습니다. 그런데 이런 영상매체들이 단지 노골적인 성적 표현과 더 높아진 여성의 노출 수위 혹은 낮은 예술성과 작품성 때문에 문제인 것일까요?

영화 〈별들의 고향〉, 〈애마부인〉, 〈젖소부인 바람났네〉 등은 여성의 몸을 가슴, 엉덩이, 다리 등으로 파편화하는 동시에 이를 과장해서 보여 줍니다. 뿐만 아니라 욕망으로 가득 찬 여성의 얼굴을 클로즈업하는 등 여성을 남성의 시각적 환상을 충족시키는 대상으로 전시하기도 하지요. 후자와 같은 방식의 재현은 영화 속 여성들이 성적 행위를 원하는 것처럼 묘사함으로써, 실은 이 영화를 소비하는 이들의 대다수가 남성이라는 사실을 숨기기도 합니다. 그런데 여성의 섹슈얼리티를 재현한 이같은 이미지와 영상이 문제인 까닭은, 그것이 야하고 선정적이어서가 아닙니다. 이는 종종 남성과 사회가 착각하는 것이기도 합니다.

많은 남성들이 포르노를 생산하고 소비하는 것은 '표현의 자유'에 해당하며, 그 표현이 지나쳐 사회의 성적 관념을 해치지 않는 한 자신의 성적 쾌락을 어떻게 추구할 것인가는 사생활의 문제라고 주장합니다. 하지만 '포르노' 혹은 '야동'으로 불리는 것들이 문제인 이유는 그것의 대다수가 여성의 섹슈얼리티를 남성의 성적 쾌락을 충족하기 위한 도구로만 전락시키고, 이 과정에서 여성의 존엄성과 인격을 비하하며, 불평등한 젠더 관계를 지속시키기 때문입니다.

이 영상들에서 카메라 렌즈가 비추는 대상은 주로 남성이 아닌 여성의 몸입니다. 다리, 가슴, 엉덩이, 성기, 욕망으로 가득 찬 얼굴 등이 극단적으로 클로즈업된 가운데 여성의 몸은 파편화됩니다. 이는 영상의 관객을 남성으로 상정한 가운데 만들어지며, 동시에 여성의 몸을 대상화하는 카메라의 시선을 관객들이 자연스럽게 받아들이도록 합니다. 또한 수많은 영화에서 처음에는 여성이 성관계를 거부하며 "안 돼!", "싫어요!"라고 외치다가 결국에는 이를 원하고 즐기는 모습이 나타나기도 합니다. 이때 폭력적이고 능동적인 남성의 섹슈얼리티와 수동적이고 예속적인 여성의 섹슈얼리티는 자연스럽고도 매력적인 것으로 묘사되죠. 이는 많은 남성들이 현실을 오인하거나 여성의 섹슈얼리티에 관해 왜곡된 시각을 갖도록 하고, 남성들의 성적 판타지를 확대 재생산하며, 여성의 섹슈얼리티를 대상화하는 행위에 면죄부를 줍니다. 페미니스트들이 성적 재현을 문제 삼는 것은 바로 이러한 이유 때문입니다.

모두를 위한 성평등 공부

오래된 차별이 새로운 기술을 만났을 때

오늘날 우리가 디지털 성폭력이라고 부르는 현상이 본격적으로 등장한 것은 1990년대 후반 무렵부터였습니다. 이전과 달리 인터넷 네트워크가 급속도로 보급되면서 이미지와 영상을 복제하고 유포하는 것이 매우 쉬워진 시대였지요. 1990년대 후반 이전까지는 이미지나 동영상 같은 대용량 파일을 실시간으로 주고받는 것이 어려웠습니다. 1990년대 후반 이후에야 국내외 웹사이트를 통해 에로 비디오보다 여성의 몸과 성관계 장면을 더 직접적으로 묘사하는 사진과 영상에 접근할 수 있습니다. 실시간으로 다른 시공간에 있는 이들과 대화하는 것도 가능해졌죠. 문제는 인터넷 네트워크를 통해 유통되고 소비되었던 이미지와 영상의 상당수가 여성의 동의 없이 촬영되고 유포되었다는 점입니다. 1990년대 후반 보급되기 시작한 캠코더 같은 휴대용 디지털 기기 역시 여기에 영향을 미쳤습니다.

인터넷 네트워크와 휴대용 디지털 기기의 보급과 함께, 캠코더나 휴대전화 카메라를 활용해 여성의 신체를 동의 없이 촬영하고 온라인에 유포하는 행위가 나타나기 시작했습니다. 연예인과 일반인을 가리지 않고 여성의 성관계 장면을 촬영한 영상이 유출되었고, 이것이 온라인에서 광범위하게 유포, 소비되였습니다. 디지털 기기와 인터넷 네트워크가 디지털 성폭력의 양상을 총체적으로 변화시킨 것입니다. 이제 대중들은 직접 타인의 몸과 성관계 장면을 촬영하고, 온라인 네트워크에 업로드하며, 이를 다운로드받아 소비하기 시작했습니다. 1999년 여성을 불법촬영한 이미지와 영상을 집단적으로 공유해 사회적 비난의 대상이 되었던 '소라넷'이 운영되기 시작한 것은 우연이 아닙니다.

이러한 경향은 2000년대 후반 더욱 가속화됩니다. 대규모 동영상 파일의 업로드와 다운로드뿐 아니라 실시간 스트리밍이 가능한 네트워크 환경이 구축된 것과 함께였습니다. 위디스크처럼 사용자에게 대용량의 저장공간을 제공하는 웹하드가 등장하고, 토렌트 등 개인 컴퓨터 간 파일 공유를 연결하는 P2P 프로그램이 상용화되었으며, 무엇보다 스마트폰이 보급되고 SNS가 인기를 끈 것도 이 시기였습니다.

이와 함께 디지털 성폭력의 유형이 다양해졌고, 여기에 참여할 수 있는 방식도 많아졌습니다. 온라인 게시판에서 성적 비하와 농담, 모욕적인 발언을 하는 과거의 전통적인 온라인 폭력 외에 길거리나 화장실, 탈의실 등 공공장소에서 타인의 몸을 동의 없이 촬영하고 이를 각종 사이트와 플랫폼에 공유하는 일이 빈번해졌습니다. 뿐만 아니라 페이스북, 인스타그램,

모두를 위한 성평등 공부

카카오톡 프로필 등에 여성들이 직접 올려놓은 사진을 나체 사진과 합성하거나, 성적 쾌락에 취한 표정으로 만들어 희화화하는 등 이미지를 변형하고 유포하는 일도 잦아졌습니다.

그렇다면 과거와 무엇이 달라진 것일까요? 1990년대 후반 이전까지만 해도 영화제작사와 같이 촬영물을 생산하는 '산업', 영화 배급사와 영화관 혹은 비디오 대여점 같은 '유통업자' 그리고 '소비자'라는 세 주체 간의 경계는 분명한 편이었습니다. 대부분의 사진, 영화, 비디오는 상업적 목적으로 생산되었고, 일정한 유통단계를 거쳐야 소비자의 손에 들어올 수 있었습니다. 하지만 이제는 수많은 이들이 그저 재미로 혹은 상대에게 해를 끼치겠다는 나쁜 마음으로 촬영하고 유통하며 소비도 하는 시대가 되었습니다. 그럼에도 국내의 워터파크 여자 샤워실에서 불법촬영된 동영상이 언론을 통해 알려지고, 이를 계기로 메갈리아가 '소라넷' 폐쇄를 비롯한 불법촬영 근절 프로젝트를 시작한 2015년 이전까지 디지털 성폭력은 대수롭지 않은 문제로 여겨졌습니다.

1990년대 후반과 2000년대 초반에 여성 연예인들의 성행위 동영상이 유포되고 수많은 이들이 이것을 보았을 때, 언론은 이를 "전 국민의 컴맹 탈출에 기여"하고 "한국을 정보통신 강국으로 만든" 해프닝 정도로 취급했습니다. 그때까지 인터넷 네트워크에 익숙지 않던 사람들까지도 불법촬영물을 찾아 헤매다 보니, 예상치 않게 컴퓨터를 다루는 기술이 상향되었다는 데 초점을 맞추는 이들이 부지기수였죠. 한국 사회의 음란함을 비판하는 이들도 있었지만, 여성 연예인의 인권 침해를 우려한 기사는 극히 일부였습니다. 결국 사회에 물의를 일으켰다며 사과했던 것도 피해자인 여성들이었습니다. 이들은 울면서 사죄의 기자회견을 열고 자신의 커리어를 포기했습니다.

2010년대에도 마찬가지였습니다. 스마트폰 보급과 함께 길거리, 지하철, 공중화장실, 여름철 피서지 등에서 불특정 다수의 여성들을 대상으로 이루어지는 불법촬영 문제가 점차 언론을 통해 보도되기 시작했습니다. 하지만 우리 사회는 여전히 이를 뒤틀린 성적 욕구를 가진 일부 남성의 일탈적 행위 혹은 피서지와 수영장 등에서 여성의 신체 노출에 자극받은 순간의 실수로 생각했습니다.

2010년에 한국여성민우회 성폭력상담소가 성관계 장면이나 벗은 몸을 촬영한 사진과 동영상 유포로 여성들의 상담이 증가하고 있다며 '몰카를 추포하라' 프로젝트를 기획한 적이 있습니다. 특히 이별을 통보한 여성을 통제하기 위해 헤어진 연인 또는 배우자가 성관계 동영상을 유포하거나 유포하겠다고 협박하고, 이 가운데 여성이 원치 않는 관계의 지속, 데이트

폭력, 스토킹 등의 피해가 수반된다는 점이 지적되었죠.

　이처럼 이미 여성단체를 통해 불법촬영이 문제시되었으나, 당시 우리 사회는 이것이 심각한 범죄 행위라고 생각하지 않았습니다. 이를 단적으로 보여 주는 것이 2010년 11월에 있었던 대법원 판결입니다. 한 여성의 나체 사진을 다른 사람의 휴대전화로 전송하고, 이 사진의 존재를 이용해 여성에게 폭행과 협박을 가한 사건에 대한 판결이었습니다. 대법원은 사진 촬영 당시 피해자의 동의가 있었으므로 〈성폭력범죄의 처벌 등에 관한 특례법〉(이하 〈성폭력 처벌법〉) 제14조 카메라등이용촬영죄(당시에는 제13조)의 처벌대상이 아니라며 해당 행위에 대해서는 무죄를 선고하고 폭행 등의 혐의만 유죄로 인정한 항소심을 확정했습니다. 사진 촬영에 동의했다고 해서 유포에 동의한 것이 아닌데도 말입니다. 동의 없이 타인의 몸을 촬영하거나 이를 유포, 소비하는 행위가 범죄라는 인식이 사회적으로도 법률적으로도 희박한 가운데, 디지털 성폭력은 남성들의 일상적 놀이문화로 자리 잡고 우리 사회에 만연하게 되었습니다.

'몰카 금지 응급 키트'가 보여 주는 세상

한국 사회에 디지털 성폭력이 얼마나 만연했는가를 보여 주는 데 자주 활용되는 수치 중 하나는 〈성폭력 처벌법〉 제14조 카메라등이용촬영죄와 제13조 통신매체이용음란죄 발생건수의 증가입니다. 카메라등이용촬영죄는 카메라나 이와 유사한 기능을 갖춘 장치를 이용해 다른 사람의 신체를 의사에 반해 촬영하거나, 촬영물을 유포하는 행위를 처벌하는 조항입니다. 화장실이나 대중교통 같은 공공장소에서 이루어지는 상대의 동의 없는 촬영과 촬영물 유포 그리고 성관계 장면의 동의 없는 촬영과 촬영물 유포가 이 조항으로 처벌받는 대표적인 사례죠.

253쪽의 표는 2006년부터 2017년 사이 성폭력 범죄의 유형별 발생건수 및 구성비 추이를 보여 줍니다. 2006년 전체 성폭력 범죄의 3.6%였던 카메라등이용촬영죄는 2015년 전체 성폭력범죄의 24.9%를 차지할 만큼 계속해서 빠르게 증가하다가 이후 조금씩 감소하는 양상을 보이고 있습니다. 하지만 여전히 강제추행에 이어 두 번째로 높은 비율을 차지하고 있습니다.

한편 온라인 등의 통신매체를 이용해 성적 수치심이나 혐오감을 주는 촬영물을 상대에게 전달하는 행위를 처벌하는 〈성폭력 처벌법〉 제13조 통신매체이용음란죄가 차지하는 비율

모두를 위한 성평등 공부

주요 성폭력 범죄 유형별 발생건수 및 구성비 추이(2006~2017)

단위 : 건(%)

	카메라등 이용촬영	통신매체 이용음란	강간	강제추행
2006	517 (3.6)	195 (1.4)	2,510 (17.6)	4,984 (34.9)
2007	564 (3.9)	240 (1.7)	2,659 (18.5)	5,348 (37.3)
2008	585 (3.6)	378 (2.3)	3,621 (22.5)	6,080 (37.7)
2009	834 (4.8)	761 (4.4)	3,923 (22.6)	6,178 (35.6)
2010	1,153 (5.6)	1,031 (5.0)	4,383 (21.3)	7,314 (35.5)
2011	1,565 (7.1)	911 (4.1)	4,425 (20.2)	8,535 (38.5)
2012	2,462 (10.5)	917 (4.0)	4,349 (18.6)	10,949 (46.9)
2013	4,903 (16.9)	1,416 (4.9)	5,359 (18.4)	13,236 (45.5)
2014	6,735 (24.1)	1,254 (4.1)	5,092 (17.1)	12,849 (42.2)
2015	7,730 (24.9)	1,139 (3.7)	5,274 (17.0)	13,266 (42.7)
2016	5,249 (17.9)	1,115 (3.8)	5,412 (18.4)	14,339 (48.8)
2017	6,615 (20.2)	1,265 (3.9)	5,555 (16.9)	15,981 (48.7)

※여러 성폭력 유형 가운데 카메라등이용촬영, 통신매체이용음란, 강간, 강제추행이라는 네 가지 주요 유형만
　제시하고 있어서 구성비를 모두 더해도 100%가 되지 않습니다.
※자료 : 대검찰청, 각 연도, 《범죄분석》

은 2006년 이후 증가하다가 최근 조금 감소하는 모습을 보이고 있습니다.

사실 이 같은 수치만으로 디지털 성폭력의 규모를 파악하기는 어렵습니다. 253쪽 표에 나와 있는 수치들은 피해자가 자신이 동의하지 않은 촬영이나 유포가 발생했음을 인지하고 신고한 이후의 상황만을 보여 주기 때문입니다. 수많은 피해자들이 자기 몸이 촬영된 이미지와 영상이 유포, 소비되고 있다는 사실을 모르거나 뒤늦게야 알게 된다는 점을 생각할 때, 표에 나타난 수치는 현실의 일부분만 드러낸다고 할 수 있습니다. 피해자가 경찰에 신고한다 하더라도 가해자를 특정하기 어렵다거나 촬영된 이미지가 음란하다고 보기 어렵다며 신고 자체를 잘 받아 주지 않는다는 많은 여성들의 비판을 고려할 때도 마찬가지입니다.

또한 디지털 성폭력임에도 가해자를 특정하기 어려운 경우 〈성폭력 처벌법〉 외에 〈정보통신망 이용촉진 및 정보보호 등에 관한 법률〉을 활용한다는 점을 생각하면 앞의 수치가 보여 주는 것은 빙산의 일각에 불과함을 알 수 있습니다. 그렇다면 그 규모조차 측정하기 어려운 디지털 성폭력의 사례에는 어떤 것들이 있을까요?

2015년 여름, 워터파크 내 여자 샤워실에서 여성들의 동의

모두를 위한 성평등 공부

없이 촬영된 동영상이 국내외 사이트에서 유통되고 있다는 사실이 공론화되었습니다. 대체 누가 그런 영상을 촬영한 것일까요? 경찰 수사 결과, 이 영상은 한 여성에게 여러 차례에 걸쳐 약 200만 원을 주고 여자 샤워실 내부를 찍도록 지시한 남성에 의해 촬영된 것으로 밝혀졌습니다. 200만 원이라는 돈을 주고 영상을 촬영했다는 사실 그리고 다양한 국내외 사이트에서 이 영상이 단돈 몇십 원부터 몇백 원에 판매되고 있다는 사실은 불법촬영과 그것의 유포가 재미있는 '놀이'이자 돈이 되는 '산업'임을 보여 주었습니다. 재미도 없고 돈도 벌 수 없다면 누가 그런 일을 하겠어요? 그동안 여성들의 문제제기에도 불구하고 우리 사회가 디지털 성폭력을 심각한 범죄로 인식하지 않고 방관해 온 결과, 불법촬영과 그것의 소비가 만연해진 것이죠.

여성들의 고발과 여러 연구에 따르면, 길거리나 대중교통 등 공공장소뿐만 아니라 공중화장실과 샤워실처럼 공공시설이지만 사적인 성격을 띤 장소에서도 불법촬영이 만연한 것으로 나타났습니다. 엉덩이, 가슴, 다리를 클로즈업한 것, 전신을 촬영한 것 등 종류도 가지각색이었죠. 그 다양함에도 불구하고 공공장소에서 동의 없이 촬영된 이미지는 여성을 인격을 가진 동등한 주체가 아니라 남성의 재미와 쾌락을 위한 성적 존재로만 축소하고, 여성의 외모를 품평하고 비하하고 모욕하는 양상으로 나타났습니다.

워터파크 불법촬영 사건이 공론화되면서 여성들은 자신도 모르는 사이에 길거리에서, 화장실에서, 대중교통에서 불법촬영의 대상이 되고, 남성들 사이에서 품평당하며, 고작 몇십 원에, 아니 공짜로도 거래될 수 있다는 사실을 깨닫게 되었습니다. 이것이 일부의 문제가 아니라, 여성이라면 누구에게나 발생할 수 있는 문제라는 사실도요. 이와 함께 공중화장실 사용을 자제하거나, 화장실에서 발견되는 구멍이나 틈새를 찌르고 메울 수 있는 송곳과 실리콘을 소지하고 다니는 여성들이 늘어났습니다.

2018년에는 불법촬영에 저항하는 여성들을 위해 '몰카 금지'라고 쓰인 스티커, 화장실에 들어가기 전 착용할 마스크, 작은 구멍을 찌르거나 메울 송곳과 실리콘 등으로 이루어진 응급 키트가 텀블벅(크라우드 펀딩 사이트)에 출시되기도 했습니다. 이는 여성들의 불안과 분노를 단적으로 보여 줍니다.

도대체 누구를 믿을 수 있죠?

공공장소에서의 불법촬영과 함께 디지털 성폭력 문제의 심

모두를 위한 성평등 공부

각성을 우리 사회에 알린 것은 동의 없는 성행위 장면의 촬영과 유포였습니다. 여기에는 성관계 촬영물, 가슴이나 성기 등을 찍거나 자위 장면을 촬영한 사진과 영상 그리고 이것의 유포가 포함됩니다.

이 가운데 특히 문제가 된 것은 연인, 배우자 등 친밀한 관계에 있는 남성이 여성의 동의 없이 성관계 장면을 촬영하고 유포하는 행위였습니다. 이 같은 행위의 피해자는 대부분 여성이었으며, 영상이 온라인에 광범위하게 유포된 뒤에야 피해자가 이를 인지하는 경우가 많았습니다. 또한 유포된 촬영물의 영구적인 삭제가 불가능해 피해가 지속됨에 따라 피해자가 막대한 고통을 받는다는 사실이 알려지면서 사회적 관심이 높아졌습니다.

자신도 모르는 사이에 성행위 영상의 촬영과 유포가 이루어진 경우, 피해를 입은 여성들은 어떤 이가 나의 내밀한 사생활을 봤을지 알 수 없는 상황이어서 다른 사람을 만나고 일상생활을 유지하는 것 자체가 힘들 수밖에 없습니다. 그런 영상을 누가 촬영하고 유포하며 소비하는지 관심을 갖기보다, 영상 속 여성의 몸과 신원에 초점을 맞추고 여성의 성경험을 금기시하거나 비난하는 한국 사회에서는 더욱 그렇습니다.

유포된 영상 속에 두 명의 사람이 있음에도 불구하고 사회적 관심과 비난, 수군거림은 여성의 성행위와 성적 전력에만 쏠리는 경우를 쉽게 볼 수 있습니다. 디지털 성폭력 사건이 발생하면 가해자 이름이 아니라 피해자 이름이 포털사이트 검색 순위 상위에 올라옵니다. 최근 가수 승리, 정준영 등이 있었던 단톡방에서 불법촬영물이 유포, 공유되었다는 사실이 보도를 통해 알려지자 '정준영'이 아닌 '정준영 동영상'이 포털 사이트 검색어 1위를 차지하기도 했지요. 불법촬영과 같은 사회 문제를 비판적 시선으로 보도해야 할 기자들도 예외가 아니었습니다. 기자 60여 명이 모인 단톡방에서 불법촬영 관련 사건이 발생하고 보도될 때마다 해당 영상에 대한 요청이 잇달았고, 취재와 보도를 위해 확보한 영상들이 그저 재미를 위해 공유되었다는 사실이 드러나기도 했습니다.[1] 이런 상황에서 여성은 자신의 피해를 드러내고 호소하기보다 불안함 속에서 움츠러들 수밖에 없습니다.

또한 이 가운데 디지털 성폭력 피해자들은 인간에 대한 신뢰를 상실합니다. 연인이, 배우자가, 그 어느 곳보다 안전해야 할 집에서 나도 모르는 사이에 성행위 장면을 촬영하고 유포한다니요. 세상이 내 발밑에서부터 무너져 내리는 기분 아닐까요? 가깝고 친밀한 관계에서마저 이런데 대체 누구를 믿을 수 있을까요? 찍힌 줄도 몰랐던, 유포된 줄도 몰랐던 영상을 어딘

모두를 위한 성평등 공부

가에서 발견했다며 내게 연락해 오는 지인들은 또 어떻고요? 많은 여성이 가해자의 행위로 인해, 그리고 지인을 통해 존재하는 줄도 몰랐던 새로운 온라인 세계를 인지하게 됩니다. 그곳에서 나의 몸이, 나의 소중했던 기억이, 나라는 존재가 어떤 취급을 받는지도 알게 되지요.

이것이 고통 속에서도 피해자들이 직접 불법촬영물을 찾아 헤매거나, 경제적 부담에도 불구하고 월 200만~300만 원이라는 막대한 비용을 치르면서 '디지털 장의사'에게 촬영물 삭제를 의뢰할 수밖에 없는 이유입니다. 하지만 이를 지속적으로 하기는 너무나 어렵습니다. 자신의 피해 촬영물을 계속 찾아서 신고하고 매달 거액의 비용을 부담하는 것이 심리적으로나 경제적으로나 너무 힘든 일인데, 그렇게 한다 해도 모든 영상을 삭제할 수 없다는 사실을 절감하기 때문입니다. 여성의 성 경험을 금기시하면서도 이를 음란물로 소비하는 문화, 성관계 동영상 유포나 유포 협박이 여성에 대한 남성의 통제를 강화하는 수단으로 악용될 수 있는 현실 속에서 여성들은 자신이 피해자인데도 불구하고 이를 말하기 어렵습니다. 적극적이고도 신속한 수사, 일관성 있고 확실한 처벌에 대한 사회적 신뢰가 필요한 이유입니다.

디지털 성폭력은 어떻게 재미있는 놀이가 되었나

경찰청 통계에 따르면 2012년부터 2017년까지 검거된 불법촬영 범죄의 피의자는 남성이 20,924명, 여성이 523명이었습니다. 반대로 피해자의 대다수는 여성으로 최근 7년간 불법촬영 범죄 피해자 34,416명 중 여성이 29,194명, 화질 등의 문제로 성별이 구분되지 않는 경우가 4,346명, 남성이 876명이었습니다.[2] 언론을 통해 보도되기도 한 남성 연예인들의 단톡방 대화는 그 같은 범죄가 죄책감 없이, 그저 재미로, 자랑하기 위해 행해진다는 사실을 보여 주었죠. 그렇다면 타인의 몸을 동의 없이 촬영하고 유포하며 소비하는 것이 어째서 재미있는 일이 되었을까요? 아마 버스를 기다리거나 길거리를 걷는 모습, 화장실에서 용변 보는 모습, 성관계 장면 등을 촬영하고 공유하는 이유를 이해하기 어려운 분들도 있을 것입니다. 누군가의 생리현상이나 벗은 몸, 성관계를 지켜보는 것이 유쾌한 일은 아니니까요.

또한 남성 자신의 모습도 찍힌 성관계 촬영물을 어떻게 타인에게 스스로 유포할 수 있는지 받아들이기 어려운 분들도 있을 것입니다. 사실 성관계라는 사생활은 누구라도 남에게 별로 보여 주고 싶지 않은 장면 아닌가요? 동의 없이 촬영하고 유포한 성관계 동영상에서 여성의 얼굴과 몸은 고스란히 드러나 있지만, 남성의 얼굴은 구도상 제대로 보이지 않거나 모자이크 처리되어 있는 경우가 많습니다. 남성들도 자기 신원은 노출시키고 싶지 않은 것이죠. 그런데 이렇게까지 하면서 영상을 찍고 공유해야 할까요?

이를 이해하려면 질문을 '왜'에서 '어떻게'로 바꿔야 합니다. "대체 왜 그러는 거지?"라고 묻는 대신 "무엇이 그토록 재미있는 거지?", "디지털 성폭력은 어떻게 재미있는 놀이가 된 거지?"라고요. 이렇게 하면 남성들의 강한 성적 충동이나 여성의 몸을 훔쳐보고 싶다는 관음증적 욕망을 문제 삼는 것이 아니라, 우리 사회가 그런 행위를 용인하고 장려하는 방식을 살펴보고 이를 변화시킬 수 있는 실마리를 찾을 수 있습니다. 남성이 강한 성적 충동이나 욕망을 갖는 것을 당연하게 생각하기보다 과연 실제로 그러한지, 그것이 어떻게 가능한지 질문할 수 있는 것이죠.

최근 들어 나타나는 디지털 성폭력의 양상은 그것이 단지 성적 쾌락의 문제가 아니며, 타인에 대한 폭력이 어떻게 재미로 구성되는지 질문해야 할 문제라는 사실을 보다 확실하게 보여 줍니다. 공공장소에서의 불법촬영, 성관계 장면의 동의 없는 촬영과 유포에 더해 최근에는 이미지의 합성 및 변형과 허위정보 유포를 통한 디지털 성폭력이 늘어나고 있습니다. 이미지 합성은 불법촬영한 이미지 혹은 여성들이 SNS에 올린 이미지를 활용해 이루어지는 경우가 많습니다. SNS 계정을 개설해 돈이나 문화상품권을 받고 이미지 합성과 변형을 전문적으로 해 주는 이들이 있을 정도입니다.

요즘에는 카카오톡, 인스타그램, 페이스북 등 SNS에 여성들이 올린 사진을 나체 이미지와 합성하거나 여성의 얼굴에 정액을 합성하는 방식 외에 '아헤가오'와 같이 얼굴 표정을 변형하는 경우도 많습니다. 입을 '아' 하고 벌리고 혀를 '헤' 내민 얼굴을 의미하는 '아헤가오'는 성적 쾌감에 취한 표정을 의미합니다. 많은 경우 위로 치켜 올라간 눈동자, 벌린 입과 내민 혀, 흐르는 침, 발그레한 볼과 같은 표정으로 묘사되고 여성을 희화화하거나 조롱하기 위해 사용하죠.

이처럼 합성하거나 변형한 이미지가 가장 많이 발견되는 곳은 웹하드나 P2P 프로그램이 아니라 텀블러, 트위터 같은 SNS입니다. 합성하거나 변형한 이미지만 게시하는 경우도 있지만, 많은 경우 여성의 이름과 학교, 직장 등 신상정보와 함께 인격과 사생활에 대한 악의적인 글이 유포되는 형식을 띱니다. 어느 학교 몇 학년인지, 사는 곳은 어디인지 등의 신상정보에 남자에게 쉽게 성관계를 허락한다거나 과도한 성적 욕구를 갖고 있다는 비난, 그러니 이들에겐 성적 폭력을 마음대로 휘둘러도 좋다는 식의 공격이 더해집니다.

이런 이미지는 SNS의 여러 계정에서 발견되지만, '제보', '고딩', '업스(업스커트)'와 같은 이름을 달고 유사한 이미지를 수집하는 계정에 수백 개가 넘게 모여 있기도 합니다. 합성하거나 변형한 많은 이미지들이 SNS에서 '제보', '고딩', '업스' 등과 같은 키워드로 유통되는 것은 피해자의 연령이 주로 10대에서 20대 초중반의 젊은층에 집중되어 있고(고딩), 교복 치마를 입은 고등학생이나 치마를 입은 여성의 다리와 치마 속을 아래에서 촬영한 사진이 많으며(업스커트), 성적으로 문란하고 비도덕적인 여성을 제보함으로써 그 같은 정보를 남성들 간에 공유하는 것을 표방하는 경우가 많기 때문입니다. 이는 남성들이 단순히 성적으로 노골적인 표현을 찾거나 성행위를 관음증적으로 훔쳐보는 것이 아님을 보여 줍니다. 재미와 쾌락은 여성들을 성적 대상으로만 묘사함으로써 이들을 모욕하고, 이를 바탕으로 여성들을 비난하고 단죄하는 데에서 얻어집니다.

10대 여성들이 이 같은 디지털 성폭력 범죄의 피해자가 되는 경우도 많은데요, 이를 그루밍(grooming) 범죄라고 부릅니다. 길들인다는 의미를 가진 그루밍은 가해자가 자신보다 어리거나 미숙한 이에게 접근해 신뢰관계를 구축하고, 통제하기 쉬운 상태로 만드는 것을 의미합니다. 채팅 애플리케이션 같은 온라인 플랫폼을 통해 이루어지며, 가해자들은 신뢰관계를 바탕으로 피해자의 성적 이미지 등 원하는 것을 얻어냅니다. 주로 경험의 폭과 인간관계가 넓지 않고 사회적 자원이 적은 청소년을 대상으로 발생하죠. '예쁘다', '힘든 상황을 도와주겠다', '외로우면 이야기하라', '고민을 들어 주겠다', '사랑한다'와 같은 말로 청소년들의 호감을 사고 이들을 자신이 원하는 대로 조종합니다.

가해자들은 화상채팅, 랜덤채팅, 게임, 카카오톡이나 라인 등 메신저 프로그램을 이용해 청소년들이 자신의 몸, 성기, 자위하는 장면 등을 스스로 찍어 전송하도록 하고 이를 변형, 합성하거나 온라인에 유포하기도 합니다. 하지만 피해자가 스스로 촬영한 이미지를 직접 전송하는 경우가 많고 물리적이고 직접적인 폭력이 잘 드러나지 않기 때문에, 겉으로 보기에는 자기 몸을 촬영한 이미지를 자발적으로 전송한 것처럼 보이기 쉽습니다. 바로 이 때문에 피해자는 쉽사리 다른 누군가에게도 도움을 청하지 못하고, 돈이나 성관계 혹은 더 많은 이미지를 요구하는 가해자의 협박과 요구에 취약해집니다. 이 과정에서 디지털 성폭력이 반복적으로 발생하고, 피해가 보다 심각해질 가능성이 높아지죠. 하지만 지금 당장은 이런 행위를 제재할 법적 수단이 별로 없습니다.

여성의 일상을 포르노로 만들어 버린 남성들

지금까지 살펴본 것처럼 1990년대 후반 디지털 성폭력이 본격화되었고, 2000년대 후반 이후에는 그 양상이 한층 다양해졌습니다. 그렇다면 디지털 성폭력에 어떤 변화가 있었을까요? 그리고 그 같은 변화가 의미하는 것은 무엇일까요?

무엇보다 남성들이 디지털 성폭력에 참여하는 방식, 여기에 얽히는 남성들의 숫자가 달라졌습니다. 1990년대 후반 개인용 컴퓨터와 인터넷 네트워크가 보급되면서 성적 이미지를 방과 같은 밀폐된 공간에서 홀로 볼 수 있게 되었습니다. 하지만 동시에 온라인에서 시공간을 뛰어넘어 수많은 남성을 만나고, 그들이 올린 불법촬영물을 실시간으로 공유하고 감상하며 댓글을 통해 비평하는 것이 가능해졌습니다. '홀로' 본다기보다 '함께' 보는 것에 가까워졌죠. 남성들은 이미지와 동영상을 업로드하고, 게시물을 추천하거나 이미지 속 여성을 품평하는 댓글을 남기면서 실시간으로 소통했습니다. 분리된 공간에서 따로, 그리고 홀로 있는 듯하지만 익명적 관계에 있는 수많은 남성과 함께 디지털 성폭력에 참여하는 모습이 나타난 것이죠.

이런 경향은 2000년대 후반 이후 더욱 강화됩니다. 컴퓨터와 달리 휴대가 가능하고, 언제 어디서든 온라인에 접속할 수 있으며, 내가 무엇을 하고 있는지 타인의 시선으로부터 상대적으로 자유로운 스마트폰이 보급되었기 때문입니다. 스마트폰 보급과 모바일 환경의 구축으로 타인의 몸을 쉽게 촬영하고, 이를 곧바로 SNS 같은 플랫폼을 통해 공유하는 것이 가능해졌습니다.

왜 그토록 많은 남성이 불법촬영한 이미지나 영상을 컴퓨터나 스마트폰에 저장해 홀로 보지 않고 온라인에 게시함으로써 다른 이들과 함께 보려고 할까요? 온라인에 접속해서 다른 이들과 함께 보는 것이 더 재미있기 때문입니다. 국내외 사이트에 게시된 불법촬영물과 웹하드에 업로드된 성관계 동영상의 조회수, 변형 혹은 합성된 이미지에 달린 댓글 숫자와 '좋아요'는 적게는 수백 회에서 많게는 수만 회를 쉽게 넘깁니다. 온라인을 이용한 불법촬영물 공유가 남성들의 놀이문화로 자리 잡자, 여기에 얽힌 남성들의 숫자가 늘어났고 서로를 동지로 생각하는 등 남성 간의 연대는 공고해졌습니다.

익명성에 기댄 남성들 간의 불법촬영물 공유는 디지털 성폭력 피해자의 수와 규모를 급속도로 확대하는 결과로 나타났습니다. 1990년대 중후반까지만 해도 상업적 목적으로 제작되는 성적 촬영물이 많았기에 여성들이 무차별적으로 불법촬영의 피해자가 되지는 않았습니다. 하지만 불법촬영과 그것의 공유, 이미지와 영상의 변형, 이를 놀이문화로 즐기는 거대한 남성 네트워크와 함께 많은 이들이 여성이라는 이유만으로 디지털 성폭력에 노출되게 되었습니다.

수많은 이들이 불특정 다수의 여성을 길거리, 지하철과 같은 공공장소, 화장실, 탈의실 등의 공공시설, 집과 같은 사적 장소에서 동의 없이 촬영하기 시작했습니다. 길을 걷고, 버스를 기다리고, 밥을 먹는 일상적인 행위가 오로지 남성들의 재미와 쾌락을 위해 활용되었습니다. 또 일상을 공유하고 싶어 SNS에 직접 올린 사진이 악의적인 정보의 유포나 사진 합성에 이용되었죠. 여성의 벗은 몸뿐만 아니라 일상의 모든 행위 그리고 여성이라는 존재 자체가 '음란'하고 '문란'한 것이 되었습니다. 서 있는 것도, 걷는 것도, 잠을 자는 것도, 씻는 것도, 생리현상을 해결하는 것도 '야동'이 될 수 있게 된 것이지요.

특히 카카오톡 같은 메신저, 인스타그램, 트위터, 페이스북 등 SNS가 디지털 성폭력에 활용되면서, 여성들이 불특정 다수의 남성뿐 아니라 동료와 친구들로부터 평가와 조롱의 대상이 될 가능성도 높아졌습니다. 주변 여성 동료들의 외모를 품평하고 모욕하는 단톡방 성폭력, 오프라인에서 알고 지내는 여성의 사진을 합성 또는 변형하고 악의적인 정보를 유포하는 '지인능욕', 직접 찍은 불법촬영물의 공유 등은 실제로 아는 사이에서 발생하는 경우가 많습니다. 왜 그러냐고요? 서로가 아는 여성을 모욕할 때, 아는 이들에게 성관계 경험을 자랑할 때 더욱 재미있기 때문입니다. 269쪽의 단톡방 사진은 이 같은 상황을 잘 보여 줍니다.

이 단톡방 대화들에서 동료 여성을, 성관계를 가진 상대 여성을 품평하고 모욕하는 것은 일상적인 수다처럼 보입니다. 이 가운데 여성의 몸을 상대 모르게 촬영하고 공유하는 것 역시 의례적인 행위가 되기 쉽습니다. 이런 상황에 맞닥뜨릴 때마다 여성들은 디지털 성폭력의 가해자가 자신의 주변에도 얼마든지 있을 수 있다는 사실을 깨닫게 되지요. 그 누구도 믿기 힘들고 언제 어디서든 주위를 경계해야 하는 삶, 이것이 수많은 여성들이 불안과 분노를 느끼는 이유입니다.

소라넷과 웹하드가 돈을 버는 거대한 산업

디지털 성폭력은 남성들의 놀이문화 때문에만 발생하는 것

서울대학교 단톡방 성폭력 사건의 대화 내용

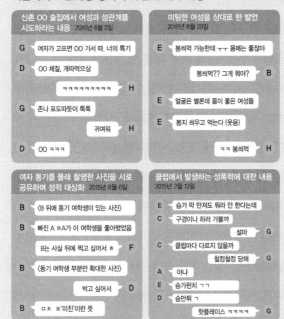

2016년 7월 알려진 서울대학교 인문대 소속 남학생 8명의 단톡방 대화를 재구성한 것이다.
※자료 : 경향신문. "서울대서도 '단톡방' 성희롱… 성폭력성 발언·여성혐오 파문"(2016.07.11.),
http://news.khan.co.kr/kh_news/khan_art_view.html?artid=201607110600025&code=940100

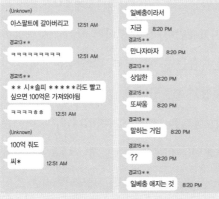

경인교육대학교 단톡방 성폭력 사건의 대화 내용

2016년 단톡방 성폭력 문제가 공론화되고 이에 대한 비판이 이어졌지만, 유사한 사건은 계속해서 발생했다. 2019년에는 서울교대, 경인교대, 대구교대 등 학생 다수가 여성인 교육대학의 성폭력 사건이 연이어 알려졌는데, 이 그림은 2019년 3월 경인교대 체육교육과 남학생들이 모인 단톡방 대화를 재구성한 것이다.

※자료 : 여성신문. "서울교대 이어 경인교대도 '성희롱' 의혹 제기"(2019.03.21.),
http://www.womennews.co.kr/news/articleView.html?idxno=187296

이 아닙니다. 불법촬영물 유통이 돈이 되는 산업으로 자리 잡으면서 디지털 성폭력이 확대 재생산되고 있기도 합니다. 소라넷이 대표적이죠. 2004년 운영자가 검거되면서 쇠퇴했던 소라넷은 2009년, 경찰의 단속과 차단에 대비해 바뀌는 주소를 공지하는 트위터 계정과 함께 부활했습니다. 그리고 이곳에서 여성의 몸을 불법촬영한 이미지와 영상의 공유, 연인이나 배우자와 함께한 성행위 동영상의 게재와 유포, 여성에 대한 강간 모의 같은 범죄가 발생했습니다.

메갈리아의 불법촬영 근절 및 소라넷 폐쇄를 위한 프로젝트로 인해 높아진 사회적 관심 속에서, 2016년 경찰은 소라넷의 해외 서버를 압수하고 사이트를 폐쇄했습니다. 경찰 수사에 따르면 회원 수만 100만 명이 넘는 소라넷의 운영진이 얻은 수익은 100억 원을 훌쩍 넘었습니다. 소라넷과 유사한 꿀밤이라는 사이트를 운영했던 이들도 단기간에 15억 원이 넘는 수익을 챙긴 것으로 알려졌습니다. 어떻게 이런 일이 가능했을까요? 사이트에 더 많은 회원을 유치하고 더 많이 방문하도록 하는 것이 수익으로 이어졌기 때문입니다.

이들이 수익을 얻는 방식은 크게 두 가지입니다. 첫 번째는 콘텐츠를 유료화하고 회원들이 콘텐츠를 보거나 다운로드받을 때마다 포인트, 비트코인 등의 가상화폐를 사용하게 하는 것이

모두를 위한 성평등 공부

었습니다. 두 번째는 성매매 업소, 도박 사이트 등의 광고 배너를 게시하고 이들로부터 광고료를 받는 것이었고요. 어떤 방식이든 수익을 더 많이 내려면 더 많은 이들이 회원가입을 하고 사이트를 방문해야 했습니다. 이를 위해 소라넷과 그 유사 사이트들은 불법촬영물을 많이 올릴수록 회원등급을 높여 줘 더 많은 게시판에 접근할 수 있도록 했습니다. 남성들의 경쟁을 부추겨 더 많은 불법촬영물을 업로드하도록 했고, 이는 더 많은 이용자를 불러들였습니다. 최근 디지털 성폭력에 대한 여성들의 비판이 거세지면서, 일부 회원만 접근 가능한 비밀 게시판에서 불법촬영물을 공유하는 경향이 더욱 강화되는 양상을 보이고 있습니다.

2018년 여름 공론화된 웹하드 카르텔 역시 디지털 성폭력이 '산업'으로 자리 잡은 메커니즘을 보여 줍니다. 웹하드 카르텔이 무엇일까요? 273쪽의 그림에서 볼 수 있듯 많은 영상을 웹하드에 올리는 헤비업로더, 웹하드 사업자, 필터링 업체, 디지털 장의사 간의 유착이 하나의 산업으로 자리 잡은 모습을 가리킵니다. 〈전기통신사업법〉에 따르면 웹하드 사업자는 불법촬영물 검색을 제한하는 필터링 시스템을 의무적으로 구축해야 합니다. 예를 들어 불법촬영물을 연상시키는 '국산', '국NO', '유출', '몰카', '골뱅이' 등으로 영상을 게시하거나 검색하지 못하도록 해야 합니다. 더불어 불법촬영물을 모니터링하고 그것의 유통을 막아야만 하고요.

하지만 여성단체들에 따르면, '위디스크'나 '파일노리'처럼 불법촬영물이 주요 수익원 중 하나였던 웹하드사가 한편으로는 불법촬영물을 올리는 헤비업로더들을 관리하거나 직접 불법촬영물을 올리고, 다른 한편으로는 업로드와 검색을 제한하는 필터링 업체와의 거래를 통해 이를 방치하거나 은폐한 정황이 발견되었습니다. 동시에 불법촬영물 삭제를 요구하는 여성 피해자들을 웹하드사('위디스크', '파일노리') 혹은 필터링 업체와 연결된 디지털 장의사에게 직간접적으로 유도한 정황도 포착되었습니다.

이것은 무엇을 의미할까요? 불법촬영물을 삭제하고자 하는 여성들이 디지털 장의사에게 지불하는 비용은 월 200만~300만 원에 달합니다. 웹하드사와 필터링 업체가 불법촬영물 업로드와 유포를 방관하고 자신들과 연결된 디지털 장의사를 통해 여성들에게 돈을 받고 불법촬영물을 삭제해 주었다는 것은, 여성을 제외한 모든 이들이 디지털 성폭력을 통해 돈을 벌었음을 의미합니다. 업로더, 웹하드 사업자, 필터링 업체, 디지털 장의사 모두 여성의 섹슈얼리티를 착취해 경제적 이득을 챙겼습니다. 불법촬영물을 소비하면서 디지털 성폭력에 참여한 이들은

모두를 위한 성평등 공부

양진호 한국미래기술 회장을 통해 드러난 웹하드 카르텔 구조

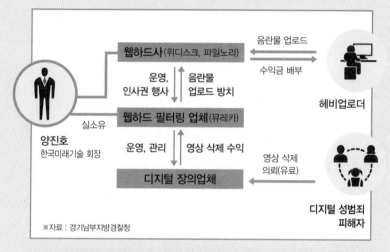

※자료 : 경기남부지방경찰청

2018년 여성단체들의 추적과 고발, 경찰의 수사 속에 헤비업로더, 웹하드 사업자, 필터링 업체, 디지털 장의사 간의 유착과 담합으로 이루어진 웹하드 카르텔의 실체가 드러났다.

※자료 : 연합뉴스, "양진호 카르텔 구조"(2018.11.16.),
https://www.yna.co.kr/view/GYH20181116000200044

재미와 쾌락을 얻었죠. 수많은 여성이 디지털 성폭력의 피해자가 되지 않을까 불안해하는 가운데, 웹하드 카르텔은 지금껏 남성들의 이득과 쾌락을 보장하는 구조로 공고하게 유지되어 왔습니다.

난 너의 '야동'이 아니야

우리 사회 곳곳에 만연한 디지털 성폭력은 그동안 음란물, 포르노그래피, 몰카, 도촬, 야동, 리벤지 포르노 등으로 불려 왔습니다. 이렇게 많은 이름에도 불구하고 오랫동안 제대로 된 이름이 없었다는 것이 우리의 현실입니다. 이 이름들은 하나같이 문제적이거든요.

먼저 '음란물'이라는 용어를 살펴볼까요. 디지털 성폭력을 음란물이라고 부르는 데에는 법률이 커다란 영향을 미쳤습니다. 현재 한국에서 성적 표현을 처벌하는 법적 근거는 음란(obscenity)입니다. 법원에 따르면 음란은 "사회통념상 일반 보통인의 성욕을 자극하여 성적 흥분을 유발하고 정상적인 성적 수치심을 해하여 성적 도의관념에 반"하는 것입니다(대법원 2006.4.28. 선고 2003도4128). 즉, 음란물은 성적 쾌락에만 호소해

모두를 위한 성평등 공부

흥분이나 수치심을 자극하고 바람직한 성윤리에 반하는 것을 의미합니다. 이와 달리 포르노그래피는 성윤리 위반과 무관하게 성적 흥분을 불러일으키기 위해 계획된 에로틱한 행위에 대한 묘사, 성기나 성행위의 노골적 묘사를 의미합니다. '야한 동영상'의 줄임말이기도 한 '야동' 역시 이와 유사한 의미를 갖고 있습니다.

문제는 불법촬영물을 '음란물', '포르노', '야동'과 같은 이름으로 지칭할 때 피해자인 여성의 행위와 삶을 음란한 것으로 명명하게 된다는 것입니다. 또한 음란함의 책임을 불법촬영을 하고 촬영물을 유포하고 소비한 이들이 아니라, 착취의 대상에게로 전가하는 효과를 낳기도 합니다. 어떤 이미지가 음란해지는 것은 단순히 이미지 속의 인물이 야하거나 선정적이어서가 아닙니다. 공공장소에서 동의 없이 여성의 모습을 촬영하거나, SNS 등에 여성들이 올린 사진을 합성하고 변형하는 경우를 생각하면 더더욱 그러합니다. 사진이나 영상이 음란한 것은 그 속에 재현된 여성이 아니라, 이를 생산하고 유통하며 소비하는 이들 때문입니다. 대체 누가 음란한 사람일까요? 동의 없는 촬영과 유포의 피해자가 아니라 그것을 찍고 보는 이들이 음란한 것 아닐까요? 따라서 '음란물', '포르노', '야동'은 적절한 이름이 아닙니다.

최근까지도 흔히 쓰는 '몰카', '도촬', '리벤지 포르노'라는 명칭 역시 한계가 있습니다. 무엇보다 '몰카', '도촬'과 같은 용어는 그것을 범죄라기보다 장난이나 재미를 위한 일탈적 행위로 인식하게 합니다. '리벤지 포르노'는 여성의 이별 통보를 잘못된 행위로, 남성의 동영상 유포를 정당한 복수로 포장할 수 있고, 여성의 피해를 포르노라고 부른다는 점에서 문제가 있습니다. 또한 이 용어는 남성들이 복수심에 불타 앙심을 품고 여성의 평판을 훼손하기 위해 성관계를 찍은 촬영물을 유포할 뿐 아니라 여성을 마음대로 통제하기 위해 혹은 그저 재미와 오락으로 그렇게 한다는 현실 역시 포착하지 못합니다. 그렇다면 현재 쓰이고 있는 '불법촬영'과 '디지털 성폭력'이라는 용어는 어떻게 만들어지게 된 것일까요?

여성의 몸을 동의 없이 촬영하고 그 촬영물을 유포, 소비하는 것이 범죄행위라는 주장이 적극적으로 제기된 것은 2015년 메갈리아의 활동과 함께였습니다. 이들은 그런 범죄가 만연한 원인으로 소라넷을 지목하고, 불법촬영 근절과 소라넷 폐쇄를 위한 프로젝트를 시작했습니다. 메갈리아의 소라넷 폐쇄운동, 술에 취한 여성들을 대상으로 한 소라넷의 강간 모의를 집중적으로 취재한 SBS 〈그것이 알고 싶다〉의 방영, 이로 인해 높아진 사회적 관심 속에서 소라넷은 2016년 폐쇄되었습니다.

이와 함께 온라인에서 남성들이 동의 없이 촬영, 유포된 이미지를 소비하는 방식이 그 자체로 여성에 대한 비하와 조롱, 모욕과 혐오의 형태를 취한다는 주장도 제기되었습니다. 문제는 타인의 몸과 성행위를 보는 것이 남성들 사이에서 재미있는 놀이로 여겨지고, 그 재미가 매우 문제적인 방식으로 획득되는 데 있다는 것이 당시의 비판이었습니다.

이는 앞서 살펴본 디지털 성폭력의 유형에서도 확인할 수 있습니다. 화장실과 탈의실에서의 모습처럼 타인에게 보이고 싶지 않은 장면을 까발려 창피를 주거나 조롱합니다. 그저 걷고 있거나 서 있는 여성을 동의 없이 촬영해 이들을 하나의 인격이 아니라 다리, 엉덩이, 가슴으로만 취급합니다. 여성과 함께 남성도 등장하는 성관계 장면을 촬영하거나 유포하면서 여성만을 문란하다는 이유로 비난하죠. 여성의 얼굴을 나체 사진과 합성하거나 얼굴 표정을 변형하고 허위정보를 유포하면서 벌 받아 마땅한 여성들을 단죄함으로써 정의를 실현한다고 생각하기도 합니다. 자신들이 여성을 '음란한' 대상으로 만들어놓고, 다시금 여성들이 음란하다며 욕하고 재미를 얻습니다.

이때 여성들은 자신의 행동이나 의지와 무관하게 오로지 남성의 재미를 위해 언제 어디서든 열어볼 수 있는 사진이나 동영상으로 박제되고, 자기 몸에 대한 통제력을 상실합니다.

몸이 성적 이미지로 박제되고, 그 같은 이미지가 끊임없이 온라인에 게시되는 가운데 여성은 무엇을 하건 음란하고 문란한 존재를 벗어나지 못합니다. 따라서 이는 젠더 폭력이자 성폭력입니다.

성폭력은 흔히 타인에게 성적 위해와 침해를 끼치는 행동으로 이해됩니다. 하지만 이것은 협소한 이해 방식입니다. 페미니스트들은 여성이 경험하는 성적 폭력과 침해가 남성의 성적 충동 때문이 아니라, 여성과 남성에게 강제되는 성역할 규범과 그것의 작동방식인 '젠더' 때문이라고 주장해 왔습니다. 그리고 이를 '젠더 폭력'이라고 부릅니다. 예를 들어 남성의 성적 충동은 때때로 통제가 불가능하므로, 여성은 남성의 욕구를 부추기지 않도록 조심해야 한다는 믿음이 성폭력을 야기한다는 것입니다. 또한 성폭력은 피해자가 자초한 문제이기도 하며, 삶에서 중요한 것을 상실한 피해자가 고통과 수치심에서 빠져 나오기 어려울 것이라는 생각은 피해자가 침묵하도록 해 문제를 은폐합니다. 남성과 여성에게 각기 다르게 강제되는 성적 이중규범이 바로 성폭력의 중요한 원인으로, 성폭력은 젠더 폭력의 하나라고 할 수 있습니다.

디지털 성폭력도 마찬가지입니다. 디지털 성폭력은 여성을 성적 존재로만 여기면서도, 여성이 성적 존재인 것이 문제라

모두를 위한 성평등 공부

며 욕하는 방식으로 이루어집니다. 남성들은 정숙한 여성을 찬양하면서도 그들 스스로 여성을 문란한 존재로 격하시킵니다. 남성의 성경험이나 성행위가 아니라 여성의 성경험이나 성행위만을 비난하면서, 피해자가 불쾌감과 더불어 수치심을 느끼도록 합니다. 또한 '피해를 자초했다', '여성도 즐겼다', '당해도 싸다'와 같은 말들 속에서 폭력의 책임을 피해자에게 전가하고 피해자가 입을 닫게 만듭니다.

그 결과 성적 평판, 촬영물 유포 혹은 유포 협박으로 여성을 통제하는 것이 가능해지고, 정숙/문란이라는 틀 내에서만 여성의 가치가 평가됩니다. 반면 남성은 함께 즐길 수 있는 이미지를 제공하고 놀이에 참여함으로써 남성들 사이에서 배제되는 것이 아니라 인정받습니다. 이는 기존의 성적 이중규범을 활용하는 동시에 강화하는 효과를 발휘합니다. 성행위를 하는 혹은 성적으로 자유로운 여성은 문제이며 비난받아 마땅하다는 생각을 지속시키는 것이죠. 따라서 이는 젠더 폭력이라 할 수 있습니다.

공포와 불안에서 분노로

2015년 이후 현실을 비판하는 움직임이 거세지면서 새로운 이름이 생겨났습니다. 첫 번째는 '불법촬영'입니다. 앞서 몰카, 도촬, 야동, 리벤지 포르노 등의 용어가 지닌 문제점을 설명했습니다. 기존의 용어가 적절하지 않다는 지적이 계속되자 2017년 9월, 정부는 디지털 성폭력을 방지하기 위한 종합대책을 발표하는 한편 동의 없는 촬영이 법률을 위반하는 범죄행위라는 것을 드러내기 위해 '불법촬영'이라는 용어를 사용하겠다는 뜻을 밝혔습니다.[3] 우리에게 불법촬영이라는 새로운 용어가 생긴 것이지요.

또한 공공장소에서의 불법촬영, 성행위의 동의 없는 촬영과 유포, 이미지의 합성 및 변형과 같은 행위를 지칭하기 위해 '디지털 성폭력', '사이버 성폭력', '온라인 성폭력', '디지털 성범죄'라는 용어를 사용하기 시작했습니다. 다소 간의 차이는 있지만 이 용어는 '일탈적인 남성'이나 '정숙하지 못한 여성'과 같은 개인이 아니라, 남성과 여성에게 상이하게 부여된 성역할과 권력을 문제 삼고 이를 젠더 폭력의 맥락 위에 놓습니다. 또한 불법촬영이 이루어지는 스마트폰이나 변형 카메라 같은 디지털 기기, 불법촬영물의 유포와 소비가 이루어지는 온라인 네트워크, 해당 행위의 범죄성을 강조합니다. 이 글에서는 컴퓨터와 스마트폰 같은 디지털 기기를 이용해 불법촬영, 유포, 소비가 이루어지는 상황을 강조하기 위해 '디지털 성폭력'이라는 용어를 사용했습니다.

용어의 변화는 지적이고 정치적인 집단행동의 결과입니다. 그동안 지체되어 왔던 디지털 성폭력에 대한 사회적 인식을 변화시키는 데 커다란 기여를 했죠. 하지만 그동안의 크나큰 변화에도 불구하고 남성, 공권력, 우리 사회의 인식은 여전히 갈 길이 멉니다. 그 분노가 집약적으로 표출된 것이 바로 2018년 혜화역 시위입니다.

누드 크로키 수업 중 여성이 남성 모델을 불법촬영하고, 이렇게 불법촬영된 이미지가 워마드에 업로드된 사건에 대한 경찰의 적극적인 수사는 여성들의 공포와 불안을 분노로 전환시킨 결정적 계기였습니다. 분노한 여성들은 2018년 5월부터 12월까지 여섯 차례에 걸쳐 거리로 나왔습니다. 여성들은 어째서 범죄행위에 대한 경찰의 '적극적' 수사에 분노했던 것일까요? 피해자가 여성이었던 대다수 디지털 성폭력 사건의 수사와 비교했을 때 너무나 이례적이었기 때문입니다.

사실 이례적인 광경은 경찰의 수사 이전에도 있었습니다. 피해자가 피해를 인지하기도 전에 불법촬영물의 유포와 소비를 목격한 이들에 의해 사건이 공론화되었고, 수업이 이루어진 대학은 피의자의 범위를 좁히기 위해 노력했습니다. 디지털 성폭력이 특정 장소나 사이트가 아닌 우리 사회 전체와 온라인 전반에 만연해 있다는 여성들의 호소에도 불구하고, 온라인 캠페인을 하고 거리로 나왔을 때에야 비로소 그 문제가 공론화된 것과 사뭇 비교됩니다.

또한 공공기관이나 공권력이 이토록 빠르게 문제해결을 위해 나선 적도 별로 없었습니다. 사건을 접수한 경찰은 8일 만에 여성 가해자를 잡아 포토라인에 세웠습니다. 피의자 긴급체포와 구속영장 청구, 포토라인을 통한 피의자 모습 공개, 주거지 압수수색, 불법촬영물의 유포와 2차 가해가 이루어진 워마드에 대한 조사를 포함해 유례없이 신속한 수사가 진행되었죠. 이에 대해 법원은 3개월 뒤 1심에서 징역 10개월의 실형을 선고했습니다.

이는 그동안 여성들이 보아 온 상황과 사뭇 다른 것이었습니다. 다수의 여성과 피해자 지원 단체들은 여성이 피해자일 때 경찰은 '당신이 예뻐서 그런 일을 당한 거다', '가해자를 특정할 수 없다', '서버가 해외에 있어 수사가 불가능하다' 등의 이유를 들며 사건 접수 자체를 피하는 경우가 많았다고 지적합니다. 또한 가해자가 비교적 분명하게 특정되는 상황에서 추가

적인 유포를 막기 위한 구속 수사, 주거지 압수수색과 디지털 기기의 압수 요구도 받아들여진 적이 거의 없었다고 하고요. 피의자를 포토라인에 세워 피해자가 아닌 가해자에게 수치심을 느끼게 하는 광경도 낯선 것이었습니다.

뿐만 아니라 그동안 문제가 된 사이트의 서버가 해외에 있다며 사건 접수 자체를 거부하기도 했던 경찰이 해외에 서버를 둔 워마드에서의 2차 가해행위를 수사했습니다. 2011년 1월부터 2016년 4월까지 서울지역 관할 법원에서 이루어진 〈성폭력 처벌법〉 제14조 카메라등이용촬영죄에 대한 1심 판결의 71.79%가 벌금형이었으며, 징역형이 선고된 경우는 5.32%에 불과하다는 연구결과[4]를 볼 때, 여성 가해자가 선고받은 징역 10개월의 실형 역시 매우 강력한 처벌임을 알 수 있습니다.

지금까지와는 달리 남성이 피해자인 사건에서 공권력이 지극히 '정상적'으로 작동할 수 있음을 확인한 여성들이 능력 부족이 아닌 편파수사를 의심하는 것은 당연한 수순이었습니다. 이는 혜화역 시위로 불린 편파수사 규탄 집회로 이어졌습니다. '불편한 용기'라는 이름하에 모인 여성들은 디지털 성폭력의 편파수사를 규탄하는 집회를 조직하기 시작했고, 수많은 여성이 '동일범죄 동일처벌'을 외치며 여기에 참여했습니다.

누드 크로키 모델 불법촬영 사건에 대한 편파수사, 비공개

스튜디오 촬영회, 안희정 전 충남지사의 1심 무죄 판결, 여성의 몸을 재화로 이득을 축적한 웹하드 카르텔 문제 등 쟁점이 계속해서 등장하면서 시위 참여인원과 파급력도 높아져 갔습니다. 여성들은 거리에서 여성의 몸을 야동이나 음란물로 대하는 남성들의 문화, 이를 방관하는 공권력의 문제를 계속해서 비판하고 변화를 요구하고 있습니다.

주 ─────────────────────────────────────

1   미디어오늘. "기자 단체 카톡방에 "성관계 영상 좀""(2019.04.19.).
    http://www.mediatoday.co.kr/?mod=news&act=articleView&idxno=147952&sc_
    code=&page=&total=#csidx34a08f206699534b8b8feb25e70900b;
    미디어오늘. "여성 피해자 장난감 취급한 기자들"(2019.04.20.).
    http://www.mediatoday.co.kr/?mod=news&act=articleView&idxno=147986&sc_
    code=&page=&total=#csidxf419bb0ed5c752da2abe6ed76d829be.
2   KBS. "여성 몰카 르포 ② '몰카 금지 응급 키트' 반격 나서는 여성들"(2019.06.06.).
    http://news.kbs.co.kr/news/view.do?ncd=3660623&ref=A.
3   국무조정실. "디지털 성범죄 피해방지 종합대책"(2017.09.26.).
    http://www.opm.go.kr/opm/news/press-release.do?mode=view&articleNo=8631
    8&article.offset=0&articleLimit=10&srSearchVal=%EB%94%94%EC%A7%80%
    ED%84%B8+%EC%84%B1%EB%B2%94%EC%A3%84(검색일: 2019.08.09.).
4   김현아(2017). "성폭력 범죄의 처벌 등에 관한 특례법상 카메라등이용촬영죄에 관한 연구". 이화여자대학교 박사학위논문.

포르노는 여자를 어떤 것이어야 하는가, 여자를 어떻게 보아야 하는가, 여자를 어떻게 다루어야 하는가에 대한 관념을 만들어 내고, 여자에게 해서 되는 일은 무엇인가라는 시각에서 '여자란 도대체 무엇인가' 혹은 '여자가 어떤 것이 될 수 있는가' 그리고 그 '여자를 다루는 남자는 과연 무엇인가'에 관한 사회적 현실을 구축함으로써 그 제작과 사용 과정을 통해 세상을 온통 포르노 천지로 만든다.

캐서린 A. 매키넌(1997). 《포르노에 도전한다》.

우리는 여성들이 요구하는 변화를 위해 무엇을 할 수 있을까요? 디지털 성폭력에 대한 적절한 규제를 찾는 한편, 스스로 자율적 규제가 가능한 사회적 변화를 이끌어 내는 것이 시급합니다. 변화해야 하는 사람들은 바로 불법촬영물을 찍고, 유포하고, 보는 이들입니다. 이들에게 우리는 뭐라고 이야기해야 할까요? 우선 그것이 타인의 사생활과 인격을 침해하는 행위임을, 명백한 성차별임을 보다 분명하게 이야기해 주세요. 이때 피해자의 고통만 강조하지 말아 주세요. 타인의 고통에 공감하기는 생각보다 쉽지 않기 때문입니다. 잘못하면 여성을 계속해서 보호가 필요한 약한 존재로 여기게 할 뿐만 아니라, 피해자가 고통과 상처를 넘어서는 것을 어렵게 할 수 있습니다.

대신에 동의 없이 타인의 성적 이미지를 유포하고 소비함으로써 즐거울 수 있는 것 자체가 남성이 가진 특권에 기인한다고 지적해 주세요. 이미지와 영상 속의 여성들이 웃고 있건 고통스러워하건 간에, 모든 여성이 성행위나 성적 대상화를 원하고 즐길 거라는 남성들의 착각이 바로 특권임을 지적해 주세요. 흔히 불법촬영이나 성행위 동영상을 유포하는 것만을 문제 삼지만 그것을 공유하고, 추천하는 댓글을 달고, 보는 것 자체가 심각한 문제임을 말해 주세요.

또한 모든 남성이 디지털 성폭력에 참여하는 것은 아니며, 불편하게 생각하는 이들도 있다는 점을 알려 주세요. 실제로 많은 남성이 디지털 성폭력이 심각한 범죄라고, 이를 행하는 남성들이 문제라고 생각합니다. 남성 모두가 문제라고 이야기하기보다 남성들 내부에도 생각의 차이가 있다는 점을 보여 줌으로써, 디지털 성폭력에 남성들이 보다 쉽게 이의를 제기할 수 있는 환경을 만드는 것이 중요합니다. 이를 통해 디지털 성폭력을 재미있는 놀이라고 생각하거나 이를 자랑스럽게 말하면, 많은 사람들이 한심하게 쳐다보고 손가락질할 것이며 법적 처벌도 받을 수 있다는 점을 인식하도록 할 수 있습니다.

일반적으로 성폭력 피해자가 가장 고통받는 요인 중 하나는 가해자가 저지른 범죄행위가 아니라, 주변 사람들이 피해자를 바라보는 시선이라는 연구결과가 있습니다. 피해자를 의심하거나 비난하는 주변의 반응과 시선이 내가 잘못한 것은 없는지 스스로에게 끊임없이 묻도록 하기 때문입니다. 하지만 어떤 사람이건, 어떤 행동을 했건 간에 세상에 성폭력을 당해도 되는 사람은 없습니다. 디지털 성폭력 역시 마찬가지입니다. 피해자에게 잘못을 물어야 하는 일이 아니라, 전적으로 가해자에게 책임을 물어야 하는 범죄입니다. 그러니 내가 혹은 내 주변의 누군가가 디지털 성폭력의 피해자가 되었다면 이렇게 말해 주세요.

그것은 나의(당신의) 잘못이 아니다

디지털 성폭력은 조심하거나 미리 예측해서 막을 수 있는 종류의 일이 아닙니다. 피해자를 비난하거나 피해자에게 질문을 쏟아내기보다 이들을 믿고 자기 감정을 솔직하게 드러낼 수 있게 귀 기울여 피해자의 말을 들어 주세요. 듣는 귀가 있을 때 사람들은 말할 수 있습니다. 힘들거나 괴로울 때, 도움이 필요할 때 함께하겠다며 용기를 북돋아 주세요. 하지만 피해자를 도와준다며 피해자의 몸이 담긴 이미지나 영상을 찾아다니지는 말아 주세요. 많은 경우 그런 이미지나 영상은 나와 가까운 사람에게 보여 주고 싶지 않은 모습입니

다. 그것을 가까운 사람이 찾아다니고, 보고, 내게 이야기한다는 것
이 피해자에게는 불안과 스트레스를 가중시킬 수 있으니 도움을 줄
수 있는 기관에 연락해 주세요.

　그리고 만약 내가 디지털 성폭력 피해를 당했다면 주변의 믿을
만한 사람들에게 사실을 털어 놓으세요. 이런 이야기를 할 만한 사
람이 없다고 해도 너무 걱정하지 마세요. 여러 기관에서 사건 신고
부터 피해 촬영물 삭제, 법률지원과 심리 상담에 이르기까지 도움을
받을 수 있습니다. 여성긴급전화(1366), 한국성폭력상담소, 한국여성
의전화, 한국여성민우회 성폭력상담소 등 성폭력 사건 전반을 지원
하는 여성단체로부터 사건해결을 위한 조언과 도움을 받을 수 있습
니다. 또한 아래와 같이 주로 디지털 성폭력 피해자를 지원하는 여
성단체에 도움을 요청할 수도 있습니다. 힘들겠지만 당신은 혼자가
아니라는 걸 기억해 주세요.

- 디지털성범죄피해자지원센터 02-735-8994
  www.women1366.kr/stopds
- 한국사이버성폭력대응센터 02-817-7959
  www.cyber-lion.com

이 장은 '미의 신화'가 어떻게 성별로 다르게 작동하는지, 그 효과는 무엇인지, 다양한 시간과 공간을 통해 살펴보고자 합니다. 이에 대한 여성들의 오랜 저항과 대안 마련을 위한 노력들을 기억하면서 현실에서 가능한 실천들을 우리 스스로 고민해 보는 시간이 되었으면 합니다.

7

아름다움의 신화는
왜 지속되는가

———————— 저항과 대안 ————————

●

이나영
(중앙대 사회학과 교수)

'여성의 미덕은 아름다움'이라는 신화는 어떻게 지속되어 왔을까요? 이 신화는 사실 오랜 여성혐오의 역사와 연결되어 있습니다. 신화는 종교, 과학, 문학 등 여러 가지 방식을 통해 만들어지고 재구성됩니다. 여기서는 특히 재현에 초점을 맞추어 이야기해 보겠습니다. 그리고 여성들이 어떻게 저항하고 대안을 추구해 왔는지 살펴보겠습니다.

- 조금만 노력하면 미인이 될 수 있어.
- 자고로 여자는 가꿔야지.

이런 이야기 많이 들어보셨죠? 네 살짜리 꼬마 남자 아이도, 여든 살 할아버지도 "어떤 여자가 이상형인가요?" 하고 물으면 똑같이 "예쁜 여자"라고 답합니다. 왜 이렇게 되었을까요? 그리고 그 효과는 무엇일까요? 이때 '예쁘다'란 의미는 무

모두를 위한 성평등 공부

엇일까요?

한국 사회에는 성형산업이라고 할 만큼 어마어마한 시장이 존재합니다. 한류와 맞물려 해외에서도 한국으로 성형수술을 하러 온다고 합니다. 우리는 매일매일 다양한 미디어를 통해 여자는 예뻐야 하고, 예뻐지려면 돈과 시간을 투자해야 하며, 고통을 감내해야 한다는 메시지를 들으며 자랐습니다. 또 지난 10년간 기술의 힘을 빌리지 않고 열심히 노력해서 예쁜 몸을 만들어 보자는 열풍이 불었습니다. 운동은 당연하고 자면서도 살이 빠지는 약을 먹고요. 왜 이런 열풍이 생겼을까요? 그 개별적·사회적 효과는 무엇일까요? 아름다움이 여자의 숙명이라고 하지만, 성형이나 몸만들기 산업이 몇백 년 전부터 존재했던 것은 아니잖아요? 그 배경과 효과에 대해 하나하나 살펴보겠습니다.

욕망을 먹고 사는 사회, 소비자본주의가 존재하는 방식

먼저, 개인적 욕구가 있습니다. 사람은 타인과의 관계를 통해 자아를 확립합니다. 어떤 방식으로든 남과 끊임없이 비교하고 비교당하고 있지요. 당대에 우월하다고 평가되는 외모는 존재하게 마련이고, 이에 따라 아름다움에 대한 열망이 생깁니다. 자기 외모가 부족하다 싶으면 열등감이 생기고 자존감도 낮아집니다. 실제 주변에서 배제를 당하기도 하고, 취업시장에서 불이익을 받기도 합니다. 소위 '용모단정'으로 표현되지요. 개인이 이상적인 몸매나 아름다움을 추구하는 것을 비난할 수는 없습니다. 개인의 욕구를 비난하고, 그 욕구 때문에 일어나는 행위를 막무가내로 문제라 할 순 없죠.

하지만 소비자본주의 시대에는 욕망을 계속 창출해야 소비가 발생합니다. 인간의 절대적 생존을 위해 필요한 욕구와 달리, 욕망은 자연스러운 것이 아닙니다. 산업이 이 시대에 가장 적절한 욕구, 즉 돈이 되는 욕망을 만들어 내지요. 패션 산업을 예로 들면, 작년에 유행하던 바지 핏과 올해 유행하는 바지 핏이 다르고 치마 길이와 폭도 달라지지요. 최신 유행을 계속 만들어 내야 물건을 팔 수 있으니까요. 이윤을 창출해야 하므로 이상적인 몸과 아름다움의 기준이 계속 다르게 제시됩니다. 패션 산업은 화장품산업, 성형산업, 다이어트 산업 등과도 긴밀히 연결되어 있지요. 뷰티 산업은 이상적인 몸을 계속 보여 줘야하므로 미디어, 특히 광고를 활용합니다. 홈쇼핑, SNS, 웹사이트 등에 끊임없이 노출하죠. 이렇게 미디어 산업도 확장됩니다.

우리가 주체로 행위를 할 때는 무엇인가를 소비할 때입니

모두를 위한 성평등 공부

다. "고객님"이라고 불릴 때에야 우리는 주체성을 느낍니다. 부모가 정해 주는 대로 살다 보니 19세까지 주체성을 느끼지 못했는데 어느 순간 갑자기 주체가 됩니다. 무언가를 살 때 말이지요. 여기에 굉장한 쾌감이 있습니다. '나'는 소비하면서 존재합니다.

보이는 몸=나

신자유주의 시대에는 주체 형성 방식에도 변화가 생겼습니다. 보이는 몸이 곧 '나'가 되었습니다. 이제 날씬한 몸은 건강함을 넘어, 근면, 성실, 자기통제, 자기관리의 상징입니다. "몸매가 착하다"는 표현을 많이 쓰잖아요? 날씬한 몸이 선한 것이 되었다는 말입니다. 그럼 몸매 관리를 하지 않는 여자들은 어떻다는 걸까요? 게으르고 불성실하고 심지어 나쁘다는 겁니다. 어떤 것이 선하다는 것은, 그렇지 않은 것은 나쁘다는 의미이니까요.

또한 몸은 자본이 되었습니다. 몸은 관리의 대상이자 투자의 대상입니다. 몸이 스펙이 되었죠. 이전 시기에는 자본을 창출하는 노동하는 몸이 핵심이었는데 말이죠. 근대 자본주의는 노동자를 생산하기 위해 교육체계 등 사회를 다양한 방법으로 조직화했습니다. 그때는 노동하는 몸을 만들어 내는 데 집중했다면, 이제는 몸 자체가 자본이 된 셈입니다. 몸이 다양한 자원들을 축적하는 데 필수적인 권력과 지위, 남과 구별되는 상징을 소유하고 있다는 의미입니다. 사회에서 가치를 인정받고 재생산할 수 있는 몸의 지배적 형태가 있다고 믿어지게 되면, 우리 스스로는 그런 방식으로 몸을 계발하게 됩니다. 몸 자체가 교환가치를 가지게 되면 몸에 따른 구분 짓기, 계급화, 서열화가 심화됩니다. 어떤 몸을 갖고 있느냐가 사회적 위치에 큰 영향을 끼치고, 계급질서가 재생산되게 되지요. 인종화된 사회에서 피부색에 따른 서열화가 발생하듯 말입니다.

부모의 계급에 따라 아이들의 섭식이 달라지고 몸매도 달라지게 되지요. 가난한 시절에는 잘 먹어 통통하면 부잣집 아이라고 생각했지만, 요즘은 어린 시절부터 관리한 날씬한 아이들을 상층 계급이라 생각합니다. 미국에서는 가난한 흑인들이 상대적으로 몸무게가 많이 나가듯, 한국에도 이미 강남과 강북의 50대 이상 여성의 몸무게에 차이가 난다고 합니다. 몸이 사회적 계급질서와 상징체계의 핵심이 되었기 때문에 적극적 관리의 대상이 된 것입니다. 큰 변화입니다. 물론 가부장제 사회에서 오랫동안 지속된 여성의 몸과 아름다움에 대한 통념이 있습니다. 이 통념이 자본과 결합하면서 변주되고 있는 것입니다.

'조형적 몸'의 가능성?

자기 코가 낮아서 불만인 사람이 성형수술로 코를 높였다면 자존감이 높아질 것입니다. 개별적 경쟁력도 일정 부분 강화될 수 있습니다. 또 몸무게를 조절하고 건강한 몸을 만들려고 운동을 열심히 한다고 생각해 보세요. 자기가 머릿속에 그린 이상적 자아상을 책임감 있고 성실하게 만들어 낸다는 긍정적 쾌락이 생깁니다. 생각했던 몸매가 만들어지면 사람들의 시선이 달라지는 걸 느끼고, 친구들이 멋있다고 칭찬하기도 하겠지요. 자신의 몸을 스스로 통제했다는 데서 오는 지배력과 권능감이 생기죠. 아무리 공부해도 1등을 못 하는데 몸은 한 달 해보니까 딱 만들어졌어요. 안 하고 싶을까요?

성형을 해서 예뻐지고 몸을 열심히 가꿔 날씬한 몸매로 만들 수 있다면, 아름다움이란 선천적으로 타고난 것만이 아니라 후천적으로 획득 가능한 것 아닐까요. 견고해 보이는 기존의 계급체계를 흔들 수 있는 가능성도 열리게 되죠. 이를 사회적 차원에서는 '조형적 몸'이라고 합니다. 마음먹은 대로 바꾸고 조절하고 새롭게 만들 수 있는 몸의 가능성은 후기 근대 사회의 특징 중 하나이기도 합니다. 몸이 고정불변의 생물학적 실체가 아니라 사회에 의해서 어느 정도 형성되고 구속되며 창출되기까지 하고, 실제 기술의 발전으로 다양한 변이가 가능해졌지요. 따라서 예전에는 몸이 생물학적 숙명이었다고 한다면 이제는 의지와 자본, 기술의 도움으로 변화 가능한 것이 되었습니다. 귀속적 계급의 한계에 평생 갇히는 것이 아니라 자기 힘으로 사회적 지위를 바꿀 수 있는 것이 갖는 긍정적 힘처럼, 몸의 변화 가능성은 사회학적으로 아주 부정적이지만은 않습니다.

이미지와 현실 간 간극과 개인적 위험

그럼에도 불구하고 부정적인 측면이 훨씬 많습니다. 외모를 가꾸려면 일단 시간과 돈이 많이 듭니다. 다른 능력을 계발할 에너지를 외모 가꾸기에 써 버릴 수도 있습니다. 가지고 있던 다른 능력을 무시하고 소실해 버리는 역효과를 낳을 수도 있습니다. 또 각자 생각하는 이상적 자아상이 있으니 그것을 획득할 때까지 끊임없이 시도하게 됩니다. 가령, 성형수술을 했는데 전지현 같은 코가 안 나왔어요. 그러면 실망하고 될 때

모두를 위한 성평등 공부

까지 또 합니다. 혹시 이상적 자아상에 도달했다 하더라도 유지가 잘 되지 않습니다. 열심히 운동하고 섭식을 통제해 몸매를 만들었는데 곧 이전 상태로 되돌아가기도 하고, 다이어트는 요요현상으로 실패하고, 눈을 고쳤는데 코와 비율이 안 맞기도 하고, 계속 열패감이 생깁니다.

사실 소비문화에서 자기관리는 절박할수록 점점 더 잡히지 않는 목표가 됩니다. 사회적으로 받아들여지는 몸을 갖는다는 것은 그러한 몸을 '자연스럽게' 얻지 못하는 사람들에게는 어려운 일이지요. 이미지와 현실 간 극심한 간극이 발생하기도 하고요. 돈을 들이고 에너지를 쏟았는데도 안 된다고 생각하면 정신적 고통이 더 심해질 수도 있습니다. 성형수술의 부작용으로 실제 큰 고통을 겪기도 합니다. 사실 이상적 자아상은 획득할 수 없습니다. 그러니까 '이상적인' 것이지요. 한때 쌍꺼풀을 동그랗게 하는 게 유행이었는데 지금은 아니잖아요? 이상적인 상은 계속 바뀝니다. 그래서 예전에 동그랗게 쌍꺼풀을 했던 사람들이 다시 수술을 하는 것입니다. 그러면 부작용이 생기죠. 결국 자기 몸을 본인이 통제할 수 없고 조형적 몸을 갖는 데 한계가 있음을 깨닫게 됩니다. 다이어트를 너무 오래 하면 실제로 뼈가 약해집니다. 중고등학생 때 다이어트를 많이 한 사람은 후유증에 시달립니다. 나중에 골다공증이 찾아오고 건

강이 나빠집니다. 여성들은 다리에 알통이 배기는 근육운동은 잘 하지 않습니다. 남자의 몸 가꾸기와 여자의 몸 가꾸기는 다르죠. 남자는 근육과 힘을 기르는 데 주력하니 더 강해지고, 여자는 군살을 빼고 날씬함을 유지해야 하니 취약함을 기르게 됩니다.

이렇게 개인에게 물리적·심리적·경제적 고통이 가중됩니다. 부작용, 의료사고, 거식증 등 실제적인 위험도 존재합니다. 한국 사회에서 거식증 문제는 심각한 수준입니다. OECD 통계를 보면 전 세계에서 가장 날씬한 여자들이 일본과 한국 여자들입니다. 특히 중학교 학생들은 표준체중 미달이 굉장히 많습니다. 일본은 기름기가 적고 먹는 음식 양 자체가 적은 것이 문화이기에 그렇다 치더라도, 한국의 경우, 여성 스스로가 굉장히 통제하고 있다는 것입니다. 문제는 자신이 뚱뚱하다고 생각하는 비율이 굉장히 높다는 점입니다. 스스로 뚱뚱하다고 여기는 많은 아이들이 표준체중 미만입니다. 심각하지요.

페미니스트들은 거식증을 가부장제와 연결시킵니다. 가부장제 사회에서 여성의 몸은 늘 남성의 성적 대상이 되어야 합니다. 그런데 여성의 가슴과 엉덩이는 성적 대상일 뿐 아니라 재생산과도 연결되지요. 남성의 욕망에 부합하기 위해 섭식을 통제하고 몸매를 관리하다 거식증에 걸리게 되면 재생산력은 사라지게 되고 심지어 주체의 목숨이 위험에 놓이지요. 그래서 거식증 환자는 사실상 가부장제에 보이지 않는 저항을 하는 것이라 주장하는 수전 보르도(Susan Bordo)[1] 같은 학자들도 있습니다. 거식증 환자는 남성지배문화의 가치에 순응하는 듯 보이지만 나름의 방식으로 그 가치에 저항하고 있다는 것입니다. 이 과정에서 숨겨진 형벌을 몸으로 드러내고 있는 것이죠. 깡마른 거식증 환자의 몸 자체가 가부장제 끝자락에 달랑달랑 매달려 있는 여성의 상태를 의미하는 것입니다.

사회적 위험 : 여성 몸의 규범화, 이상화, 서열화

남보다 더 예뻐 보이고 싶고 눈에 띄고 싶어 열심히 노력했는데 결국은 비슷해진다는 문제도 있습니다. 동질화와 타자화 효과입니다. 미디어 등의 재현을 통해 제시된 이상화된 이미지를 추구하다 보면 개성과 차이가 아니라 동질화된 이미지를 갖게 되고 이를 통해 역설적으로 사회적으로 배제당하기도 한다는 의미입니다. 실제 성형외과 등에서 수술을 여러 차례 하고 주사를 여러 번 맞으면 비슷한 얼굴이 나옵니다. 마침내 '성괴(성형괴물)'라고 불리면서 배제와 낙인의 대상이 되기도 합니다.

여성의 특정한 몸 자체를 규범화하고, 현실에서 있을 법하지 않은 왜곡된 몸, 달성할 수 없는 이상적 몸을 정상화해 온 우리 사회의 문제임에도 개인이 결국 비난받고 손가락질 당하는 것이지요.

여기서 역설이 발생합니다. 남성은 특정한 여성의 몸을 이상적인 성적 대상으로 여깁니다. 그런데 남성에게 선택되기 위해 몸매 가꾸기를 열심히 한 여성들은 점점 취약해집니다. 어떤 몸이 선호된다는 것은 그렇지 않은 몸은 배제된다는 것이므로 여성의 사회경제적 위치가 남성의 판단에 의해 확대 재생산되는 것이지요. 남성 중심 사회에서 여성들 간 몸의 위계가 사회경제적 서열로 확대되는 것이고 결국 심판하는 자의 권력은 남성에게 고스란히 남습니다. 여성은 그저 판단의 대상에 머뭅니다.

신자유주의는 개인의 능력과 경쟁력을 우선시합니다. 그런데 여성에게는 외모 중심의 능력을 요구하죠. 외모 관리에 내적·외적 자산과 노력을 집중하게 함으로써 다른 자원과 능력을 키울 가능성을 줄입니다. 오히려 사회적 개인으로서 여성의 경쟁력도 떨어지게 됩니다. 개인이 자기쾌락을 추구하고 역량 강화를 도모하는 것은 비난할 수 없지만, 이런 구조에 나도 모르게 동조함으로써 기존의 가부장제는 물론 자본주의, 인종차

모두를 위한 성평등 공부

별적 질서에도 공모하게 됩니다. 그럼 구체적인 사례를 살펴볼까요.

아름다운 몸의 딜레마, 선택하는 자와 당하는 자

여성의 아름다운 몸은 계급 간 폐쇄적 구조를 무너뜨리는 치명적인 매혹일까요? 한국 드라마에 많이 나오죠. 신데렐라 이야기를 변주해서 끊임없이 나옵니다. 가난한 집에서 태어난 씩씩한 여자 아이가 있는데 얼굴이 예쁩니다. 그 아름다움은 부잣집 딸들이 열심히 관리하고 수술을 해도 획득할 수 없는 타고난 아름다움입니다. 비정규직으로 일하고 손에 때를 묻히고 있어도 남자는 그 아름다움을 알아봅니다. 결국 많은 여성들을 물리치고 주인공 남자에게 선택당하는 그녀의 자연스러운 아름다움은 계급과 세습 구조를 파괴하는 능력을 의미합니다. 타고난 아름다움도 능력이라면 자신이 가진 능력으로 계급 간 폐쇄구조를 무너뜨린다는 건 엄청난 쾌감으로 다가옵니다. 그래서 많은 여성들이 빠져드는 것이지요. 그렇다면 남자들은 이런 드라마를 왜 볼까요? 주인공 남자와 동일시하면서 언젠가 나도 능력 있는 남자가 되고 싶다, 예쁜 여자를 소유할 수 있는 남자가 되고 싶다는 욕망 아닐까요?

여기에 여성의 딜레마가 있습니다. 아름다운 몸이 교환가치를 지니긴 하지만, 결국은 남성의 자산입니다. 선택하는 자는 남성이거든요. 여성은 선택의 주체가 아니지요. 남성 중심 사회에서 여성은 대개 선택당하는 존재입니다. 그래서 여자는 처음에는 남자를 별로 안 좋아하는 것처럼 보입니다. 그러다가 어느 순간 좋아하게 되죠. 남자가 백화점에 데려가 옷을 바꿔 입혀 준다든지 혹은 인간미를 보여 줄 때 여성은 매력을 느끼지요. 돈 많고 능력 있는 남자의 외모는 그리 중요하지 않습니다. 심지어 여자는 이렇게 생각합니다. '이 남자를 내가 구제해 줘야지.' 그렇습니다. 미녀와 야수입니다.

우리는 이것이 진짜 사랑이라고 배웁니다. 남자가 사랑하는 것이 제일 중요하다, 좋아하는 남자가 있을 때 결혼해야 한다는 어른들의 말도 이와 연결되지요. 사실 여자는 대상인데 주체라고 착각합니다. 이런 딜레마를 왜 여성들이 소구할까요? 왜 쾌락을 느낄까요? 안 보면 되는데 왜 자꾸 보게 될까요? 이 신화는 양쪽에서 깨야 합니다. 어떻게 깰 수 있을까요? 왜 자꾸 매혹당할까요? 왜 드라마 속 여자가 나라고 착각할까요? 왜 그 여자가 되고 싶을까요?

남자가 여자를 선택하려면 능력 있는 사람이 되어야 합니다. 능력 있는 사람의 핵심은 무엇인가요? 돈과 권력이죠. 우리는 그렇게 배웠습니다. 남자는 자고로 능력이 있어야 한다, 돈도 많이 벌고 사회를 지휘 통솔하는 사람이 되어 예쁜 여자를 가져야 한다고 말입니다. 트로피 와이프라는 말을 들어보셨나요? 남자의 능력은 결국 아내의 외모로 평가된다는 의미입니다. 예쁜 여자와 같이 사는 남자는 필시 부와 권력을 가지고 있을 것이라는 사회적 기대를 반영한 것이지요.

여자는 어떨까요? 수많은 각인 효과를 통해 '나는 예쁘게 자라서 남자에게 선택받아야지'라고 생각합니다. 능력 있는 남자와 결혼해야 행복하다는 어른들의 이야기, 각종 동화와 미디어를 통해 어린 시절부터 반복적으로 학습해 왔지요. 이것이 굉장히 중요합니다. 사실 각인된 효과는 어느 정도 현실을 반영합니다. 오랫동안 여자는 사회적 지위를 스스로 획득할 수 없었습니다. 사회적 지위를 획득하더라도 남자를 잘못 만나면 인생을 망친다고 합니다. 그래서 여자는 어쨌든 뒤웅박 팔자다, 남자를 잘 만나야 한다고 이야기합니다. '선택하는 자' 남성과 '선택당하는 자' 여성이라는 구조입니다. 여성이 상대적으로 열등한 사회적 지위에 있기 때문입니다.

실제 여성의 대학 진학률이 남성보다 높은 오늘날에도

20대 취업률을 보면 비정규직에서 여성의 비율이 높습니다. 우리 부모님을 보세요. 어머니도 아버지와 똑같이 대학을 나왔지만 전업주부로 가사노동에 전념하며, 아버지의 사회적 계급에 따라 평가받습니다. 아버지들에게 그 이유를 여쭈면, "네 엄마가 밖에 나가 벌면 얼마를 버니"라고 답할 겁니다. 전형적인 성별 고정관념과 역할분리가 실제 사회적 지위와 경제적 지위 차이를 생산하고 있는 것입니다. 엄마들이 아직도 "대학에서 공부하면 뭐하니. 남자를 잘 만나야 한다"고 말하는 이유입니다.

이성애 중심 가부장제 자본주의 사회에서는 남성들이 보고 싶어 하는 몸이 있고 실제 여성들이 알고 있는 몸, 즉 나의 몸이 있습니다. 남자들이 생각하는 이상적인 여자의 몸과 얼굴이 있고, 실제 세상에서 살아가고 있는 나의 몸이 있습니다. 사회가 요구하는 이상적인 몸과 내 몸, 재현되는 몸과 실제 몸 간 간극이 엄청나죠.

한동안 얼굴은 베이비 페이스, 몸매는 '쭉쭉빵빵'인 베이글녀가 유행했습니다. 그런데 이러기가 쉽습니까? 아무리 노력해도 되지 않을 뿐 아니라, 외모만을 위해 노력했을 때 결국 따라오는 딜레마를 앞서 살펴보았습니다. '몸매가 착하다'는 것은 그렇지 않은 몸을 멸시하고 혐오하게 된다는 사실도 살펴보았습니다. 아름다움을 찬양하는 만큼 추한 몸을 비하하고 비난합니다. 이것이 바로 여성혐오입니다. 여성혐오는 '여자를 싫어한다'가 아니고, 집단에 따른 집합적 편견이 있고 이에 따라 집단을 배제하고 차별하는 효과를 낳는다는 것을 의미합니다. 심지어 그러한 차별을 정당화하는 기제가 됩니다. 그래서 많은 페미니스트들이 남성혐오는 존재하지 않는다고 말합니다. 백인혐오, 부자혐오라는 말이 존재할 수 없듯이요.

여성들이 '두렵다'고 하는 것은 안전에 대한 불안뿐만 아니라 판단에 대한 두려움이 포함된 말입니다. 늘 남의 눈을 신경 써야 하기 때문입니다. 아침에 세수만 하고 머리 질끈 묶고 나오기 어렵단 말이지요. 누군가가 뒤에서 내 외모를 평가하고 비교하니까 불안에 시달리는 거죠. 외모가 '나'라는 인간을 평가하는 가장 중요한 기준이 되면 더 그렇습니다. 그래서 더욱더 여성스러운 것, 성적인 것, 젊음을 추구해야 한다는 강박이 생깁니다. 요즘 나이 든 여자에게 가장 큰 칭찬은 '어려 보인다'잖아요. 지성, 권력, 현명함을 상징하는 남성들의 나이 듦과 달리 여성의 나이 듦은 추함과 연결되기 때문이지요. 신데렐라, 백설공주 등 동화 속에서 끊임없이 변주되어 온 이미지들입니다. 아름다움은 젊은 여성의 몸에 존재하는 것이고, 남성의 선택을 받을 수 있는 '가치 있는' 대상이 된다는 의미입니다. 반면 늙은 여자는 추할 뿐 아니라 심지어 악한 존재로 묘사되어 왔지요. 사회적 응징을 받고 사라져야 한다는 메시지를 계속 던졌던 것입니다. 백설공주의 계모 왕비는 매일 거울 앞에 서서 남성 판관자의 의견을 구하고 자신보다 아름답다고 판단된 백설공주를 질투합니다. 경쟁상대가 될 수 없는 젊은 여성과 경쟁하다 추한 몰골을 보이며 결국 죽게 되지요. 늙은 여자는 젊은 여성을 위해 자리를 비워 줘야 합니다. 그러나 생각해 보세요. 경쟁은 무엇을 위함일까요? 더군다나 어리다는 것은 사실 사회적 취약함과 연결됩니다. 어림은 권력과 거리가 먼 것이며, 천진난만함은 이성적 판단 능력 결여와도 연관되니까요. 여성은 이렇게 '정신없는 신체', '영혼 없는 몸'이 되어야 한다고 강요받았습니다. 남성들의 기준에 맞추려고 노력하면 할수록 슬프게도 인간으로서의 가치, 능력과는 점점 더 거리가 멀어지게 되는 것이지요.

오랜 여성의 덫 : 유리구두, 전족, 하이힐, 코르셋

어린 시절 잠자리에서 흔히 읽었던 동화 신데렐라를 생각해 봅시다. 신데렐라는 사실 엄청난 노동에 시달렸지요. 그러면 손과 얼굴이 어떻게 될까요? 사실 고울 리가 없겠지요. 그

모두를 위한 성평등 공부

런데 신데렐라는 아무런 노력을 하지 않는데도 천상의 아름다움을 가지고 있습니다. 재투성이 속에서도 반짝반짝 빛나는 내추럴 뷰티 말이지요. 우리는 이게 가능하다고 착각하고 동화책을 봤지만, 아무리 아름다운 여자라도 일단 꾸며야 합니다. 그래서 신데렐라도 요정이 필요했습니다. 외모도 바꿔 주고 옷도 바꿔 입혀 주고 구두도 신겨 주고 마차를 만들어 줍니다.

신데렐라의 머리 모양과 옷은 마술이기 때문에 시간이 지나면 없어집니다. 노력해서 옷을 바꿔 입고 꾸몄어도 언젠가는 사라지는 허상을 의미합니다. 그러면 무엇이 남나요? 유리 구두만 사라지지 않습니다. 이것은 무엇을 상징할까요? 우리는 12시가 지나도 없어지지 않고 왕자님의 손에 남겨진 유리구두를 절대미라고 생각하고 추구해 왔습니다.

그러니까 유리구두는 한 사람의 발에만 맞아야 합니다. 유리구두가 꼭 맞는 아주 작은 발은 남성이 생각하는 이상적인 여성의 아름다움을 상징합니다. 이상적 여성상에 맞는 사람은 하나뿐입니다. 그 상에 맞추려고 신데렐라의 언니들은 발꿈치와 발가락을 자릅니다. 현대로 보면 성형수술과 신체왜곡을 의미하지요. 이는 남성들이 원하는 여성상이란 대부분 여성들에게는 노력으로 획득 불가능한 이상임을 의미합니다. 단 한 명 신데렐라만 그 기준에 들어맞고 유리구두를 신습니다. 자, 여기서 다시 역설이 발생합니다. 구두에 발을 넣었다는 것은 가부장제에 복속됨을 의미합니다. 유리구두를 신고 파티는 끝납니다. 신데렐라는 왕자님과 결혼해 행복하게 잘 살았을까요? 아마 행복한 순간도 있었겠지요. 하지만 유리구두를 신고 어디를 자유롭게 갈 수 있을까요? 유리로 된 구두라서 걷는 순간 깨지겠지요. 결국 유리구두는 여성의 신체와 행동을 구속하는 가부장제 자체를 의미합니다. 신데렐라의 유리구두는 가부장제에 순응하는 수동적 여성에게는 잠정적이나마 혜택이 주어지되, 의문을 제기하는 순간 사라질 허상 같은 것을 상징합니다.

311쪽 위 사진은 실제로 전족을 한 여성의 발입니다. 전족은 중국에서 매우 오랫동안 관습처럼 내려왔습니다. 작은 발이 성적 매혹과 아름다움을 상징했거든요. 대체로 부유한 집 여성들에게 강요되던 관습이었지만, 여성들끼리 경쟁시키는 문화 속에서 가난한 집 여자들도 열정적으로 따라하기 시작했다고 해요. 가장 작은 발이 가장 아름다운 여성이라는 신화는 실제 오늘날 미인대회처럼 마을마다 '전족대회'를 열고 가장 작은 발을 가진 여성에게 상을 주었다고 합니다. 딸이 대회에 참가하지 않으면 발이 이상하게 생겼다는 소문이 돌아 결혼도 잘 못했다고 합니다. 좋은 집에 시집가려면 5~6세 즈음부터 발을 묶어 더 자라지 않게 만들어야 했습니다. 움직일 때 얼마나 불

모두를 위한 성평등 공부

전족을 한 여성의 발

서양의 전족, 하이힐

17세기 유럽의 하이힐

현대의 하이힐

편했을까요? 해서 전족한 여성들은 대부분 이동할 때마다 타인의 도움을 받아야 했고, 노동을 해야 하는 가난한 집안의 여성들은 밭일을 할 때 기어서 했다고 합니다.

서양에서는 전족을 중국 가부장제와 여성 억압의 상징이라며 비판해 왔습니다. 그런데 서양에는 이런 유사한 관습이 없었을까요?

311쪽 아래 하이힐을 보세요. 우리가 일상에서 신는 하이힐은 일종의 서양판 전족입니다. 16세기 이탈리아 사람들이 거리의 오물을 피하기 위해 신고 다녔던 굽 높은 신발이 나중에는 여성미의 상징이 된 것이죠. 많은 사람들이 여전히 여성의 가장 아름다운 모습은 하이힐을 신은 모습이라고 찬사합니다. 굽 높은 구두를 신으면 여성들의 엉덩이가 자연스럽게 나오고 가슴도 돌출되며 발걸음과 자세도 달라집니다. 성적인 함의가 내포되어 있지요. 생각해 봅시다. 10cm 이상의 뾰족한 굽이 달린 신을 신고 자유롭게 움직일 수 있을까요? 마음껏 뛸 수 있을까요? 계단을 오를 때도 조심해야 합니다. 보도블록에 낄까봐 엄청 신경 쓰잖아요? 움직임도 매사에 조심스러워야 합니다. 오래 신으면 발가락과 발목에 통증을 느끼고 심지어 발모양이 변형되기도 하지요. 척추질환의 위험조차 있다고 합니다. 코가 좁은 하이힐이 발가락 관절에 염증을 일으키고 변형을 일으킨다는 사실은 이미 다 알려져 있습니다. 행동양식과 움직임을 통제하며 여성들에게 신체적 고통을 안겨 주는 현대판 전족이 아닐 수 없습니다.

315쪽의 서양의 코르셋도 봅시다. 아름다운 몸매를 만들고 옷을 입었을 때 태를 만들기 위해 허리를 과도하게 조이고 가슴을 과장되게 돌출시켰지요. 〈바람과 함께 사라지다〉에도 등장하는 장면 생각나시는지요? 여주인공이 예뻐 보이기 위해 타인의 도움을 받아 허리를 졸라매던 장면요. 어려서부터 과도하게 사용된 코르셋으로 실제 내장이 파괴되기도 했다고 합니다. 코르셋을 입으면 행동이 얼마나 부자연스러웠겠어요. 이런 것을 입고 어떻게 남성들과 당당하게 어깨를 겨누고 경쟁을 하겠습니까? 인형같이 서 있어야만 하지요. 이것이 가장 예쁘다고 생각했고, 누가 더 허리가 가는지를 놓고 여자들끼리 경쟁했습니다. 전족, 하이힐, 코르셋 모두 당연하게 여기는 관습이라는 이름으로 지탱되었던 여성 신체에 대한 구속과 통제 방식이었지요.

그렇다면 여성들은 이런 관습에 그저 순응해 온 수동적 존재에 불과했을까요? 이제 여성들은 이 재현을 어떤 의미로 보았는지, 어떻게 저항해 왔는지 살펴보겠습니다.

본다는 것과 재현의 의미

'본다'는 뜻을 가진 영어 단어로는 look, see, watch 등이 있습니다. see는 자연스럽게 눈을 뜨고 보는 것입니다. look은 의도가 들어갑니다. watch는 더 들어가 관찰의 의미가 있지요. 한국어로 '본다'는 말은 포괄적이어서 보통 see라고 생각하기 쉽습니다. 요즘 한창 논쟁적이죠. "아저씨, 왜 쳐다봐요?"는 왜 나를 'looking' 하느냐는 뜻입니다. 보면 알잖아요. 그냥 see 하고 있는지, look 하고 있는지, 심지어 watch 하는지. "나는 의도가 없고 눈에 보여서 봤다"고 주장할지 모르지만, 사실은 보겠다는 의도에 따라 대상이 '선택'된 것입니다. 그러므로 보는 것은 자연적이고 가치중립적인 것이 아니라 사회적인 행위입니다. 보는 행위에는 기술이 매개되기도 합니다. 안경, 스마트폰, 카메라 등 여러 방식을 경유해 우리는 세상을 바라보지요. 무엇보다 보는 것에는 권력관계가 개입되기도 합니다. 보는 사람 혹은 볼 수 있는 사람과 보이는 대상 간 관계는 동등하지 않습니다. 그렇지만 이러한 관계가 자연스럽게 보이는 배경에는 이데올로기가 개입되어 있기 때문이지요. 젠더, 인종, 계층, 섹슈얼리티 등 수많은 이데올로기를 통해 보는 행위는 구조화되어 있습니다. 이데올로기란 한 사회 내에서 공유된 가치와 믿음

코르셋을 입는 장면을 그린 18, 19세기 풍자 만화

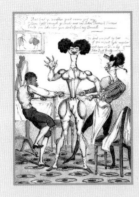 

체계를 의미합니다. 개인은 그러한 믿음 체계 속에서 사회구조와 자신의 복잡한 관계를 의미화하지요. 그래서 마치 어떤 보는 행위는 자연스러운 것이, 또는 다른 행위는 부자연스러운 것이 되지요. 그러므로 보는 행위는 정치적인 것이기도 합니다.

기술이 매개되고 선택적 행위를 통해 우리는 사물을 드러내고 봅니다. 라틴어 repraesentatio로 '다시(re) 현전케 하는 것 (praesentatio)'을 의미하는 재현(representation)은 글자 그대로 사물을 다시 드러내는 것입니다. 드러남은 그림, 소설, 사진, 영화, TV, 스마트폰, 인터넷 등 다양한 재현체계가 매개됩니다. 어떤 사람들은 재현이 현실을 반영하고 단순히 묘사하는 것이라고 주장했습니다. 사람이나 장소 또는 사물을 그대로 모사하는 수준에서 말이지요. 이처럼 모방(imitation)을 통해 세상을 거울처럼 비춰 주는 것이 재현이라고 믿는 것이 '반영 이론'입니다. 오랫동안 모방을 잘해야 가장 훌륭한 재현이라 생각했습니다. 예를 들어, 사진이나 영상 기술이 없었을 때는 실제와 똑같이 그림을 그리는 것이 가장 잘된 재현이었지요. 신문기사도 판단이 제거된 채 사실(fact)을 객관적으로 있는 그대로 묘사해야 한다고 보았습니다.

그런데 1970년대 구성주의 이론이 본격적으로 발전하면서 재현에 대한 의미가 달라집니다. 간단하게 말하면 재현은 현실

모두를 위한 성평등 공부

을 반영하거나 반사(reflection)하는 것이 아니라, 사실에 대한 이해, 감정, 사회적 가치관, 미래에 대한 상상 등에 의해 구성된다는 사고입니다. 이것이 구성주의 이론의 핵심입니다. 심지어 재현을 통해 우리는 세상에 대한 의미를 구축한다는 것이지요. 재현이 사회적 사실을 매개하고 조직하고 구성하기 때문입니다. 그러므로 보는 행위가 중립적이지 않듯, 재현 과정도 객관적이거나 가치중립적이지 않습니다. 사회적 질서와 권력 관계, 이데올로기가 개입되기 마련입니다. 성별이나 성적 지향이 타고난 것이 아니라 만들어지고 변화한다는 젠더나 섹슈얼리티에 관한 구성주의 이론을 생각하시면 이해가 될 겁니다.

재현된 이미지는 현대 광고와 소비 문화의 핵심적인 요소입니다. 이미지는 사회 권력과 이데올로기의 역동을 통해 재생산되기도 하고 파괴되기도 합니다. 우리가 보는 모든 것은 사실 재현된 이미지인 경우가 많습니다. 우리는 이미지를 통해 아름다움, 욕망 등 사회적 가치 등을 배우지요. 어떤 여자가 아름다운지, 어떤 남자가 멋진지, 어떤 것이 추한지, 어떤 것이 바람직한지 등등을요.

그러기에 1980년대 문화연구자 스튜어트 홀(Stuart Hall)은 '현실에 대한 사고, 가치 체계를 의미화하는 방식'이 재현이라고 주장했습니다. 세상에 대한 의미를 구성하는 매개체로서 현실 구성력을 지닌다는 의미입니다. 재현이 실제 개인의 의식과 행동에 영향을 미치기 때문에 우리는 재현방식과 해석을 둘러싼 의미 투쟁을 합니다. 정권이 바뀌면 언론 장악이 먼저 일어나는 이유이기도 합니다. 사람들이 세상을 이해하는 방식을 바꿔야 하기 때문입니다.

이데올로기 투쟁의 장으로서의 미디어

최근 미디어의 재현이 엄청나게 달라졌습니다. 할리우드 영화는 물론 한국 예능도 달라지고 있습니다. 한동안 남자들만 나오다가 페미니즘 열풍이 불자 그동안 비가시화되고 배제되었던 여자 예능인들에 대한 관심이 커지고 새롭게 조명받기 시작했습니다. 2018년 연말 방송연예 대상에 이영자 씨 등 여자 예능인들이 약진한 배경이지요. 이들은 실제 여성에 대한 기존의 고정관념에 도전하면서 호평을 받았지요.

한 예능 프로그램에서 이영자 씨가 열심히 먹어 가면서 "먹는 여자가 아름다운 것 아니냐"고 합니다. 먹는 여자에 대한 기존의 두려움과 혐오감에 정면 도전하며 음식을 여자 친구들과 소통하는 장으로 이용합니다. 타인을 비하하거나 혐오하지 않

모두를 위한 성평등 공부

고도 웃음을 줄 수 있다는 걸 보여 주지요. 그리고 수영복을 입고 나왔죠. 예쁘고 날씬한 여자만 수영복을 입고 나와야 한다는 고정관념을 깬 것이지요. 김숙 씨는 또 왜 그렇게 인기가 있겠어요? "집에서 조신하게 살림하는 남자가 이상형이다", "어디서 남자 소리가 아침부터 담벼락을 넘어서고 있어"라고 했잖아요? 고정된 성별 역할에 도전하며 억눌러져 있던 여자들의 열망을 반영했기 때문에 통쾌함을 선사하지요. 그러므로 미디어는 이데올로기 투쟁의 장입니다. 이데올로기가 투사되고 생산되며 재구성되는 도구입니다.

우리가 미디어를 알아야 하는 이유입니다. 성차별, 인종차별, 성소수자 혐오가 특정한 이미지와 재현물을 통해 끊임없이 생산되고 사람들은 이것을 당연한 것으로 이해합니다. 아름다움의 신화, 성적 대상화, 성역할 고정관념, 성차별 이데올로기 등이 미디어를 통해 재생산되고 정당화됩니다. 기존의 이데올로기, 지배적 사회구조가 강화되는 것이지요. 하지만 이에 저항하고 재구성할 변화 가능성도 열려 있습니다. 구성된다는 의미는 구성할 수 있다. 즉, 바꿀 수 있다는 사실도 함축합니다. 미디어는 압도적인 현실 구성력을 갖추고 있습니다. 그렇다고 인간이 마냥 수동적 존재는 아닙니다. 이해와 적극적 의지를 통해서 다르게 구성할 수 있으니까요. 우리가 다른 방식으로 사고하면 젠더에 대한 구성방식 또한 바꿀 수 있습니다. 그렇다면 연구자들은 구체적으로 어떻게 재현물들을 비판하고 저항하고 재구성의 가능성을 열었을까요?

여성의 정형화된 이미지 비판

초창기 자유주의 페미니즘은 미디어가 현실을 적절히 반영해야 하는데 그렇지 못하다고 보았습니다. 미디어에서 여성은 상징적으로 부재하거나 왜곡되어 묘사됩니다. 변화하는 여성의 모습을 제대로 반영하지 않고 오히려 전통적인 성역할 개념을 강조하거나 성차별적인 방식으로 재현합니다. 예를 들어 수많은 여자들이 경제활동을 하고 사회 진출을 하고 있는 것이 현실인데도 미디어는 여성을 주로 전업주부나 의존적 대상으로 그리고 있는 것이지요. 뉴스에서는 나이 든 권위 있는 남자 앵커가 주도하고, 젊고 미숙해 보이고 그저 앵무새처럼 이야기하는 아름다운 여자가 보조적 역할을 하지요. 아이들 광고를 보면 항상 남자 아이가 더 키도 크고 똑똑하게 나오고, 여자 아이들은 드레스를 입고 여성스러운 몸짓과 태도로 재현됩니다. 심지어 화장까지 열심히 시켜 내보냅니다. 성적인 대상처럼 느

모두를 위한 성평등 공부

꺼지게 말이죠. 이런 재현방식이 아이들의 사회화에 영향을 미쳐 왜곡된 여성 이미지와 전통적 성역할을 자연스러운 것, 정상적인 것으로 받아들이게 합니다. 또 일상 속의 실천으로 재생산되죠. 매우 간단하지만 굉장히 중요한 지점입니다. 바로 이 지점에 자유주의 페미니스트들의 문제의식이 있습니다. 자유주의 페미니스트들은 정형화된 이미지의 내용뿐만 아니라 이미지가 지니는 현실성과 영향력을 분석합니다. 영화 속에서 여성 캐릭터의 재현방식과 역할, 효과 등을 비판적으로 분석할 뿐 아니라, 미디어 산업에서 여성들의 배제와 차별을 드러내는 일도 자유주의 페미니스트들의 주요한 작업입니다. 주로 객관적이고 과학적인 분석을 통해 불공정함을 폭로해 왔지요.

대표적인 자유주의 페미니스트 베티 프리단(Betty Friedan)은 1960년대 《여성성의 신화》에서 당시 여성잡지가 어떻게 여성을 정형화된 이미지로 그렸는지, 이것이 실제로 여성들에게 어떤 영향을 미쳤는지를 분석했습니다. 기자 출신이어서 아주 섬세하게 현실적으로 그려냈죠. 1970년대 초반 저메인 그리어(Germaine Greer)는 로맨스 소설을 분석합니다. 10대 여성들은 왜 로맨스 소설을 보는지, 로맨스 소설에서 여성이 어떻게 재현되는지 분석했습니다. 사랑과 성에 대한 관념을 만들어가는 시기인 10대 시절에 백마 탄 남자를 기다리고 있는 소설의 주인공들이 실제 큰 영향을 주었겠지요. 게이 터크만(Gaye Tuchman)은 〈여성의 상징적 절멸(The symbolic annihilation of women by the mass media)〉에서 매스 미디어와 광고의 내용을 광범위하게 조사한 후, 실제 존재하는 여성이 상징체계에서 사라졌다고 주장합니다. 즉, 여성은 피해자 혹은 소비자 혹은 전통적 여성 역할로만 재현되고 있다는 것입니다.

자유주의 페미니즘은 당연하게 여겼던 미디어의 성차별적 재현방식에 문제제기를 하면서 성차별적 미디어 제도 변화를 주도했다는 데 큰 의미가 있습니다. 대중매체에서 일하는 여성들이 수적으로도 많아져야 하고 그들이 받는 불공정한 처우도 개선해 전반적인 지위를 제고해야 합니다. 미디어가 여성을 재현하는 방식을 바꾸려면 여성을 올바르게 묘사할 수 있는 장치를 마련해야 합니다. 자유주의 페미니즘은 이를 위한 법과 제도적 개혁은 물론 미디어 제도, 산업구조 전반을 변화시키고자 노력했다는 데 의미가 있습니다. 그럼에도 한계는 있었습니다. '어떻게' 재현되는가, 무엇이 문제인가는 질문했지만 '왜' 그러한지는 묻지 않았기 때문입니다. 왜곡된 이미지를 만들어 낸 성차별 구조에 대한 근본적인 질문은 적다는 의미입니다. 여성이 표상되는 방식에 대한 답은 주었지만, 왜 특정한 방식으로 여성들이 묘사되어 왔는가 하는 보다 근본적인 질문에는 적

모두를 위한 성평등 공부

절한 답을 제공하지 못했던 것입니다. 올바르게 재현된다는 것은 무엇인가에 대해서도 모호합니다. 긍정적인 여성 이미지란 결국 남성과 같아지는 것일까요? 가정주부가 여성 전사 혹은 전문직 여성이 되는 것이 긍정적인 여성 이미지로의 전환일까요? 성별 역할이 바뀌면 불평등한 현실이 해결될까요? 여성이 남성과 동등한 기회를 얻고 '현실적'으로 재현된다면 성평등한 사회는 보장되는 것일까요?

재현은 현실구조에서 기인한 문제이다

이 질문들에 답하고자 급진(radical) 페미니즘이 등장합니다. 1960년대 후반 서구에는 자본주의가 계급 억압의 근원이라면, 여성 억압의 근원은 성억압, 즉 가부장제라고 주장하는 일군의 페미니스트들이 등장합니다. 여성에 대한 억압은 법과 제도적 개선으로 해결되지 않으며 성차별적 구조가 근본적으로 뿌리 뽑혀야 된다고 합니다. 그래서 래디컬(라틴어로 '뿌리'의 의미)이 었지요. 가부장제 사회에서 여성을 성적으로 억압하는 방식은 미디어의 재현에서도 고스란히 드러납니다. 여성이 이렇게 재현되는 이유는 여성이 우리 사회에서 바로 그런 존재이기 때문이지요. 미디어 텍스트만 따로 떼어서 보는 게 아니라 현실 속 여성의 지위와 연결해 생각해야 한다는 것입니다. 미디어 재현물과 현실 여성은 상호구성적 관계를 지니기 때문입니다.

초기의 대표적인 학자 케이트 밀렛(Kate Millett)은 《성의 정치학(Sexual Politics)》(1970) 첫 장을 여성혐오와 남성 중심적 성적 욕망에 기반한 문학작품을 비판하는 것으로 시작합니다. 헨리 밀러, 노만 메일러, D. H. 로렌스, 장 주네 등이 재현한 여성혐오적 텍스트는 사실상 당대 여성의 사회적 위치와 관련되어 있고, 남자들이 누렸던 문단 권력과도 연결됩니다.

안드레아 드워킨(Andrea Dworkin)과 캐서린 매키넌(Catharine Mackinnon)은 포르노와 성매매를 연구한 페미니스트 법학자들입니다. 자유주의 페미니스트들이 포르노를 성적 표현과 연결지어 생각했다면, 급진 페미니스트들은 그러한 표현이 어떤 내용을 담고 있고 누구를 위한 재현인지에 주목했습니다. 이들은 포르노는 단지 언어나 그림 등의 표현물이 아니고 행위이기 때문에 평등한 포르노는 존재하지 않습니다. 포르노는 여성이 가진 모든 속성을 성애화하고 물상화하므로 "여성에 관한 모든 이데올로기의 근원이 되는 이데올로기"로서 여성 종속에 대한 핵심적인 이론이자 실천입니다. 매키넌은 포르노는 "남녀 차별에 관한 성이론"이자 여성의 종속과 착취를 조직적으로 실행하는 정치적 실천 행위라고 말합니다.

이런 이론들이 등장하면서 성적 재현물에 대한 본격적인 분석과 의제화가 이루어졌습니다. 그동안 남성의 문화라고만 생각했던 단순한 성적 표현물이 아니라, 가부장제 사회의 폭력 행위이자 남성 우위의 섹슈얼리티 체계를 재생산하는 도구라는 것입니다. 그러므로 이들은 미디어가 기존의 젠더 위계질서를 재생산하는 제도로 문제시합니다. 급진 페미니스트들은 해법으로 반포르노 운동, 성평등을 위한 의식화 교육, 대안적 재현을 위한 대안 미디어를 제시했습니다.

그럼에도 급진 페미니스트들은 여러 가지 비판에 직면했습니다. 여성이 젠더로만 결정되는 단일한 집단일까요? 여성은 단순히 피해자일 뿐일까요? 여성의 주체적 욕망과 쾌락은 불가능할까요? 이후 1970년대 중후반을 지나 1980년대로 넘어가면서 생산방식과 텍스트 내용만 중요한 것이 아니라 수용자 입장에서도 다른 방식으로 해석할 수 있고, 그 해석 자체가 저항의 가능성을 만들어 낼 수 있다는 논의가 발전합니다.

시선의 권력, 젠더화된 시선

성별화된 재현방식에 대한 또 다른 통찰력을 제공한 남성 학자도 있습니다. 1970년대 초반 영국의 미술평론가 존 버거 (John Berger)는 《어떻게 볼 것인가(*Ways of Seeing*)》라는 책을 통해 seeing의 작용에 대해 이야기합니다.

우리가 그저 자연스럽게 본다고 하는 방식에도 알고 보면 모두 주체와 대상으로 나누어져 있습니다. 주체는 백인 남성이고, 관찰 대상은 주로 여성입니다. 판단자, 관찰자로서 남성은 텍스트 안이 아니라 밖에 있습니다. 그는 서구의 미술사에서 누드화를 분석해 to be naked(벌거벗음)와 to be nude(누드)를 구분합니다. to be naked는 우리가 목욕탕에서 옷을 벗듯, 자연스러운 자기 자신이 되는 것입니다. 나 자체를 있는 그대로 드러내는 것이죠. to be nude는 타자에 의해 보여지는 몸, 전시되는 몸입니다. 자아와 분리되죠. 타자가 보고 싶은 몸이니까요. 특히 여성의 몸과 섹슈얼리티와 연관됩니다. 즉, 서양 누드화는 남성의 성적 욕망과 감정에 초점이 맞추어져 있고, 여성은 남성에게 접근 가능한 취약한 몸, 성적 대상이 되는 몸이 되어 끊임없이 발가벗겨서 그려지고 전시됩니다. 마치 to be naked인 것처럼 말입니다.

남성은 행위를 하고 여성은 보여진다.

존 버거는 여성이 어떻게 보여야 하는지는 결국 여성이 사회적으로 취급되는 방식과 연관된다고 말합니다. 여성이 낮은 지위를 가지는 사회에서 여성은 남성 시각의 오브제일 뿐입니다.

여성의 의식 속에는 남성 간수가 산다 :
규율 권력으로서의 시선

재현 분석에서 또 하나의 획을 그은 연구자가 등장합니다. 프랑스 철학자 미셸 푸코(Michel Foucault)는 1975년 《감시와 처벌(*Discipline and Punish*)》에서 패놉티콘(Panopticon, 원형감옥)을 이야기하면서 근대 권력과 전근대 권력의 차이점을 설명한 바 있습니다. 근대 권력은 모든 것을 볼 수 있는 지배의 시선, 모든 것을 내다볼 수 있는 권력을 제도화했습니다. 마치 누군가 저 높은 탑 위에서 자신을 늘 지켜보고 있는 것처럼 말이지요. 누가 있는지 없는지 모르지만 사람들은 있다고 믿습니다. 그래서 스스로 순종적으로 행동합니다. 예전에는 권력에 저항하고 사회규범을 어기면 대중이 보는 앞에서 참수형에 처해졌고 이를 통해 왕이나 귀족의 권력이 얼마나 강력한지를 보여 주었습니다. 하지만 근대 사회는 그럴 수 없지요. 그런데도 우리는 누가 시킨 것도 아닌데 법과 제도를 잘 지킵니다. 법 질서의 내면화와 자기규율을 통한 자기통제 양식이 몸에 베여 있어서 그렇습니다. 학교, 가정, 또래 문화 등 각종 제도를 통해 순응적 몸이 만들어지는 것이지요.

성별화된 재현을 비판하는 많은 페미니스트들은 이 이론을 적용합니다. 마른 몸을 누가 직접적으로 강제한 것도 아니고, 예쁘지 않으면 법적 처벌을 받는 것도 아닌데 여성들은 다이어트에 몰두하고 외모 만들기에 집중합니다. 매일 거울을 보고 외모를 점검하지만 실제 나를 보고 있는 것은 가부장적 규범이지요. 비가시적 통제방식과 사회적 압력이 있지만 여성들은 언뜻 보면 스스로 선택해서, 때로는 좋아서 하는 것같이 보입니다. 바로 여성 대부분의 의식 속에 패놉티콘의 남성 간수가 있기 때문입니다. 응시의 근저에 남성 권력이 있다는 의미입니다.

331쪽 사진은 거식증 환자를 대상으로 한 교육용 이미지입니다. 누가 나를 보고 있을까요? 거울 속에 있는 나를 보는 나는 내가 아닙니다. 사회에 존재하는 시선, 사회적 압력을 통해 나를 보는 것입니다. 철저히 가부장제 사회의 시선이자 규범이지요. "거울아, 거울아, 누가 세상에서 제일 아름답니?" 여성의

모두를 위한 성평등 공부

패놉티콘(원형감옥)

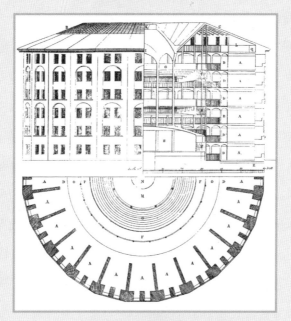

윌리 리벌리(Willey Reveley)가 그린 제러미 벤담의 패놉티콘(원형감옥) 계획(1791)

패놉티콘이 적용된 프레시디오 모델로 감옥(2005) 내부(쿠바)

질문에 응답하는 이 거울은 가부장 남성을 상징합니다. 매일매일 물어야 하고 판단을 기다리지요. 거울을 보는 여성은 거식증 환자입니다. 깡마른 몸매에도 불구하고 거울 속 자신은 너무나 뚱뚱하다고 말합니다. 그래서 이 사진은 사실 가부장제 사회에서 실제 몸과 사회적으로 기대되는 여성상 간 괴리 속에 여성의 자아가 계속 분열되고 있음을 보여 줍니다. 우리가 일상에서 접하는 광고나 잡지 사진, 게임에 나타나는 여성의 이미지를 생각해 보세요. 누구의 시선에 의해 만들어지고 누구의 욕망을 위해 여성이 전시되고 있을까요. 이를 통해 전달되는 메시지는 무엇일까요. 실제 자신의 몸의 현실과 다른 이미지들 속에 여성들의 불안과 분열이 심화될 수 있고, 여성의 사회적 역할 또한 제한될 수 있습니다.

여성들의 저항과 대안 만들기

그렇다면 여성은 계속 재현의 덫에 갇혀 있기만 할까요? 앞서도 설명했듯 재현은 현실을 단순히 반영하는 것이 아니라 현실을 구성하기도 합니다. 이미지는 보는 사람(관찰자, 관(람)객, 시청자)이 경험하고 해석하는 방식에 따라, 생산하고 보는 맥

모두를 위한 성평등 공부

스웨덴의 섭식장애 캠페인 광고 영상 한 장면

섭식장애가 있을 경우, 자기 몸의 이미지를 제대로 인식하지 못한다.

락에 따라 그 의미가 달라집니다. 의미는 이미지 안에 내재하는 것이 아니라 이미지(재현물 자체), 관객 그리고 생산과 해석의 맥락이 사회적 상호작용을 일으킨 결과물이자 과정입니다. 생산과정과 해독의 장이 달라지면 재현의 내용도 바뀝니다. 다르게 보는 주체의 존재, 다르게 해석하고 다른 의미를 생산하는 주체에 따라 의미가 바뀌고 재현체계 자체가 변화하기도 합니다. 세상이 달라지면 재현방식도 달라지지요. 우리는 사회구조를 바꾸기 위해 노력하면서 일상 속에서 기존의 의미를 해체하고 재구성하여 변화의 가능성을 모색할 수 있습니다. 실제 다른 세상을 추구하는 사람들에 의해 여성을 재현하는 기존 방식에 대한 저항은 계속되어 왔습니다. 다양한 방식으로 대안적 재현물도 나타났지요.

최근 한국의 SNS에서는 다른 재현방식을 고민하는 사람들이 많이 등장했습니다. 2017년 가장 인기 있었던 웹툰 중에 〈며느라기〉가 있습니다. 이외에도 문화예술 분야에 많은 페미니스트 작가들이 등장해 자신들의 커뮤니티를 만들고 대안적 재현을 고민하고 있습니다.

대안적 자기 재현을 지향하는 대표적인 운동으로 탈코르셋 운동이 있습니다. 페미니즘의 영향을 받은 10~20대 여성들은 그동안 당연시됐던 여성의 외모 치장을 '여성이기에 부당하게 감내해야 했던 성차별적인 노동이자 의무'라고 비판하면서, 지금껏 사용하던 화장품을 폐기하거나 머리를 짧게 자른 사진을 SNS에 올리는 등 일상에서의 실천으로 이어가고 있습니다. 그러므로 탈코르셋 운동은 강요된 아름다움에서 벗어나려는 운동을 넘어 나는 나답고 싶다, 남성 시선의 대상이 되고 싶지 않다는 것입니다. 남성을 위한 외모 가꾸기는 자발적 선택이 아니라 가부장제 사회의 억압이라는 것입니다. 그래서 외모 가꾸기를 꾸밈노동이라 부릅니다. 돈과 시간, 에너지가 드는 노동이되, 타인을 위한 소외된 노동으로 간주하기 때문입니다. 이 운동을 이끄는 사람들은 우리 사회에서 여자다운 것, 규범적 여성성이 무엇인지 질문합니다. 여성의 정형화된 이미지, 아름다움의 신화에 근본적인 문제제기를 하고 있는 것입니다. 운동에 동참한 여성들은 말합니다. 꾸밈노동을 그만 두니 시간도 생기고 돈도 절약되고 너무 자유롭다고 말입니다. 이들은 특정한 날을 정해 여성성을 강박적으로 실천하도록 유도하는 소비를 하지 말자는 여성소비총파업도 주창합니다. 그러므로 탈코르셋 운동은 성별 고정관념과 정형화된 아름다움의 신화를 거부할 뿐만 아니라, 소비자본주의 사회 전체에 대한 저항이고 남성 중심적 자본주의 체제 자체에 대한 항명입니다.

이제 여성들은 타인의 시선에서 벗어나 있는 그대로의 본인을 사랑하고자 합니다. 남성의 시선, 미디어가 요구하는 바람직한 외모가 아니라 개성과 다양성이 존중받는 사회를 지향합니다. 마른 몸, 살찐 몸, 아름다운 얼굴, 못생긴 외모가 아니라 활달한 것, 지적인 것, 창의적인 것을 추구합니다. 건강하든 허약하든 장애가 있든 안전하게 사는 삶을 원합니다. 사회에서 무의식적으로 강요된 족쇄를 벗어 던지고 당당한 자아로 성장하길 원하는 그들과 함께해 주시길 바랍니다.

주 —————————————————————————

1   보르도, 수전. 박오복 옮김(2003). 《참을 수 없는 몸의 무거움》. 서울: 또하나의 문화.

모두를 위한 성평등 공부

우리는 여성해방이 오랜 시간 진행된, 길고 지루한 싸움이라는 것을 알고 있다. 이 싸움은 쉽지는 않다 해도 언제나 흥미롭다. 미래는 이 세계의 질서를 다시 볼 것을 요구한다. 여성을 위해서뿐만 아니라, 인류 전체를 위해서 말이다. 인간 자유의 영역을 넓히는 일은 너무나 멋진 작업이다.

케이트 밀렛(1970),
《성 정치학(*The Sexual Politics*)》,

이 글은 미디어 재현에서 나타나는 성별 고정관념이 무엇인지를 알아보고, 이 고정관념이 우리 사회에 어떤 영향을 미치고 있는지를 다룹니다. 미디어를 이해하고 읽고 쓰는 능력이라는 의미의 미디어 리터러시 개념에 성평등 관점이 필요하다는 것을 강조하고 있습니다.

이 글은 '2018년 마을 속 성평등 학교만들기 사업' 청소년 성평등 교육활동가 양성교육 기본 과정에서 행한 강연을 정리, 보완한 것입니다.

8

미디어에서 여성은 어떻게 재현되는가

—————— TV, 영화, 게임, 웹툰, 유튜브 ——————

김수아
(서울대 언론정보학과/여성학협동과정 부교수)

TV나 신문 같은 전통 미디어는 이제 전통이다 못해 역사 뒤편으로 사라질지도 모르겠습니다. 실제로 방송국들이 광고를 못 받아서 무척 고전하고 있죠. 긴 세월 동안 공영방송, 특히 저널리즘이 신뢰를 많이 잃었고 더 이상 TV가 생활의 중심에 있지도 않습니다. 또 온라인 네트워크를 통해 다양한 엔터테인먼트를 즐길 수 있으니 TV 시청률이 전반적으로 하락했습니다. 그럼에도 여전히 우리가 방송을 중요하게 다루어야 하는 이유가 있습니다. 젊은 세대나 청소년이 TV를 시청하지 않는 것 같아도, 조사결과를 보면 주로 웹에서 TV 클립을 보기 때문입니다. TV 수상기를 이용하지 않고 TV 프로그램에 시간을 온전히 다 투자하지 않을 뿐입니다. 어떤 한 부분이 재밌어서 혹은 화제가 되는 장면이 있어서 잠깐 짧게 끊어서 보는 거죠. 미디어 소비가 파편화된 부분이 있어서 과거와 달리 모두가 다 아는 장면, 모두가 다 보는 프로그램이란 게 이제 가능하지 않은 겁니다.

TV는 확실히 우리가 '이 세계를 어떻게 생각하는가'에 영향을 미칩니다. 물론 초기 미디어 연구자들이 생각했던 것처럼 아주 즉각적이고 강력하지는 않습니다. 광고를 보고 바로 물건을 사러 가는 것도 아니고, TV에서 뭐라고 하면 그걸 바로 믿어 버리는 것도 아닙니다. 하지만 그 영향력은 큽니다.

문화계발효과이론(cultivation theory)

TV 시청과 현실 인식 사이에는 상관관계가 있다. TV는 다양한 사회 현실을 일관된 방식으로 광범위하게 제공하고 반복적으로 묘사하기 때문에, 시청자들이 세상에 관해 가치판단을 할 때 영향을 미치게 된다. 예컨대 TV가 여성이 공적 영역에서 능력이 부족하여 남성이 대신 문제를 해결하는 내용의 드라마를 계속 만든다면, TV를 자주 보는 시청자는 여성이 공적 역할을 맡는 데 문제가 있다고 생각할 확률이 조금 더 높아진다.[1]

TV의 영향력을 '문화계발효과이론'으로 설명하는데, 미국에서 나온 이론이지만 한국에서도 관련 연구를 진행한 바 있습니다. 사람들은 TV를 통해 사회적 현실이 어떻게 구성되는지 알게 됩니다. TV는 내가 이런 상황에서 이런 행동을 하는 것이 올바른가, 그렇다면 어떻게 행동할 것인가를 판단하는 준거점을 마련해 줍니다. 물론 이 이론이 지나치게 단순하다고 여기는 사람들도 있습니다. 하지만 사람이 실제 경험할 수 있는 것에는 한계가 있기에, TV라는 매체를 통해 간접적으로 알게 되는 여러 정보가 일종의 편견을 만들어 낸다는 것은 일반적으로 동의할 수 있는 내용입니다.

파란색/분홍색과 성별 고정관념

10세 이하의 아이들은 세상을 인지하는 시기이기 때문에 미디어에 훨씬 더 민감하게 반응합니다. 범죄 보도를 많이 보게 되면 두려움이나 심리적 충격의 빈도가 늘어난다는 연구결과도 있습니다.[2] 이것이 폭력의 재현을 비판하는 이유입니다. 뉴스에서 범죄의 전후 맥락을 자세하게 설명하고 폭력 장면을 상세하게 묘사하면 안 된다고 말하는 근거이기도 합니다. 아이들은 폭력과 관련된 뉴스 화면을 접하면 마음에 두려움을 남기는 경우가 있습니다. 이후 이 심리적인 두려움 때문에 행동에 영향을 받기도 합니다. 물론 상관관계가 있다는 것이지 두려움 때문에 큰 문제가 발생한다는 의미는 아닙니다. 인과관계로 설명할 수 있는 것은 아니지만, 폭력과 범죄를 선정적이고 잔혹하게 보도하는 것은 세계에 대한 인식, 위험에 대한 인식 등에 영향을 미칩니다.

아이들과 관련하여 가장 많이 논의되는 영역은 성역할과 관련된 사회화 부분입니다. 사람들은 왜 뽀로로는 파란색 펭귄이고 루피는 분홍색 비버인지, 루피는 왜 요리를 잘하고 운동은 잘 못하는지, 남자 아이로 설정된 캐릭터들에 비해 루피는 왜 말썽을 부리지 않는지 등을 이야기해 왔습니다. 아이들이 세계를 배워 나가는 시기에 남자 아이와 여자 아이로 구분하여 성별에 따른 명확한 특성과 성격을 부여하는 어린이 애니메이션이 갖는 효과는 굉장히 큽니다.

TV의 효과는 단일하거나 한 방향으로만 나타나는 것은 아닙니다. 그럼에도 어린이 애니메이션이나 폭력물만큼 로맨스 드라마 역시 결혼과 사랑을 어떻게 인식하는가에 영향을 미칩니다. 한 연구에 따르면, 로맨스 드라마를 많이 보는 사람은 적게 보는 사람에 비해 결혼할 때 첫눈에 반하는 것을 중요하게 생각합니다. 또 결혼생활이 항상 행복할 것이라 생각하는 비율도 조금 더 높게 나타납니다.[3] TV를 많이 보는 사람과 적게 보는 사람이 현실 인식에서 차이가 있는 것이지요.

그런데 재미있는 사실은 한국의 경우, 드라마를 많이 보는 사람이 일상 만족도가 높다는 점입니다. TV를 많이 보면 '내

애인은 이렇게 안 해 주는데…' 하고 불만이 생길 것 같지만 그렇지 않은 경우가 많다고 합니다.[4] 오히려 드라마가 너무 과장되어 있기 때문에 거리두기가 가능하다는 것입니다. 최근 한국 드라마에는 현실에서 비교할 수 없는 존재가 등장합니다. 예전에는 재벌이었는데 이제는 외계인이거나 도깨비거나 하니 비교 자체가 안 되어 일상의 만족도에 특별히 영향을 미치지 않습니다. 하지만 낭만적 사랑에 대한 환상에는 영향을 줍니다. 사랑이란 첫눈에 반하는 것이고 결혼하면 오랫동안 행복하게 산다는 환상 말입니다.

편견은 게으르기 때문에 생기는 것

이처럼 미디어가 우리 생활세계를 전적으로 결정하는 것은 아닙니다. 하지만 TV에 묘사된 현실은 우리가 실제 현실에서 어떤 일이 일어나고 있는가를 판단할 때 증거로 작용할 수 있습니다. 그래서 중요하게 다루어야 하는 개념 중 하나가 '스테레오 타입'입니다. 즉, 편견이지요. 스테레오 타입은 어떤 집단에 특정한 정체성과 특징을 부여해 놓고 이를 자연스럽게 수용하는 행태를 말합니다. 스테레오 타입 혹은 편견은 기본적으로

모두를 위한 성평등 공부

인간이 게으르기 때문에 발생합니다. 편견을 가지지 않으려면 굉장히 노력해야 하니까요. 저도 편견에 가득 찬 말을 종종 할 때가 있어서 반성하곤 합니다.

인간은 특히 자기와 먼 존재일수록 편견을 가지게 됩니다. 예를 들어, 한국 사람이 생각하기에 자기와 먼 존재인 외국인 노동자에게는 편견에 가득 찬 말을 무심코 그냥 내뱉습니다. 생각하지 않고 말하는 것이고, 이것이 바로 편견입니다.

기존에 가지고 있는 정보만으로 판단하고 뱉어 버리는 것이 편견이라면, 미디어는 편견을 엄청나게 생산하고 있습니다. 미디어가 주는 정보를 깊이 생각하지 않고 비판적으로 검토하지 않으면, 미디어가 제시하는 편견을 그대로 반복하게 됩니다. 현대 사회의 미디어는 비슷한 내용을 반복적으로 전달하는 경향이 있습니다. 그래서 편견이 강화될 가능성이 높아집니다.

그런데 이러한 편견은 보통 소수자들을 향하기 때문에 문제가 됩니다. 이 세상에는 우리가 직접 만나 이야기할 수 있는 존재보다 거리, 시간 등의 문제로 직접 상호작용할 기회를 갖지 못하는 다양한 타자들이 더 많습니다. 타자들을 다 만나지 못하는 상황에서 미디어가 그들에 대한 정보를 주면, 우리는 그것을 현실과 동일하게 생각하고 머릿속에 받아들인 다음 그에 근거해 정보를 처리해 버립니다.

스테레오 타입 가운데 우리나라에서 문제가 되어 온 것 중 대표적인 것이 지역과 여성에 대한 차별입니다. 전라도 사람과는 거래를 하지 않겠다거나 직장에서 여성을 뽑지 않겠다거나 하는 것 말이지요. 물론 많은 나라에서 소수자나 여성을 제대로 잘 표상해 주지 않습니다. 아예 나오지 않는 경우도 많습니다.

- 여자는 감성적이어서 이런 일을 할 수 없어
- 여자를 뽑아 놓으니까 경영실적이 떨어져
- 여자는 아이를 키우느라 직장에 헌신하지 않아

이런 식으로 이야기하는 정보가 머릿속에 쌓여 있다가 편견으로 나타납니다. 너무나 당연하게 여성이 더 감정적이라거나, 여성은 공적 영역의 일을 맡을 자격이 없고 제대로 해내지도 못한다고 생각하는 경우가 많습니다.

외국인에 대한 편견 역시 미디어를 통해 강화됩니다. 한국에서 외국인 노동자나 결혼 이주민에 대한 재현물 중 상당수는 계속해서 문제를 지적받고 있습니다. 한 프로그램은 결혼 이주 여성을 다루면서 이들이 살아온 문화적 맥락은 완전히 무시한 채 시부모와 갈등하는 모습만 계속해서 보여 줍니다. 시부모의 인종차별적 발언도 여과 없이 내보냅니다. 외국인의 생활

모두를 위한 성평등 공부

을 그릴 때 힘들게 고생하는 모습만 그려내는 것 역시 차별적입니다. 외국인들을 소개할 때 고난이나 갈등이 없으면 시청률이 떨어진다는 것은 상징적이기도 합니다.

이런 종류의 재현만 보고 있으면 사람들은 '아, 외국인들은 이렇구나' 하고 받아들일 수 있습니다. 결혼 이주 여성이 출연하는 다양한 프로그램에서 시어머니가 타국 출신 며느리에게 인종차별적인 말을 쏟아내도 자연스럽게 받아들입니다. 이것이 미디어의 문화계발효과이론이 말하는 스테레오 타입 구성의 문제입니다. 스테레오 타입을 많이 접할수록 사회 주류의 사고방식에 갇혀 반성도 없고 생각도 하지 않는 차별적 인식에 도달하게 됩니다. 변화를 생각하지 못할 뿐더러 차별적인 태도라는 점도 인정하지 않게 되죠.

이슬람인에게는 테러리스트라는 딱지가 붙어 있는데, 모든 이슬람인이 테러리스트는 아닙니다. 미국에서 어떤 특정한 인종적 생김새를 가진 사람에게 "멕시코에서 왔니?"라고 물어보는 것도 스테레오 타입의 영향입니다. 여기에는 층위가 굉장히 다양합니다. 한국 여성이 서구 여성의 시선으로 이슬람 여성을 바라보기도 합니다. 이슬람 여성들은 불쌍한 존재여서 자기 마음대로 결혼도 못 하고 나가지도 못 한다고 말입니다. 학교에서 히잡을 쓰고 다니는 유학생들을 보며 안타깝게 생각하죠.

스테레오 타입을 학습하는 아이들

스테레오 타입이 형성되는 데 영향을 미치는 제도적 영역은 가정, 학교, 미디어입니다. 아이들은 어릴 때부터 놀이, 옷 색깔 등 많은 부분에서 젠더 스테레오 타입을 학습합니다. 미디어, 학교, 가정에서 끊임없이 자기 성에 적절하다고 여겨지는 가치, 태도, 동기, 행동 등 성역할 규범을 배우죠.

먼저, 가정은 처음으로 성역할을 배우는 장소입니다. 가사노동 분담, 가정 내 권력구조를 어깨너머로 알게 되고, 부모님뿐 아니라 친척 어른들을 통해 성역할 규범을 듣게 됩니다. 남자가 부엌에 들어가면 안 된다는 어르신들의 이야기는 그 세대의 규범이긴 하지만 편향적이고 차별적입니다.

학교 역시 스테레오 타입 형성에 큰 역할을 합니다. 그래서 교과서를 바꾸자는 운동을 해오고 있습니다. 운동하는 이미지는 모두 남학생이라거나, 요리하는 이미지는 모두 여학생이라거나 하는 문제들을 해결하려 노력해 왔고 상당 부분 수정이 이루어졌습니다. 하지만 한편으로 교육현장에서 젠더와 페미니즘에 대한 문제제기는 이제 시작이라고 해도 과언이 아닙니다. 교육기회에서 형식적 평등이 이루어진 이후 페미니즘 문제의식이 교육현장에 반영되는 것을 그리 중요하게 생각하지 않

모두를 위한 성평등 공부

는 경우가 오히려 늘어나기도 했습니다. "성차별이 어디 있어. 여자 교사가 훨씬 더 많고, 여학생들이 더 똑똑하고 성취도도 높고 대학도 많이 가는데" 하면서 성차별을 언급하지 않거나, 초등학교 교사의 성비를 논의하면서 역차별을 말하기도 합니다.

그래도 2010년대 후반부터 페미니즘과 관련하여 초등학교 교사들의 연구회가 생기고, 수업에 페미니즘 관점을 도입하려는 시도가 늘어나고 있습니다. 교과서 내용을 수정하자는 요구도 하고 있죠. 특히 문학과 같은 교과서 내용을 살펴보면 성역할 고정관념에 매여 있는 경우가 많고, 외모지상주의 내용도 많다는 지적이 잇따르고 있습니다. 단순히 교과서 이미지의 성별 균형을 맞추는 데 그치는 것이 아니라, 다루는 사례나 문학작품에서 성평등에 대해 고민할 수 있는 기회를 만들어 주어야 한다는 것입니다.

재미있는데 왜요? 비판해야 바뀐다

스테레오 타입의 역할은 깊이 생각하지 않고도 이것은 이렇고 저것은 저렇다고 판단해 버릴 수 있는 사고의 틀을 만들어 주는 것입니다. 수용자들의 즐거움 역시 이러한 정해진 사고의 틀에 따라 만들어지고 이를 당연하게 여깁니다. '이건 좀 문제가 아닌가'라는 질문 자체를 하지 못하는 것입니다.

《씨네21》 김혜리 기자가 "한국영화는 암청색 영화다"라고 표현한 적이 있습니다. 남성 중심의 누아르 세계, 어두운 분위기에서 주로 범죄를 다루기 때문에 한국영화에는 암청색밖에 안 나온다는 것입니다. 2017년 즈음부터 트위터상의 유행어가 되었습니다. 암청색 영화라고 비판할 때 쟁점은 두 가지입니다. 하나는 정말로 많은 영화에 검은 양복을 입은 남자들만 나온다는 것, 즉 주연 역할에서 성비 균형이 너무 맞지 않고 기울어져 있다는 점입니다. 또 하나는 여자들이 나오긴 하는데, 잔인하게 살해당하거나 선정적으로 소비되거나 주체성이 하나도 없다는 것입니다. 여성은 보통 최종적으로 문제를 일으키는 사람으로 등장합니다. 그래서 남자가 문제를 해결해 줘야만 사건이 해결되는 방식입니다. 그런데 아이들에게 이 문제를 토론해 보자고 하면 이렇게 반응합니다.

- 왜요? 재밌는데요?
- 여자들이 이런 영화를 많이 보니까 그렇죠.
- 미디어는 현실을 반영하지 않나요? 실제로 여자 조폭이나 여자 경찰이 별로 없잖아요.

모두를 위한 성평등 공부

· 영화는 예술이잖아요. 예술의 자유가 있는데 여자를 넣어라 말아라
  할 권리가 우리한테 있나요?

아이들은 얼핏 들으면 도저히 답할 수 없을 것 같은 질문을
던집니다. 그리고 이러한 질문은 산업 측에서 내놓는 물음이기
도 합니다. "성범죄로 논란이 있는 배우를 기용해도 이야기가
재미있으니 시청률이 40%가 넘는데 그걸 왜 안 만들겠어요?"
라고 반문합니다. '소비자가 원한다', '이것은 산업이며 돈 받고
파는 것이다'라고 말합니다. 스테레오 타입을 양산한다 해도
사람들이 재미있어 하고 그 재미가 중요하다는 것입니다. 산업
측이 일부러 돈을 들여 만드는데, 돈을 벌어들이지 못하는 재
미없는 것을 만들라고 강요할 수는 없다는 생각입니다. 하지만
이런 논리는 세상을 더 좋게 만드는 데 도움이 되지 않는 경우
가 많습니다. 대표적으로 우리나라에서 문제가 되고 있는 사례
는 게임 업계에서 나오는 중입니다.

2018년 한 게임 회사에서 일하는 여성 일러스트레이터가
한국여성민우회의 트윗을 리트윗한 적이 있습니다. 이를 두고
해당 업체는 이 사람을 인터뷰하고 확인해 보니 메갈리아가 아
니어서 해고하지 않기로 했다는 공지를 올렸습니다. 그리하여
민우회와 민노총 등에서 성명서를 내는 일이 벌어졌습니다. 이

외에도 소규모 게임 회사에서 일러스트레이터가 해고되는 일이 있었습니다. SNS에 페미니즘 관련 이슈를 올려 해고된 것입니다. 일러스트레이터뿐만 아니라 성우 역시 감시 대상입니다. 게임 산업의 소비자들은 자신이 하는 게임이나 앞으로 출시될 게임의 일러스트레이터, 성우 등이 활동하는 SNS를 찾아가 과거 불순한 행동을 하지 않았는지 검색하고 신고합니다.[5]

> 게임은 주로 남자들이 하는데, 남자들은 그런 사람이 작업한 일러스트레이션이나 더빙을 안 보고 싶어합니다.

이것이 게임 회사의 논리입니다. 소비자가 요구하니까 받아줘야 한다는 것입니다. 게임은 상품이고 소비자가 원하는 대로 해야 팔리니까요. 이것을 '소비자주의'라고 합니다. 또 하나는 우리에겐 '표현의 자유'가 있으니 하고 싶은 대로 하겠다는 것입니다. 인간에게는 모두 헌법에 보장된 권리가 있기 때문에, 이에 대해 남들이 뭐라 하는 것은 월권이라는 주장입니다.

그렇다면 '표현의 자유' 문제를 봅시다. 표현의 자유는 내가 무엇을 만들거나 표현할 수 있는 자유를 의미합니다. 게임이 시장에 나와 팔리고 있으니 표현의 자유는 이미 실행된 것입니다. 그러므로 게임을 비판한다고 해서 표현의 자유를 침해

모두를 위한 성평등 공부

하는 것은 아닙니다. 통상 표현의 자유가 문제되는 영역은 국가가 개입할 때입니다. 국가가 무엇을 강제로 만들게 하거나 하지 못하게 할 때 표현의 자유가 침해된 것입니다. 이것을 검열이라고 하죠. 우리나라에는 20~30년 전까지도 검열이 있었습니다. 영화 심의가 대표적입니다. 사실상 국가의 행정기구인 공연윤리위원회에서 말 그대로 필름을 잘라내는 일이 종종 있었습니다. 관련 법은 1996년에야 헌법재판소에서 위헌 판결을 받고 사라졌습니다. 하지만 개인이나 시민단체가 특정한 표현에 이의를 제기하는 것은 검열이라거나 표현의 자유를 침해한다고 볼 수 없습니다.

현재 게임 업계에 대한 비판 중 상당수는 게임 속 여성의 이미지에 대한 것입니다. 미국에서도 비디오 게임에 등장하는 여성 캐릭터와 이미지를 비판한 여성 게임 문화비평가가 온라인에서 공격을 당하는 일이 있었습니다. 동서를 막론하고 게임 산업의 오래된 문제라는 것이죠. 혹시 게임에 등장하는 여성 이미지를 보신 적이 있나요? 어린 소녀의 이미지인데 거의 헐벗은 일러스트레이션이 계속 나옵니다. 이것을 성 상품화, 성적 대상화라고 비판하는 것은 검열의 범주에 들어가지 않습니다. 우리는 국가가 아니니까요. 게임에서 표현의 자유는 이미 실행되었고, 우리에게도 표현의 자유가 있으니 비판할 수 있습니다.

쟁점은 영화사나 게임 회사가 비판에 어떻게 반응하느냐입니다. 비판을 무시하고 소비자만 따라 간다고 해서 우리가 취할 수 있는 방법은 없습니다. 하지만 비판은 여전히 할 수 있고 또 큰 의미가 있습니다. 게임 일러스트레이션에 계속 문제제기를 하면서 비판이 쌓이면, 어떤 제작자는 어느 순간 이 문제를 고려할 수도 있습니다. 지금 당장 변하지 않더라도 중장기적으로 사회적 담론 안에서 받아들일 수 있습니다. 하지만 자연스럽게 받아들이는 것은 아니므로 계속해서 각을 세우는 것이 필요합니다. 미국 사례이지만, 툼 레이더 게임 시리즈는 신작을 발매하면서 주인공이 점점 옷을 더 입고 출연하는 중입니다. 사회적 영향력을 미치게 되는 사례가 존재하기에, 미디어 비평을 하는 것입니다.

어쩌면 별일 아닌 것 같아도 진전은 분명히 있습니다. 한국 드라마에서 남자가 여자의 손목을 잡아채는 장면이 나오면, 외국 팬들은 한국 드라마의 상징적인 클리셰라며 놀라곤 했습니다. '그래도 되는 걸까?' 하는 생각에서였습니다. 최근 3~4년간 꾸준히 문제제기를 한 결과 몇몇 드라마에서는 이를 대신하는 장면이 생기기도 했고, 손목을 잡는 연출이 이전보다 약간이지만 덜 보이기도 합니다.

모두를 위한 성평등 공부

다른 영화와 드라마를 보고 싶다

다음으로, 소비자주의는 굉장히 어려운 문제입니다. 자본주의 시대의 이데올로기 중 중요한 것이 능력주의거든요. 메리토크라시(meritocracy)가 우리 교육체제의 기본이기 때문에, 아이들은 내가 남보다 수학 점수를 10점 더 받으면 더 나은 대우를 받을 권리가 있다고 생각합니다. A 영화가 B 영화보다 관객이 100만 명 더 들었다면 A 영화의 능력이라고 보는 것입니다. 그래서 이제 우리 인간에게 남은 것은 '소비 주체로서의 가능성 밖에 없는가?' 하고 질문하는 것입니다. 우리가 정치력을 발휘하는 영역은 소비밖에 없습니다. 자본주의 사회에서 소비 주체로서의 영향력이 중요해졌습니다. 또 정치적인 의미가 있기 때문에 아이들도 자기 관점에서 현실을 이야기합니다. 만약 누군가가 여성 감독을 지원해 줘야 한다거나 여성이 주인공인 시나리오를 만들어야 한다고 주장하면, "왜 강제로 시장을 조종하려고 해요?"라며 소비자주의에 근거한 반론을 내놓을 것입니다.

하지만 생각해 봅시다. 시장이 이렇게 형성되는 과정이 자연스러운 것은 아니었습니다. 실제로 통계를 보면, 소비자주의에 근거해 여자들이 좋아하니까 그런 영화가 많이 생산된 것이 아니라 그 반대입니다. 성공한 영화가 몇 개 있긴 하지만 망한 영화도 많습니다. 이름도 들어보지 못한 암청색 영화가 엄청나게 많습니다. 그럼에도 불구하고 계속 꾸준히 만들어졌습니다. 제작자와 투자자가 대부분 남성이어서 남성이 중심이 된 시나리오를 재미있어 하기 때문이라는 분석도 제기됩니다.

또 영화산업은 실패 위험이 매우 크기 때문에 하나가 성공하면 바로 그것을 모방해 반타작이라도 하려는 성향이 강합니다. 〈친구〉부터 남성 중심 영화가 크게 성공한 계보들이 있죠. 남성 제작자들은 스테레오 타입에 근거하여 성공한 영화를 모방해 영화를 만들기로 결정합니다. 이미 스테레오 타입에 의해서 결정된 것을 계속 반복하는 과정에서, 소비자의 취향이 생기고 시장이 형성됩니다. 다른 장르는 만들어 보지도 않고 계속 똑같은 영화만 만들면서 "이런 영화 아니면 관객들이 보지를 않아요"라고 이야기합니다. 게다가 요즘과 같은 영화관 독점 환경을 생각해 본다면, 과연 과다 공급이 문제였는지 소비자 취향이 문제였는지는 닭과 달걀 같은 관계라고 할 수 있습니다.

최근 지상파 방송사는 대부분 아침 드라마를 폐지해 가고 있습니다. 지상파 방송사의 수익구조가 약화되었기 때문입니다. 아침 드라마는 여성에 대한 왜곡된 묘사로 많은 비판을 받았지만, 방송사는 시청자가 자극적인 설정을 좋아한다고 주장하면서 계속해 왔습니다. 그런데 불륜 설정이나 자극적 소재가 없는 아침 드라마를 방송했을 때 시청률이 확 낮아지지도 않았습니다. 아침 드라마는 관성에 의해 시청하는 경우가 많기 때문입니다. 고민 없이 관성에 따라 제작하면서 그 탓을 시청자에게 돌려온 것입니다. 비판은 하나도 받아들이지 않다가 방송사에 이익이 안 된다는 이유로 하루아침에 없애 버렸습니다.

우리는 다른 취향을 가질 여유를 누려 본 적이 없습니다. 미디어의 다양성은 굉장히 중요한 가치입니다. 그래서 영화진흥위원회는 여성이 주인공으로 등장하는 영화를 우선 지원하기도 합니다. 다른 취향을 가질 가능성을 열기 위해서입니다.

2017년에 드라마 〈마녀의 법정〉이 호평을 받았는데 여성가족부가 지원한 작품입니다. 여성가족부가 지원하면서 여성 변호사가 주인공으로 나오고 성폭력 재판을 다룰 수 있는 가능성이 생겼습니다. 그래서 개입이 필요합니다. 이는 결코 자유를 침해하는 것이 아닙니다. 미디어의 다양성은 사회의 공존을 위해 매우 중요합니다. 미디어를 통해 보는 현실을 현실로 계속해서 유지하게 할 수는 없습니다. 남자들만이 주인공이고 여자들은 죽어 가는 역할이라면 문제가 되기 때문입니다.

재현방식의 윤리에 대하여

드라마나 영화에 등장하는 폭력 장면은 어떻게 봐야 할까요? 이것은 폭력 재현에 대한 일반론이기도 하지만, 여성에 대한 폭력 재현이라는 점에서 더 논란이 커집니다. 특히 최근 한국 사회가 여성에 대한 폭력을 앞다투어 고발하고 있는 상황까지 엉켜 온라인에서 논쟁이 커졌습니다.

폭력의 재현, 특히 여성에 대한 폭력의 재현은 미디어에서 반드시 언급되는 주제입니다. 영화 등급을 정할 때도 선정성과 폭력성을 살피죠. 감독이 폭력을 표현하고 싶다고 표현할 수 있느냐 하는 문제가 아닙니다. 폭력을 그대로 재현하는 것은 단지 호기심을 자극하기 위해서일 뿐이므로 윤리적 차원에서 문제가 제기될 수 있습니다. 폭력을 세세하게 묘사하지 않아도 폭력 피해자라는 정보를 분명히 전달할 수 있는데, 폭력 장면을 그대로 노출해서 사람들을 자극하고 흥분시킵니다. 굉장히 비열한 것이 드라마의 경우 주로 1회에 나옵니다. 2018년에 방영했던 드라마 〈리턴〉도 마찬가지입니다. 타자의 재현이나 폭력의 재현은 다른 방식으로 충분히 할 수 있습니다. 목적이 분명한 자극적인 장면을 1회에 배치하고 폭력과 선정성을 활용하는 것은 게으름의 소치이자 시청률을 위한 선택이기 때문에 문제가 됩니다.

영화에서 가장 많이 논란이 되었던 작품은 〈귀향〉입니다. 일본군 위안부 문제를 다루면서 성폭력 장면을 너무 상세하게 노출해서 문제를 일으켰습니다. 최근 미투 운동 보도에서도 계속 지적되는 점입니다.

특정 드라마의 폭력 장면은 여성의 매 맞는 현실을 그려낸 것이므로 오히려 경각심을 불러일으킨다고 말할 수 있습니다. 현실에서 수많은 데이트 폭력이 있었지만 마치 없는 것처럼 살았잖아요? 이런 비참한 현실이 부각되면 여성을 향한 폭력이 심각한 문제라는 담론을 형성할 수 있습니다. 하지만 재현하는 데에는 윤리적 고려가 필요하고 그래서 방식에 따라 문제가 될 수 있습니다. 타자에 대해 말한다는 것은 언제나 정치적인 행위이며, 타자를 자신의 올바름을 전시하기 위해 혹은 자신의 쾌락을 위해 전유하거나 활용하지 않아야 하는 것이 중요하기 때문입니다.

마른 몸 권하는 미디어

자기 체형을 왜곡해서 생각하는 데 가장 큰 영향을 미치는 것이 바로 미디어입니다. 미디어는 자기 신체에 만족하지 못하게 하며, 현실과 이상적인 미의 차이를 더 크게 하여 자신의 신체 이미지를 부정적으로 평가하거나 왜곡하여 지각하게 합니다. 미디어에서 보여 주는 이상적인 신체 이미지가 수용자에게 지나치게 과도한 기준을 제공하기 때문입니다. 한국 사회는 실제 체형과 자신이 생각하는 체형의 불일치가 심각합니다. 거의 40% 가까이 되는 사람들이 자신의 몸무게를 잘못 평가하고 있다고 합니다.[6] 이런 현상은 10대로 내려갈수록 더 심해지는 경향이 있습니다. 물론 요즘은 남학생도 몸에 대한 스트레스가 있고 남학생이라고 자유로운 것은 아니지만, 여학생들이 이를 훨씬 더 큰 압력으로 받아들이고 있습니다.

사실 모델의 날씬한 몸은 포토숍 작업을 거친 결과물입니다. 모델의 진짜 몸보다 훨씬 더 날씬하게 만들어진 사진입니다. 비정상일 정도로 마른 몸을 정상이라고 생각하게 합니다. 이렇게 비정상적으로 마른 몸은 교복에도 반영됩니다. 2017년 7월, 교복 논쟁이 일어났을 때 알게 된 사실은 키 160cm 학생이 입는 여름 교복과 120cm 아이가 입는 아동복 크기가 거의 같다는 것입니다. 키가 크면 당연히 몸무게가 더 나가는데 교복은 사이즈 자체가 작게 나온다고 합니다.[7]

또 남학생과 여학생의 차이도 컸습니다. 여학생의 것이 훨

모두를 위한 성평등 공부

씬 더 작게 나와서 논란이 되었죠. 교복 회사에서는 학생들이 교복을 줄여 입으니까 미리 작게 만들었다고 말합니다. 하지만 교복 사이즈가 작게 나온다는 것 자체가 아이들에게는 굉장히 큰 압박입니다. 표준체중이거나 표준보다 몸무게가 더 나가는 아이들은 교복을 고를 때부터 압박을 받습니다.

여성의 몸에 대한 압력이 더 크다는 것은 서바이벌 프로그램 〈프로듀스 101〉에 출연한 여성 아이돌 연습생과 남성 아이돌 연습생의 BMI 지수에서도 나타납니다. 프로필을 기준으로 계산해 보면, 여성 아이돌 연습생들은 대부분 BMI 지수 기준 저체중이었지만 남성 아이돌 연습생들은 정상체중 범위였습니다.[8] 많은 아이들이 아이돌이 되기를 꿈꿉니다. 그런데 아이돌의 조건으로 가장 중요한 것을 외모라고 꼽으니 날씬한 몸은 더욱 강조되고 있습니다.

TV에 나오는 여성들을 살펴보면, 비만에 대한 사회적 낙인을 볼 수 있습니다. 체중이 많이 나가는 여성은 체중이 덜 나가는 여성과 항상 비교되는 방식으로 묘사됩니다. 남성 역시 이러한 비하에서 자유롭지 않습니다. 주말 예능 프로그램만 봐도 몸집이 큰 사람에게 '돼지', '뚱보' 같은 말과 이름을 합쳐서 부르는 것을 자주 볼 수 있습니다. 비만에 대한 사회적 낙인은 곧 사회적 증오가 됩니다. 우리는 몸무게와 외형으로 사람의 모든 것을 평가하는 경향이 있고, 아이들도 별생각 없이 악플을 답니다. 왜 그 사람에게 악플을 다는지 물어보면 "뚱뚱해서요"라는 답이 돌아옵니다. 초등학교에서는 비만이 따돌림의 원인이 되기도 합니다. 이것이 굉장히 강력한 문제인 이유는 '날씬한 몸/뚱뚱한 몸'이라는 이분법이 미디어를 통해 학습되기 때문입니다. 미디어에서는 무엇보다도 외모를 강조하고 비정상적으로 마른 몸을 강조합니다.

비만에 대한 사회적 낙인은 비만을 두려워하게 만듭니다. 비만은 희화화되고 두려움의 대상이 됩니다. TV에서 출연자가 살찌면 어쩌지 걱정하면서 야식을 먹는 장면이 나오는데, 그러면 먹는 즐거움이 아니라 두려움이 수용자에게 먼저 전달됩니다. 그래서 비만이 비하의 원인이 되어도 정당하다고 생각하게 되는 심리구조를 만듭니다. 기본적으로 사람을 행복하지 않게 만들죠. "맛있게 먹으면 0 칼로리"라고 하나마나 한 소리를 하면서 칼로리를 걱정하며 먹는 겁니다. 굳이 그럴 필요가 없는 것을 만들어 내고, 비만에 대한 두려움을 계속 만들어 내며, 다이어트를 너무 일상으로 자연스럽게 여기게 합니다.

몸과 여성성/남성성에 대한 고정관념

예능 프로그램은 외모지상주의 인식에 큰 영향을 미칩니다. 물론 성형이나 다이어트가 아이들의 욕망인 것도 맞습니다. 매우 강력한 욕망 중 하나입니다.

- 예뻐지고 싶은데 내가 잘못된 건가요?
- 날씬하고 싶다는 욕망을 가진 내가 문제인가요?

아이들은 이렇게 질문합니다. 페미니즘 이론에서도 큰 쟁점이 되어 왔던 주제인데, 바로 '꾸밈노동'입니다. 자기 얼굴을 꾸미고 몸을 가꾸는 것이 여성에게만 특별히 강조되는 노동의 영역이라는 것입니다. 꾸밈노동을 비판해 온 페미니스트들은 여성은 몸을 관리할 수 있다고 믿어 왔고 그것이 주체성의 영역인 것처럼 간주했지만 사실은 그렇지 않다고, 여성이 주체적으로 선택한 게 절대 아니라고 주장합니다.

꾸밈노동에 열심인 여성들을 비하하는 것 역시 문제가 있습니다. 여성이 꾸밈노동을 하지 않으면 안 되는 환경을 만들어 놓고 사치한다고 비난하는 것은 문제가 있습니다. 온라인 커뮤니티 지형에서 보면, 가장 활발하게 생활정치 운동을 하는 커뮤니티는 대부분 화장품, 성형이 매개된 곳입니다. 예를 들어 쌍코카페는 촛불집회 때 다 같이 모여서 나온다거나, 특정한 정치인을 지원한다거나, 페미니즘 의제를 이슈화하는 활동을 합니다. 이런 주체성을 포스트페미니즘 주체성이라고 부르기도 하고, 하이힐을 신고서도 페미니스트가 될 수 있는 것 아니냐는 질문이 나오기도 합니다. 동시에 그러한 선택의 자유가 사실은 선택한 것이 아니라는 점에서 억압이라는 비판도 계속되었습니다. 외모 가꾸기가 페미니스트 주체성과 상반되느냐 아니냐는 아직도 논쟁이 진행 중입니다.

미디어에서 외모를 강조하는 것이 문제라는 것은 알겠습니다. 그러면 '이제 나는 어떻게 살 것인가'가 남습니다. 이런 외모지상주의 현실에서 말이죠.

《나쁜 페미니스트》를 쓴 록산 게이는 최근 저작에서, 자기가 폭력을 당하며 살았던 이유는 예뻐서라고 생각하고는 억지로 살을 찌웠던 경험을 이야기합니다. 남의 시선의 대상이 되고 싶지 않다는 이유로 스스로 폭식하게 되는 정신적인 충격의 과정을 담담하게 묘사합니다. 자기 몸이 날씬하지 않으면 시선의 대상이 되지 않으리라 생각했기 때문입니다. 하지만 이것도 자기를 망가뜨리는 행위였음을 말합니다.

최근 온라인을 중심으로 시작된 탈코르셋 운동은 10대 학생들에게 큰 영향을 미치고 있습니다. 탈코르셋 운동을 둘러싼 논란은 다양한 층위에 있습니다. 외모지상주의와 여성에 대한 억압에서 벗어나려는 주체적 실천인데, 이것이 페미니스트 판별기가 되면 문제라는 지적도 제기되었습니다. 시선의 대상이 되는 것이 문제인 상황에서 개인은 다양한 방식으로 저항할 수 있습니다. 우리는 항상 이런 모순 속에 있을 것이고, 아이들도 고민을 계속할 것입니다.

여성은 남성보다 더 심각하게 타자의 시선으로 자신을 판단합니다. 그래서 가끔 남자들이 의아해할 때가 있죠.

> "화장 예쁘게 해놓고는 외모 칭찬하고 옷 예쁘다고 칭찬하면 왜 싫어해? 잘 보이려고 그런 거 아니야?"
> "남자 보라고 한 거 아니야. 다른 여자들 보라는 거야."

남자의 질문에 여자들이 이렇게 답하는 것은 말도 안 되는 변명이 아닙니다. 타자의 시선이 삶 속에 주체성으로 들어와 있기 때문입니다. 타자의 시선은 남성의 시선이기도 하고 동료 여성의 시선이기도 합니다. 어렸을 때부터 항상 타자의 시선을 느끼며 살아가도록 교육받은 것이죠. "다리 모으고 앉아라" 같은 아주 사소한 것부터 시작합니다. 내 몸이니까 그냥 앉아도 상관이 없는데 왜 그러는 걸까요? 남이 나를 보고 있음을 인식하라는 것입니다.

젊은 페미니스트들은 지하철에서 다리를 쩍 벌리고 앉는 남자를 왜 그렇게 싫어할까요? 다리를 벌리고 앉을 수도 있지 왜 그렇게 싫어할까 생각해 보셨나요? 어렸을 때부터 다리를 모으고 앉으라는 것으로 타자의 시선을 느끼도록 훈육된 사람들과 아닌 사람들의 차이를 가장 극명하게 보여 주는 것이 '지하철에 다리를 벌리고 앉을 수 있느냐 없느냐'이기 때문입니다. 사소해 보이지만 한국 사회에 있는 성차별에서 가장 민감한 영역입니다. 자기 몸을 어떻게 놓는가는 자기 자유여야 하는데, 여성들은 그렇지 않은 경험을 오랫동안 해왔습니다. 어릴 때부터 자기 몸을 어떻게 두느냐조차 계속 남을 인식하도록 키워졌다는 증거가 "다리 모으고 앉아라"입니다. 그래서 타자의 시선이라는 논점을 중요하게 여기는 것입니다. 타자의 시선은 미디어를 통해 학습되고, 이를 통해 편견이 생산되며, 여성 스스로가 자신을 제어하거나 관리하는 것에 기여하게 됩니다.

모두를 위한 성평등 공부

유머로 포장된 비하와 차별 표현

현재 온라인에서 문제가 되는 부분은 차별하거나 비하하는 표현을 아이들이 재미있어 한다는 점입니다. 혐오나 차별, 비하에 근거한 표현을 유머라고 여기면서 유머에는 아무런 책임이 없다고 생각합니다. 그러므로 남을 향한 폭력이 들어 있는 표현을 유머로만 소비할 수 있는지 생각해 봐야 한다고 분명히 짚어 주어야 합니다.

페이스북의 유머저장소는 이름에 유머가 들어가 있었지만 안티 페미니즘, 지역차별, 인종주의적 표현 등을 유머라고 올려서 많은 비난을 받았습니다. 그럼에도 페이스북 자체에서 이를 제지하지 않았죠. 그런데 관리자의 과거 게시물 중 세월호 피해자 비하, 천안함 사건 피해자 비하 등 심각한 문제가 밝혀지면서 계정이 정지되었습니다. 이전부터 이 페이지에 대한 문제제기가 많았지만 '유머'라는 말이 이런 논란을 상쇄시켰죠. '웃자는데 왜 그래', '왜 다큐를 만들어' 같은 말로 표현되는 인식이 유머의 문제에 대한 논의를 차단하는 역할을 합니다.

1인 방송은 성차별을 규제하는 규정이 없는 것이 문제입니다. 그래서 '김치녀'라는 표현으로 한국 여성을 비하하거나 특정 여성을 비난의 대상으로 삼는 영상물을 쉽게 찾아볼 수 있습니다. 누구나 쉽게 따라할 수 있어서 무작정 규제하자는 접근은 할 수 없습니다. 신고가 누적되면 채널을 송출하지 못하게 하는 조치를 취하긴 합니다.

유튜브와 같은 1인 방송 플랫폼은 동질성을 강화하는 플랫폼입니다. 원래도 SNS는 비슷한 사람들끼리만 서로 친구로 연결되는 속성이 강한데, 유튜브는 추천 알고리즘을 통해 내가 지금 본 영상과 유사한 영상, 내가 지금 본 영상을 본 사람들이 많이 본 영상 등을 계속 추천해 주기 때문에 다른 생각이나 다른 세상, 또 타자에 대해 생각해 볼 기회를 가지기 어렵습니다. 만약 차별이나 소수자 차별에 대한 문제제기가 이루어지지 않는다면, 어떤 유튜브 이용자들은 관련 내용을 계속 접하게 되고 이를 비판적으로 보지 못하게 되어 일상생활에서도 차별을 내면화할 수 있습니다.

규제가 정답은 아니지만, 문제가 있다는 선언조차 하지 않는다면 문제는 더 커집니다. 유튜브에는 좋은 채널도 있지만, 비하를 유머 코드로 삼거나 성차별적인 것을 인기 요인으로 삼는 채널도 많습니다. 무엇보다 비하는 유머 표현이 될 수 없습니다. 아이들에게 여성혐오 표현에 대해 생각해 볼 기회를 주어야 합니다. 그러므로 규범적인 틀이 있어야 합니다. 그래야 그것을 근거로 온라인상에서 비하 표현을 하면 안 된다고 말할

모두를 위한 성평등 공부

수 있습니다. 예컨대 웹툰 〈뷰티풀 군바리〉는 여성을 무임승차자라고 비난하면서 동시에 성적 대상화 장면을 사용하는 웹툰으로 잘 알려져 있습니다. 아이들이 재미있게 읽었다고 해도 그런 이야기가 사람들에게 전달될 때 어떤 효과가 발생할지를 충분히 이야기해 볼 수 있습니다. 이런 이야기를 나눌 수 있는 자리를 만드는 것이 매우 중요합니다.

　"네가 보는 웹툰/게임/유튜브 채널에 이런 문제가 있어"라고 말을 시작하면 아이들은 "내가 문제라고요?" 하면서 공격적으로 반응합니다. 자신을 향한 공격으로 받아들이면서 뾰족하게 나오지요. 그래서 논점을 명확하게 해야 합니다. 청소년기 아이들은 어른들의 말을 쓸데없는 참견이라 생각하고, 자신에게 무언가를 가르치려 하는 것을 좋아하지 않습니다. 그런 상황에서 내가 좋아하는 걸 하지 말라고 하면 짜증부터 납니다. 그러므로 "네가 이걸 좋아한다고 해서 너에게 문제가 있다는 것이 아니다"라는 메시지를 주어야 합니다. 함께 이런 문제를 생각해 보자고 요청하는 것입니다. 그리고 비평할 수 있는 힘을 키워야 합니다. 대안을 생각하고 말할 수도 있어야 합니다. 초등성평등연구회 선생님들은 아이들에게 '이런 걸 하지 마라'고 하는 것보다 '이런 게 좋고 재밌다'고 추천해 주는 것이 더 좋은 효과를 낸다는 점을 강조합니다.

이러한 대화에서 남성성을 구성하는 또래문화라는 문제를 고려해야 하는 것은 분명합니다. 남성들만 있는 단체 채팅방에서 여성의 몸을 품평하거나 성희롱 발언을 하는 일이 자주 발생해 논란이 되곤 하는데, 여성을 성적 대상화하는 태도가 일종의 남성 또래문화로 여겨져 쉽게 벗어나기 어렵기도 합니다. 그래서 전반적으로 남성 중심의 문화적 관습들이 어떤 문제가 있는지를 이야기하고 사회적으로 바꾸어 나가려는 노력이 필요합니다. 이것은 또한 교육의 영역에서 담당해야 하는 임무이기도 합니다.

주 ─────────────────────────────────

1   Gerbner, G., Gross, L., Morgan, M., & Signorielli, N.(1980). "The "mainstreaming" of America : Violence profile no. 11". *Journal of Communication* 30(3). pp. 10-29.

2   유우현·정용국·정지희(2016). "폭력 범죄 보도가 어린이에게 미치는 정서적 및 인지적 영향". 《한국언론학보》 60(1). pp. 42-67.

3, 4 박영순·나은경(2018). "로맨스 드라마 시청이 결혼에 대한 환상에 미치는 영향". 《한국콘텐츠학회논문지》 18(2). pp. 583-591.

5   한겨레. ""메갈 잘라라" 한마디에… 게임업계 밥줄이 끊어졌다"(2018.6.25.). http://www.hani.co.kr/arti/society/labor/850488.html

6   김상욱(2017). "객관적 체형과 주관적 체형의 불일치: 한국의 사례". 《통계연구》 22(4). pp. 92-120.

7   조선일보. "여고생에 '8세 사이즈' 입어라… 숨쉬기 힘든 S라인 교복(2018.7.18.). http://news.chosun.com/site/data/html_dir/2017/07/18/2017071800245.html

8   단한올(2017). "프로듀스101 시즌 1 & 2의 비교분석: K 미디어와 아이돌 섹슈얼
     리티." 서울대학교 여성학협동과정 대학원-학부 젠더연구 네트워킹, 제5회 학술
     포럼 발표문.

모두를 위한 성평등 공부

초판 1쇄 발행   2020년 1월 30일
초판 4쇄 발행   2024년 7월 1일

기획   서울특별시여성정책담당관, 윤희천, 김현주
엮은이   이나영
지은이   이나영, 최윤정, 안재희, 한채윤, 김소라, 김수아
펴낸이   김남전

편집장   유다형
구성   김현경
편집   김수미
디자인   디자인잔 김보형
마케팅   정상원 한웅 정용민 김건우
경영관리   임종열 김다운

펴낸곳   (주)가나문화콘텐츠
출판 등록   2002년 2월 15일 제10-2308호
주소   경기도 고양시 덕양구 호원길 3-2
전화   02-717-5494(편집부) 02-332-7755(관리부)
팩스   02-324-9944
홈페이지   ganapub.com
포스트   post.naver.com/ganapub1
페이스북   facebook.com/ganapub1
인스타그램   instagram.com/ganapub1

ISBN   978-89-5736-043-9 (03300)

project p. [I Promise You]
창작자들의 파트너가 되어 공공의 이익이 되는 이야기를 전하는 프로젝트 그룹입니다.

프로젝트P.는 당신의 소중한 의견을 기다립니다.
아이디어나 문의사항이 있으신 분은 이메일 project-promise@naver.com으로 보내주세요.